JN163025

公文書館紀行

公文書館を取材して見えてきた現状と課題

丸善プラネット

目次

公文書館から見えてきたこと

まえがき

家の近くにある公共図書館で「図書館」と名のつく本が約一五〇冊以上も書棚にあることに気が付いた。たとえば「図書館文化史」、「これからの図書館」、「図書館に行ってくるよ」、「図書館への私の提言」、「図書館は本をどう選ぶか」、「図書館が危ない」など図書館の概念論から活用術まで幅広いテーマの本が存在している。

ところがタイトルに「公文書」または「公文書館」が付く本は、ここには三冊しか開架されず、また取材したある公文書館でさえ一〇冊しかなかった。（検索データベースには各地公文書館の紀要など一〇〇点以上あるが）

公文書館とはどのような施設であるかについて、全国歴史資料保存利用連絡協議会の資料によると①公文書等を後世に残すとともに、情報公開制度よりも簡便な方法で利用できる施設が公文書館であり、図書館、博物館と比べて「資料を収集・保存し、利用する」という点で共通している　②公文書館は役所の業務で作成・収受される公文書等が対象で適正管理、評価選別、公文書館への移管等がないと継続的な収集が行き詰まる　③保存期間満了の公文書等を評価選別し、公文書館に移管、歴史資料として保存活用する「しくみ」が不十分な自治体も存在する　④独立した「館」設置でなく、図書館や博物館の中にその機能をもち、また役所内の公文書の管理をする部署がその機能を担うなど様々な対応や別の施設からの転用も可能である、と解説している。

いずれにせよ自治体が組織的、体系的に公文書等を残し、活用する「しくみ」を整備する必要がある。しかし昭和六二年、歴史的公文書の保存・公開は自治体の責務とする公文書館法が制定されても、国内約一七〇〇自治体の内、公文書館は約七〇しかない。

公益社団法人日本文書情報マネジメント協会（略称ＪＩＩＭＡ）の役員を務め、機関誌の編集に携わる機会を得て、公文書館への取材を開始した。全国二〇の公文書館を訪れ、館の紹介と取材後の感想を掲載した記事が本書の基盤になっている。このような取材の依頼は個人からでは不可能であり、ご支援頂いたＪＩＩＭＡ高橋通彦理事長に感謝している。と同時に快く応じて頂いた各地の公文書館の皆様に御礼を申し上げたい。

その他、取材先から得た地域の歴史を公文書からアプローチした。さらに公文書館普及への考察等も加え、公文書館の存在意義と魅力が本書から発信できることをめざした。

公文書館を一度は訪れてみたくなるような本をめざし、また公文書館未設置の自治体に参考になれば幸いである。

公文書館を訪ねて

歴史遺産と公文書の複合展示
地域資料のコンシェルジュをめざす

ふるさと府中歴史館

住　　所　東京都府中市宮町三・一
施　　設　建築面積一〇四六・八四m²、三階建て
開館時間　午前九時～午後五時
休 館 日　月曜日、その他指定された日
交通案内　京王線府中駅・JR南武線・武蔵野線府中本町駅より徒歩七分

東京都西部JR南武線府中本町駅からほど近い「ふるさと府中歴史館」。武蔵国の護り神を祀っている大國魂神社境内の一角に位置する。国史跡武蔵国府跡の中にある歴史館は、古代国府を中心とした市の歴史や文化財などを紹介する施設である。各地の公文書管理状況を伝える公文書館紀行の初回としてふるさと府中歴史館を訪問した。

※

――日本の公文書館は、五〇年ほど前に初めて山口県で開設しましたが、その後半世紀を経ても未だ全国約七〇館しかなく、全国自治体で四%程度です。しかし地方自治体の財政事情が厳しい中でもここ数年全国的に公文書館の設置や公文書管理条例化は増えてきました。まず貴館の設立の経緯をお話し下さい。

府中歴史館　大國魂神社を中心に府中市には武蔵国府跡や遺跡出土など歴史遺産が多いです。昭和四二年に図書館、郷土館として開館しましたが、その後中央図書館が別場所に新設されたのを機会にその施設を平成二三年にふるさと府中歴史館として国の指定地域の中にオープンしました。当時市長から公文書館の充実を求められ、この館の二階に公文書資料室、展示室も設置しました。したがって複合文化施設です。一階は国府資料展示室では国府関連遺跡などの出土品を展示し、大型画面のCGで奈良時代の国府風景を再現した「国府百景バーチャルツーリング」が楽しめます。

――公文書管理の取り組みについて聞かせて下さい。

府中歴史館　昭和三〇年から四〇年代に実施した市史編さん事業の際に収集した大量の資料が旧図書館に保存されていました。また保存期間満了後の公文書も多く残されていました。実はその頃からすでに公文書館設置計画はあり、その後、平成一八年度から約一万箱の保存期間満了の公文書の評価選別活動を行いました。平成二二年には「府中市立ふるさと府中歴史館条例」が制定され、目的、歴史資料収集・調査研究などの事業内容が明確化されまし

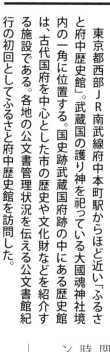

た。現在約一万冊の公文書を保存し閲覧が可能です。明治期から昭和期と平成期の公文書は同じ位の量で約五千冊ずつです。また施設内には保存書庫と中間書庫もあり、今後六〇年位の保存スペースは確保しています。

――具体的な評価選別作業のことなどお話し下さい。選別の基準が悩ましいと聞きますが。

府中歴史館　担当者五、六人で本庁、民間委託倉庫などに複数回出向き一年かけて各課で作成された移管文書リストを元に作業しています。主に保存年限満了文書の確認作業で廃棄や歴史的公文書の評価・選別を行っています。主に約一二〇〇箱を対象にその移管率(保存)率は約三%です。移管されるファイル数は六〇〇から七〇〇になります。歴史的公文書の評価・選別基準は市の重点施策に関わるような開発事業、条例改正関連、統計書発行のベースになる資料、時代の変化・変動を反映する文書などです。そして大事なことは、各課の職員と我々の信頼関係の中で毎年の移管業務が実施されています。限られた人数で行っていますので時間がかかります。作業終了後、保存目録の早期公開が今後の課題でもあります。

――公開利用の検索システムと歴史館の展示状況などについて聞かせて下さい。

府中歴史館　現行の図書館オンラインシステムを改良しました。歴史館では図書館所蔵と歴史館所蔵を検索できますが、図書館では図書館所蔵資料しか検索できません。このメリットは利用者の視点から利便性が高いと思います。実際には文書名検索などから当該公文書の所在がわかります。当然ですが閲覧請求後、公開・非公開をチェックし対応しています。検索件数は二〇〇〇ぐらいですね。現行のシステムを利用しましたから予算化して新規にシステムを組む必要なく利用できています。文書管理システムとは連動されていませんが将来的には各課とシームレスに利用できればよいと思っています。ただ目録は電子データしかなく、時には紙媒体のものを要求されることがあります。現在、公文書展示室では府中市の市民の方から寄託された「一〇〇年前の今日の新聞」(読売新聞)を日替わりで展示公開しています。新聞社にもない当館のお宝です。公文書と新聞資料等の組み合わせで楽しんでもらえるような展示を心掛けています。二階展示・閲覧室には平成二四年度に約八五〇〇人の来場を頂きました。これまで館全体の利用者は約五万人を超えています。小中学校の授業見学で来場も多く、年三、四回の特別展も人気があり、毎年来場者が増加しています。

――利活用するためのデジタル化や長期保存のためのマイクロフィルム化の取り組みはいかがですか?

府中歴史館　これらの取り組みは遅れているかもしれませんが、先ほどお話ししましたように保存スペースは十分あります。しかし閲覧用のためには必要に応じてのデジタル化は今後の検討課題です。現在展示中の「一〇〇年前の今日の新聞」はマイクロフィルム化を行っています。

――今年は府中市制六〇年と伺いました。デジタル化が記念事業として実施できればいいですね。最後に今後公文書館を設立される自治体の方にアドバイスをお願いします。

府中歴史館　公文書館の役割は記録を市民に伝えること、行政プロセスを知らせるために公文書をしっかり残すことです。それは歴史の検証のためであり、将来への説明責任だと思います。たとえ施設がなくても保存期間満了後、歴史的公文書保存のために評価・選別作業だけでも先行すべきでしょう。

◉インタビューを終えて

府中市立図書館が開館したのは昭和三六年四月、昭和元年に完成した木造建築元町役場を改装した建物に蔵書約二千冊でスタートしたという。就任した大西伍一館長は、「図書館友の会」を立ち上げ、サービスの充実を図る計画を立て、また積極的に来館者に声を掛けるなど利用者目線の図書館運営をめざした方である。それから六年後に大國魂神社境内の土地を買い上げて新図書館計画が持ち上がった。そして昭和四二年三月、蔵書二万六千冊、三階建てで郷土館をも併設して開館した。その後はインタビューにも書かれた通り、中央図書館が別の場所に完成したのに伴って平成二三年に「ふるさと府中歴史館」が誕生した。

府中市に多くの歴史遺産が点在するのは律令時代に武蔵国の国府が置かれた地であるとされ「府中」と称されるようになった。その地は、古代から政治や経済と文化の中心地として栄えており、江戸時代は甲州街道の宿場の中でも大きな「府中宿」があった。また、府中市内にある熊野神社古墳は、武蔵野台地に造られ、近くには古墳時代後期の円墳である高倉古墳群、南側にも群集墳がある。

インタビュー後、ゆっくり街を散策したいと思いながらなかなか時間が作れずにいたが、平成二八年一一月初旬、小春日和のＪＲ南武線西府駅から徒歩でまずは熊野神社古墳を訪れた。洒落た明るい建屋の古墳展示館があり、府中市の歴史年表と史跡の写真パネルが一階にあり、二階には古墳の石室から出土された鞘尻金具のレプリカの展示や謎の多い古墳の解説がわかりやすい。

ここの古墳は七世紀の飛鳥時代の上円下方墳という形で、使用されている石材は地震にも強い性質だと考えられたので、付近には採石の地があり、また優れた土木技術によって古墳が作られたと想像する。古代人の知恵の結晶でもあると感じた。府中市にはこの他、分倍河原駅に近くに高倉塚古墳群もあり、街中に一七五〇ケ所の発掘調査場所があることには驚く。建物の工事現場からお宝が出土しないかと期待する人もいるだろう。

ふるさと府中歴史館に隣接する大國魂神社は別名・六所宮と称され、神社のホームページによると大國魂神社は、大國魂大神（おおくにたまのおおかみ）を武蔵の国の守り神としてお祀りした神社であり、この大神は、出雲の大国主神と御同神で、大昔、武蔵の国を開かれて、人々に衣食住の道を教えられ、また医療法やまじないの術も授けられた神様で、俗に福神、または縁結び、厄除け・厄払いの神として著名な神様である。

当社の起源は、第十二代景行天皇の時代、五月五日大神の託宣に依って造られたものである。その後、孝徳天皇（五九六〜六五四）の御代に至り、大化の改新の時に武蔵の国府をこの処に置くようになり、当社を国衙の斎場とし、国司が奉仕して国内の祭務を総轄する所にあてられた。五月五日には例大祭が行われる。この祭が有名な「国府祭」で、当夜八基の御輿が古式の行列を整え、消燈して闇夜に御旅所に神幸するので、俗に「くらやみ祭」といわれている。昭和三六年より御輿の渡御は夕刻に改められた。境内の一角にある宝物殿の一階でくらやみ祭に登場する迫力ある荘厳な神輿と大太鼓は必見である。

府中市内では歴史を表現するいくつかの遺構も発見されている。たとえば奈良時代では国司館（こくしのたち）と考えられる建物群、室町時代から戦国時代では中世の城館跡（じょうかんあと）と考えられる区画溝、江戸時代では徳川家康が造営したといわれる「府中御殿」との関連がうかがえる規模の大きな建物跡や柵跡、井戸跡などである。このように各時代の貴重な遺構が、良好な状態で発掘された。

このように府中市は歴史発見のワンダーランドのようでもある。それを支えているのが「ふるさと府中歴史館」の運営を始め、武蔵国府関連遺跡などの発掘調査成果や市内の文化財に関する紹介、行政公文書資料を保存・公開、府中市史の編さん事業などに広範囲な取り組みをしている「ふるさと文化財課」である。

今回訪問した「ふるさと府中歴史館」は豊富な府中市歴史遺産展示と条例化に基づく公文書管理の両輪を装備した施設といえる。「ふるさと府中歴史館」の運営上のアドバンテージは、オープン前に施行された条例だろう。そこには目的として第一条に「この条例は、本市の歴史・文化に関する教育の振興を図ることにより、市民の郷土に対する理解を深め、もって市民のふるさと府中を愛する心をはぐくむため、ふるさと府中資料館を設置し、その管理及び運営について必要な事項を定める」とあり、事業として「国史跡武蔵国府に関する資料その他の市の歴史等に関する資料の収集」、「収集されたもの及び保管する公文書その他の記録のうち歴史的に重要なものの保存、展示及び閲覧」とある。閲覧や貸し出しについての施行規則も整えており、確かな管理体制を感じる。

さて、資料館や公文書館が存在しても、とかく市史編さん時に収集した歴史資料中心の公開になりがちだ。住民への説明責任として公文書の保存と公開も不可欠である。公文書館の役割は、保存されることなく歴史的な公文書が廃棄されることを防ぐための装置でもあり、使命でもある。その意味でもふるさと府中歴史館の公文書の評価・選別という地道な業務に携わっている方々に敬意を表したい。

印象深かったのは「公文書保存活動は職員との信頼関係が大事」という話だ。これは職員がルールを守り公務員としての責務を果たす姿勢が時を貫く歴史保存のバックボーンになっていることの証だろう。府中市には永年保存規程があり、それに当てはまる歴史的な公文書は移管されないままになるので、できれば最長三〇年で見直すルールが望ましい。それにしても豊富な歴史資源を有する「ふるさと府中歴史館」は古代の日本史から現用文書までを扱う、歴史スケールの大きい公文書館といってもいいだろう。

新たな地域創造の拠点をめざす

芳賀町総合情報館

住　　所　栃木県芳賀郡芳賀町大字祖母井一〇七八
施　　設　建築面積二四一一・三三㎡、二階建て
開館時間　平日　午前九時半～午後六時／土日祝　午前九時～午後六時
休 館 日　指定された日
交通案内　ＪＲ東北線宇都宮駅よりバス三〇分
そ の 他　図書館所蔵資料約九万点、一日平均入館者数三五〇名

ＪＲ東北線宇都宮駅よりバスで約三〇分。栃木県芳賀町（人口約一万六千人）の中心部にあり芳賀町役場に隣接した「知恵の環館」とも称される芳賀町総合情報館を訪問した。芳賀町は昭和二九（一九四五）年、祖母井（うばがい）町、南高根沢村、水橋村が合併して誕生、六〇周年を迎えた。

※

――この総合情報館の外観はガラス張りで洒落たレストランのようですね。まず、芳賀町総合情報館設立の経緯からお話しいただけますか？

芳賀町総合情報館　この総合情報館は図書館・博物館・文書館の三つの機能を併せた複合施設です。それぞれのかつての実態をお話ししますと、図書館は平成四（一九九二）年に公民館図書室がありましたが、手狭になり十分な図書サービスを提供できませんでした。博物館施設としての郷土資料館は平成一二年に廃校となった校舎にありましたが、これもまた十分な活用はできていませんでした。文書館については前身となるものはありませんでしたが、平成六年度から本格的に事業化された芳賀町史編さんが進み、平成一〇年に収集資料の保存・活用について編さん委員の先生方から意見が出された際、文書館の発想が生まれました。そして町づくりの理念などが集約された結果、三つの機能を複合化した総合情報館構想となり平成二〇年一〇月に開館しました。この複合化計画は町民への多機能によるワンストップサービスもめざしています。

――平成の合併で市町村は全国約三〇〇〇から約一七〇〇市町村になりました。未だに旧行政機関保存の公文書が目録データベース化もなく放置されている実態を聞きます。昭和二九年に合併した旧町村の公文書（明治・大正時代の村会議事録や土地名寄帳など）の保存と閲覧の取り組みについて教えて下さい。

芳賀町総合情報館　旧町村文書は、約二〇〇箱近くあり、

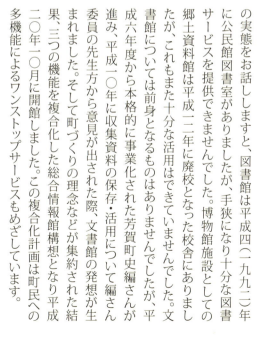

町史編さん事業終了後、目録作成や燻蒸などの処理を経て情報館の地域資料庫で保存しています。保存目録はホームページ(一部未作成)からも見られます。原本は劣化も進み自由に閲覧できませんが、内容によっては閲覧が可能です。デジカメでの撮影も可能です。

――全国的に学校の統廃合が進んでいます。平成四年から二五年の間に約八〇〇〇もの公立学校が廃校になっているそうです。そうなると学校の歴史がなくなることが心配されますが、芳賀町では学校資料の保存や企画展示に取り組まれたそうですね。

芳賀町総合情報館　芳賀町では、平成一〇年代に小学校が九校から三校に統廃合されました。編さん事業の一環で廃校の資料を収集しはじめ、情報館開館準備段階でも収集を継続しました。学校の保存資料は町の公文書です。今年の夏、それらを整理して展示しました。住民の皆さんには、懐かしく関心を持って展示を観て頂き「展示写真を同窓会で利用したい」　などと評判は良かったです。学校の沿革史や父兄からの寄付台帳等はまさに当時の町の状況を知る上でも貴重な資料です。

――公文書の発生から廃棄、情報館への移管の流れはどのようになっていますか?

芳賀町総合情報館　毎年四から五月にかけて保存期間満了後の公文書が二〇〇〜三〇〇文書箱ほど発生します。それらについて決められた保存基準に従って現物を見て歴史的公文書の選別を行います。最終的には約一五〜二〇箱位を歴史的公文書として文書館に移管しています。選別基準は　①行政や町民生活の推移が歴史的に跡付けられる公文書等　②芳賀町合併以前の歴史的に重要な公文書等　③町の事業、政策を周知するために作成された冊子、ポスター、チラシ類　④町独自で開催した事業や記念行事等で頒布された記念品類　⑤その他、総合情報館長が必要と定めたものとなっています。

――永年保存文書もあると伺っていますが。

芳賀町総合情報館　役場書庫は主に有期限文書の保存場所となっているため、永年保存文書は現用文書として、情報館地域資料庫で保存するかたちをとっています。文書取扱規程では、三〇年経過した永年保存文書を総務課から教育委員会へ移管し、歴史的公文書として文書館へ所管替えすることができると規定していますが、実現には至っていません。また、地域資料庫も古文書等も含めて書棚スペースはほぼ満杯です。書架の増設が大きな課題です。

――――歴史的公文書のデジタル化や長期保存のためのマイクロフィルム化の取り組みはいかがですか？

芳賀町総合情報館　情報館開館準備以降の積み重ねで、少しずつではありますが、職員の文書管理、文書館に対する意識は高まっていると思います。特にここ最近は、職員からの文書所在や町の歴史的情報について調査して欲しいといった問い合わせが多くなりました。また、要望の中では、単なる文書の提供だけではなく、様々な公文書や刊行物を調査して、データの分析、組織の沿革史（たとえば消防団の歴史の沿革）を作成する等、情報提供に一手間加えることで、対組織への満足度を高めるようなことも行っています。その際に庁内回覧を活用して探している資料の提供を職員に呼びかけることもあります。このようなアーカイブ情報の加工サービスは情報館の存在ＰＲにもなっています。

――――公文書館の設置を検討している自治体の方々にアドバイスをお願いします。

芳賀町総合情報館　公文書管理を日常業務の合間に行う場合、人手がないなどの理由で進まない場合もあります。しかし自らの反省を込めていえば、何の公文書が、どこに、どのくらいあるかを把握しておくことは災害時対策を考えた場合、最低限必要です。きっかけがなくても地道に課題を見つけて取り組むことも必要です。公文書館は行政のシンクタンクとして捉え、住民利用はもちろんですが、歴史的公文書が職員の利用にも大きな価値になることも忘れてはならないでしょう。

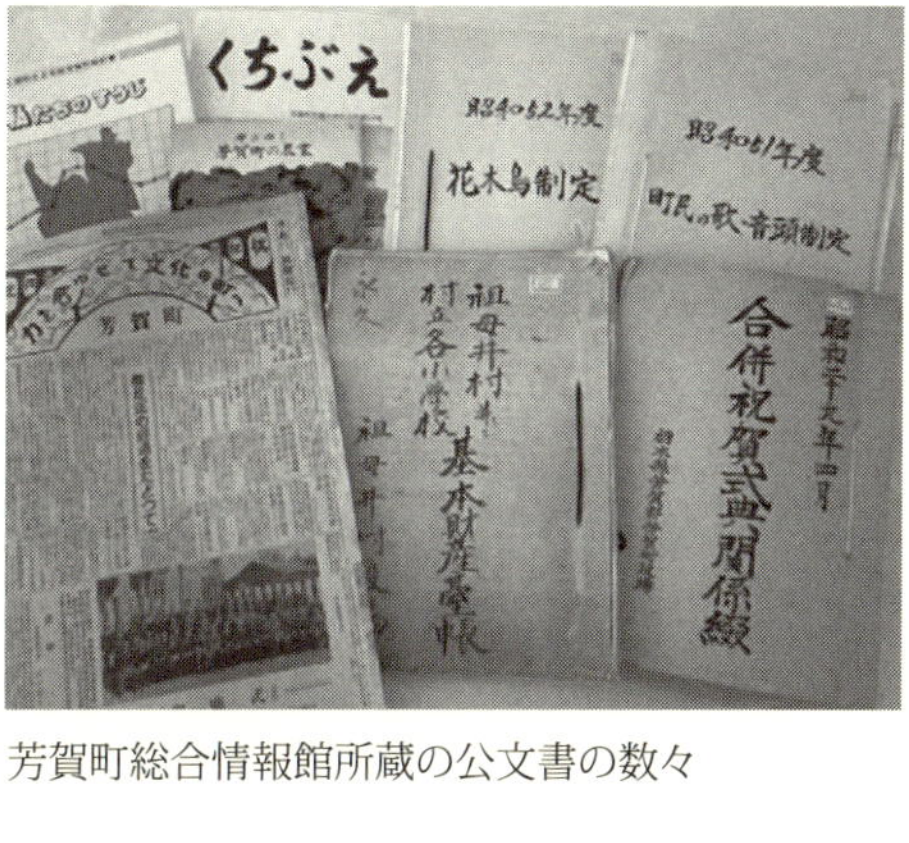

芳賀町総合情報館所蔵の公文書の数々

◉インタビューを終えて

一般的に公文書館の重要テーマは世界に一つしかないものを対象に「出所の原則」、「原秩序尊重の原則」、「原形保存の原則」に従って保存され、閲覧などに供されるべきであり、それは組織の責務でもある。ここが図書館にはない特色である。

また過去の行政政策プロセスの文書や移管後の公文書の利用ができることは職員（行政）にとって大きなメリットがある。芳賀町の場合、行政利用一回は町民の七〇回以上に相当する（行政利用一回＝一般利用一回×人口÷職員数の換算式によるという）。つまり職員の公文書の存在認識度でもある。

認知度が上がれば担当でない職員でも展示会、講演会などの総合情報館の最新情報を入手、活用するようになるだろう。職員みんなで育む芳賀町のような公文書館の存在は複合的な要素がある限り町財政に変化が起こっても仕分けされることはないはずである。

特に芳賀町の場合、引き継ぎ、廃棄、展示などの業務を少ない人数で対応しているので今後各課の協力を得て、歴史的公文書の評価・選別に必要なデータが自動的に廃棄・移管の記録が生成される効率的な運用ができる仕組みが望ましい。公文書発生時からサポートする現用文書マネジメントと歴史的公文書マネジメントが利用できるシステムの導入を将来期待したい。

話はかわるが宇沢弘文著『社会的共通資本』（岩波書店）によると、「社会的共通資本」とは、「一つの国地域ないし特定の地域に住むすべての人々が、豊かな経済生活を営み、すぐれた文化を展開し、人間的に魅力ある社会を持続的、安定的に維持することを可能にする社会的装置」であると述べている。三つの機能（図書館・博物館・公文書館）を有する芳賀町総合情報館は、まさに社会的共通資本であり、町民の知的財産庫であることを実感した。

行政経営を支え、過去に学び未来を見つめる

久喜市公文書館

住　所　埼玉県久喜市下早見八五・一
施　設　建築面積二三二〇㎡、二階建て
開館時間　午前九時～午後五時
休館日　土日祝、年末年始
交通案内　ＪＲ宇都宮線・東武伊勢崎線 久喜駅西口より徒歩一七分

都心から約五〇キロメートル、埼玉県東北部に位置する久喜市。平成二二年に久喜市・菖蒲町・栗橋町・鷲宮町の一市三町で合併し、一五万人規模の新久喜市として新たにスタートした。久喜市役所本庁舎の隣接地にある平成五（一九九三）年一〇月に開館した久喜市公文書館を訪問した。

※

——公文書館に入りすぐに展示室を拝見させていただきました。公文書館建設計画から公文書の意義などのパネル展示、また利用されている文書箱の実物まで置かれていました。まずは公文書館設立の経緯をお話しいただけますか。

久喜市公文書館　昭和六二（一九八七）年施行の公文書館法がきっかけとしてあったと思います。当時本市には三つの懸案事項がありました。一つ目は昭和五九年から完全導入したファイリングシステムが定着し、文書庫の狭隘化が始まっていたことです。二つ目は情報公開制度の導入を検討していたこと、三つ目は市史編さん事業の完了が見えていて、事業で収集した古文書等の活用をどうするかということでした。新しい法律に基づく公文書館を設立することで、これらの懸案事項を解決することができると考えたのだと思います。

——一階の展示室に公文書館の歩みが展示されていましたが、公文書館構想がスタートしたのはいつごろですか。

久喜市公文書館　平成元（一九八九）年から計画がスタートし、平成四年に開設準備室ができました。本市は特にファイリングシステムに積極的でしたので、その延長線上にある公文書館法の考え方は執行部にもなじみやすかったのかもしれません。ただ、その後の他自治体の様子を拝見しますと、本市のような動きは市町村レベルでは大変珍しかったようです。

——市史編さん事業はどのくらいの期間実施して

きましたか？

久喜市公文書館　この事業は期限付きの一〇年でした。平成三年度に予定通り成果物を出し終えて完了しました。

――展示活動も活発に行われているようですね。

久喜市公文書館　館の目的は展示よりも閲覧が基本ですが、市民が主体的にまちづくりを考えていけるような機会を提供できればと考えています。現在は年一回の企画展と、その前後に各一回の常設展を行っています。

――計画当初から公文書管理を目的とした館の役割に焦点を合わせていたということですね。

久喜市公文書館　開館にあたり公文書管理を意識したのは事実です。それは公文書館法に照らして考えてみると自然とそうなります。開館当時の既設の公文書館と比べると少し違和感がありましたが、同じ年に開館した神奈川県立公文書館も中間書庫機能を持ち、公文書管理主体の運営ということで国からも高い評価を得ていましたので、迷いはありませんでした。毎年度発生する大量の公文書群を前にして、その発生から含めてすべてをどのように組織的に管理していくのが良いのかという点を検討していった結果、公文書のライフサイクルを確立し、効果的、計画的な運用を進めていく本市のシステムと当館のスタイルが出来上がったわけです。

――中間書庫の役割について教えて下さい。

久喜市公文書館　事案ごとに公文書を管理する国と違って、単年度形式のファイリングシステムを導入している市区町村では、中間書庫を適時・適切に管理することがとても大切になってきます。そういった意味では、公文書館に中間書庫を設けることで、職員による集中管理が可能になるとともに、評価・選別もその場で行うことができるという点で、ベストな選択であったと考えています。ただこの場合、他課の職員から単なる倉庫代わりとして認識されないようにすることが大切です。平成二二年の合併によって新市の各課の執務スペースはいうに及ばず、当館の中間書庫スペースも万全とはいえない状況ではありますが、各総合支所の文書庫を活用する等、よりベターな方策で運用するよう努めています。

――公文書の発生から廃棄までのライフサイクルの現状を教えて下さい。

久喜市公文書館　一年保存文書を除く現用公文書は完結後一年を経過すると原則としてすべて公文書館の中間書庫または各総合支所の文書庫に移管されます。その後、三年、五年、一〇年保存文書はそれぞれ保存期間満了後、さらに三年、五年、一〇年の期間を非現用文書として中間書庫または各総合支所の文書庫に保存して、その間に評価選別の調査をします。三〇年保存文書だけは二五年経過後に現用公文書の状態で評価・選別の調査をします。したがって、最短の三年保存文書であれば完結後七年目に、最長の三〇年保存文書でも三一年目には特定歴史公文書として閲覧可能になるものが出てきます。なお、本市の特徴的なこととして、非現用公文書も情報公開条例の例によって市民等がアクセスできるようにしているという仕組みがあげられます。このようにしないと、本市の公文書のライフサイクルの一貫性が保たれないという理由からです。検索は紙目録または公文書館職員の補助によって行っています。

――評価・選別の作業状況はいかがですか？　また基準、移管率は？

久喜市公文書館　現在館長を含めて五人の正職員で運営していますが、だいたい一～二名で評価・選別作業を行っています。選別基準は今のところきちんとした基準はありません。文書一件ずつ目視で評価・選別を実施している段階です。選別したものは抜き出して、中性紙製の個別フォルダに挟み込み、登録番号を付与し、目録を作成します。発生課が歴史公文書を評価選別するようなところでは、評価・選別基準のようなマニュアルが必要かもしれませんが、目視ができる当館の強みを活かすとともに、人材の育成という観点も考えて実施しています。ただ、いずれは外部にもお示しできるようなものを作成したいと考えています。これまで本市から四名の正職員を国立公文書館の長期研修に参加させるなど、評価・選別職員の育成についても市として力を入れています。移管率は、年度や資料群によっても差がありますが、発生年度単位で全体の量の五％未満を目途にしています。

――文書管理システムは導入されていますか？

久喜市公文書館　平成一四年度にパッケージ型ソフトを本市仕様に若干カスタマイズして導入したことがありました。その後、業者が対応できなくなって撤退したため、現在は導入していません。

――　保存資料のデジタル化や長期保存のためのマイクロフィルム化の取り組みはいかがでしょうか?

久喜市公文書館　魅力的なテーマですが現状デジタル化は行っていません。紙で残すことを第一に考え、デジタル化は将来の課題としています。ただ、本市の評価・選別の対象にならない、まとまって大量に存在する伝票等の文書は、デジタルの電子決裁システムを構築し、紙文書を発生させない方向で積極的に検討していくような姿勢が、市として必要なのではないかと考えています。すべての公文書をデジタル化してペーパーレスにするのではなく、歴史公文書になりえないパターン化されているものを積極的にデジタル化して省力化するという発想です。また、劣化や大型等の理由で利用に供することが難しい資料については、積極的に複製化を行い、一般の利用に供していこうとする姿勢も大切なことだと思います。

――　貴館のこれからの課題はなんでしょうか?お話を伺った限りでは地方公共団体での公文書館のベストプラクティスだと思えますが。

久喜市公文書館　小さい規模だからここまでできたように思います。原則としてすべての課で発生した公文書を有期限とし、一年保存を除くすべての有期限公文書を評価・選別しますが、その評価の主体は公文書館の役割としました。このような中、合併によって若干の方針転換を余儀なくされました。現在の短期的な課題としては、今までよりも広い中間書庫スペースの確保です。中長期的な課題では、行政経営という視点において、職員が公文書を正しく作成・活用できるようにするとともに、職員の説明責任を踏まえて、市民も公文書というものを正しく理解し、有効に活用できるような社会が創造されると良いと思います。行政経営という視点で執行部に公文書管理の大切さを認識してもらえれば、その延長線上には必ず公文書館の設置という課題が存在してくるはずです。すべての自治体で大変多くの現用公文書、いわゆる情報を保有しているわけですから、これらを活かすことが行政マネジメントの一つだと当たり前のように社会全体で理解されるような世の中が来るといいですね。

◉インタビューを終えて

開設以来二〇年以上経過した久喜市公文書館。取材で感じたことは公文書の発生から廃棄までばらつきがちな管理を公文書館法、公文書管理法に則り確実に実施する体制ができ上がっていることである。

特にひとつ、ひとつ目視で評価・選別後、ファイル化され収納していることは久喜市の歴史的公文書に対する真摯な姿勢がうかがえる。これらは地道な努力を必要とし、手間と労力のかかる作業である。まさに公文書と対話しながらの作業と思われる。

行政マネジメントという言葉が使われるようになってから久しい。これは地方分権をめざす社会のためには地域が自ら決定権と責任を持つことである。したがって法令を積極的に活用及び運用し、自らの判断と責任で自律的に行動する考え方に立つことの「経営」の姿勢が必要となる。

その行政経営を支えるのがインテリジェンス（情報）であり、市民サービスと共に公文書が行政組織の意思決定のために利活用できることである。このコンセプトがしっかり組織の中で認識されている。

機能だけの公文書館設置の検討など時折耳にするが、今回の取材で感じたことは継続活動する社会資本の一つとしての公文書館はやはり単独館でないと法制度を実現することは難しいかもしれない。また公文書館が市長部局の組織下に位置付けられていることも久喜市の成功要因だろう。

また公文書館の知名度アップのためには市民への企画展示も欠かせない。久喜市公文書館の場合、正面から組織と行政文書に切り込んでいる。たとえば、平成二四年八月から一〇月に「公文書で見る久喜市の組織……評価選別と行政資料の数々」である。また平成二六年八月から一〇月開催の「広報カメラが撮った久喜市の一〇〇枚」を開催し、歴史的公文書から久喜の歩みを知ることができる。お宝である旧公図は大震災時の液状化現象や地盤変化に活用されたという。このような企画展開催がより一層市民に公文書館の存在をPRすることになる。なお、特定歴史公文書と行政資料の所蔵数は旧市、旧町を含めて約一二〇〇〇点以上になるという。

着実な長期保存で
市民財産を継承する
八潮市立資料館

住　所　埼玉県八潮市南後谷七六三・五〇
施　設　建築面積一二二五・四七㎡、三階建て
開館時間　午前九時〜午後五時
休館日　月曜日、国民の祝日、年末年始、全館くん蒸期間
交通案内　東武線草加駅より徒歩二五分、八潮駅よりバス一五分
その他　所蔵資料　公文書資料　約二万簿冊、古文書資料

東武線草加駅より五分ほどバスに乗り、下車後しばらく歩くと古民家風な建物が見えてきた。平成元（一九九八）年に開館、今年で二七年を迎える「八潮市立資料館」を訪問し、八潮市の公文書管理の状況を伺った。

※

――まず設立までの経緯をお話し下さい。

八潮市立資料館　ここは博物館と公文書館が一体となった複合施設です。地域の資料を収集、整理・保存・調査研究し、八潮市の文化向上と文化遺産の保存を図ることを目的に平成元年一一月二三日に開館しました。昭和五〇年代初め、市史編さん事業が先行し、昭和六〇年頃その完了の目途が付きました。そして収集した資料や旧家の古文書などを後世に伝え、保存していく機運が高まりました。館を建設する必要があり、そこでプロジェクトチームを編成し、資料館基本構想を答申しました。

――当時、行政側、特に首長さんの建設への熱い思い入れもあったのでしょうか？

八潮市立資料館　良くわかりませんが、市史編さん終了後、資料館移行の構想が大きかったですね。行政側の判断だと思います。

――それまでは収集した資料の保存はどうされていましたか？

八潮市立資料館　決まった保存場所はありませんでした。市史編さんで収集したものを学校舎の空き教室を利用していました。

――ここは一見資料館に見えない建築ですね。古民家風に感じましたが。

八潮市立資料館　ここは市庁舎からも離れています。元来

個人の敷地の中にあった母屋を文化財活用上移動し、その後ここに資料館を母屋に統一したデザインで建設しました。だからそのように感じるのですね。

―― 資料館建築プロジェクトを立ち上げてから四年で開館ですね。

八潮市立資料館　比較的順調に進み、平成元年六月に竣工式を行いました。

―― 縄文時代から今日に至るまでの街の歴史が子供たちにも良く理解できるように展示されています。企画展についてお話しを聞かせて下さい。

八潮市立資料館　今年で三三回目の企画展になります。三月一五日まで「八潮の御鷹場」を開催していました。前年に企画・検討して準備を行います。年間の入場者は二万人を超えています。

―― 話は変わりますが、公文書館としての機能はいつからですか？

八潮市立資料館　開館当時から機能は持っていました。

―― 公文書の流れを教えて下さい。

八潮市立資料館　担当課の文書は保存年限が満了した時点で基本廃棄対象となりますが、歴史的文書であれば資料館に移管されます。ここまでが第一次評価・選別作業になります。年間の廃棄量はかなり多く、その中から廃棄一覧表を基に判断します。移管される量は段ボールで約三〇箱ほどです。八月頃から第二次評価選別作業になります。ここでは中身の精査を行います。その基準は規定（『歴史的資料の収集、保存に関する規定』『歴史的資料の収集に関する細則』）に沿って実施します。今では埼玉県の歴史公文書の収集基準を示すガイドラインも参考にしています。第二次評価では公文書検査は職員六人と実習生（大学の博物館履修生）が手伝っています。毎年二名から五名を受け入れています。

―― 施設の説明をお願いします。

八潮市立資料館　一階には民具資料庫・学習室、二階は役場文書など、三階に文書庫・中間庫・収蔵庫があります。昭和三九年の合併（八条、八幡、潮止村）で八潮市となりました。それらの行政資料簿冊で約七〇〇〇点を中性紙でカバーし保存しています。併せて文書件名目録も作成しています。館内は二〇年以上経過し、飽和状態に近い状態です。

――一階にマイクロフィルムのリーダープリンターがありました。マイクロフィルムの活用状況はいかがですか？

八潮市立資料館　現在、マイクロフィルム約一〇〇〇本を保管しています。市史編さん事業で必要になり、マイクロフィルム作成を開始しました。古い行政資料も原資料の酸性劣化対策としてマイクロフィルム化しています。今も継続して行っています。保存を考えると期待寿命五〇〇年以上で、長期保存できる媒体としてのマイクロフィルムを評価しています。

――マイクロフィルム化の基準は何ですか？

八潮市立資料館　文書の重要度に応じて行っています。以前は縮刷版（紙焼き）も発注していましたが、現在はマイクロフィルムだけです。縮刷版は昭和三〇年代の歴史公文書だけで約二〇〇〇冊あります。

――デジタル化の計画はありますか？

八潮市立資料館　今はまだデジタル化の検討はありませんが、活用のことを考えると今後は必要かもしれませんね。

――歴史的保存文書の検索システムはどのようにしていますか？

八潮市立資料館　文書管理システム、文字データのものですが、資料の検索システムを構築し約一三万件のデータベース化しました。文書の要約文表示、画像とのリンクなどの仕組みがあり公開も可能になっています。ただまだ撮影が進んでいないので少量です。

可動式の書庫

――行政利用はいかがでしょうか？

八潮市立資料館　職員の利用度は少ないですが、過去の資料検索では利便性を発揮しています。その他、近代分野の歴史研究者の利用は多いですね。

――このようなツールを今後、国立公文書館がクラウド利用などで開発していただき、各地の公文書館が利用できればいいですね。では将来的な課題は？

八潮市立資料館　しいていえば収納スペースの確保が目下の課題です。館内は二〇年以上経過し、まだ若干余裕もありますが、収納庫のスペース確保が課題です。

――新たに公文書館を設置される方々にアドバイスをお願いします。

八潮市立資料館　難しい質問ですね。歴史資料は町の歩みの公文書だと捉えています。まさにそれらは住民の記録、財産です。それをどのように意識するかではないでしょうか。

1階にしつらえたマイクロ リーダー

公文書は耐震性のある書棚で管理されている

◉インタビューを終えて

平成元年に公文書館を開館した都市は、名古屋市（二三〇万人）、神戸市（一五〇万人）、北九州市（九六万人）の三市、そして八潮市（八万人）である（人口は現在のおおよその数である）。その開館前年まではわずか六都市しか公文書館はなかった。このことは八潮市の大都市に負けない歴史公文書への取り組み姿勢を物語る。市史編さん事業に併せた資料館建設構想は、その事業の終了後、五年余を経過して平成元年一一月に実現した。

さらに昭和六一（一九八六）年一一月に答申した基本構想には資料館機能として「八潮市民が諸資料の観察と活用を図り、地域の歴史、文化が形成されてきた過程が理解でき、文化を創造していく資料館とする」、また「地域の考古、歴史、民俗等の鸞料、行政文書、地域文献を収集、整理、保管し、市民の文化遺産の保存が図れる資料館とする」（以下略）「鸞料」（らんりょう）とは「脈々と積み上げられたもの」と解釈するが、この言葉を使う資料館を初めて耳にする。さらに「観察」、「文化遺産」などの文言もあり、八潮市の公文書保存に対する矜持を感じる。

一般的に市史編さん事業終了後、集積された歴史的資料を展示のために、公文書館の機能を含めた複合施設を建設するケースは少なくない。

そして資料館条例の他、文書取扱規程、収集保存規程などが資料館の運営を円滑に機能させ、また地道な作業である二次に亘る歴史的評価・選別作業とデータベース化は確実な保存への基礎をなしている。さらに歴史的公文書の継続的な長期保存対策（マイクロフィルム化）を実現している。

お粗末ながら現在約七〇の公文書館しかない日本、公文書管理法制定から五年を経過し、見直しの時になった。その法律の付帯決議の中に記載された「地方自治体における公文書管理の在り方の見直しの支援……」、また「より多くの公文書館が設置されることを可能とする環境の整備について検討すること」などの文言は、国家レベルで地方自治体における公文書館設置普及の後押しになることを期待している。

県史編さんから文書館へ
重要文化財公文書をアーカイブする

群馬県立文書館

住　所　群馬県前橋市文京町三・二七・二六
施　設　延述床面積五七六五^{2}m、三階建て
開館時間　午前九時〜午後五時
休 館 日　月曜日
交通案内　ＪＲ両毛線前橋駅下車、南口より徒歩二五分
そ の 他　所蔵資料 行政文書約二〇万冊、古文書約四五万点、県史引継資料約九万五千点

ＪＲ前橋駅より徒歩で二五分。住宅街に佇む「群馬県文書館」を訪れ、取材をさせていただいた。群馬県立文書館は平成一九年にはすでに県の重要文化財に指定されていたが、平成二二年六月、所蔵する公文書約一万八千点が国の重要文化財に指定された。これは京都、山口、埼玉に続いて四番目の指定となり、点数としては過去最多である。これらの文化財産をはじめとした文書・資料保存の状況を伺った。

※

――貴館が開設されたのは昭和五七（一九八二）年と伺いました。聞くところによると全国一〇館目で都道府県では四例目だそうですね。

群馬県立文書館　設立順番は施設の捉え方で多少変わりますが、いずれにせよ比較的早い時期に開館しています。

――県史編さん事業の過程で施設ができたのですか？

群馬県立文書館　昭和四九年に県史編さん事業がスタートしました。その後、収集資料の保存・活用の施設が検討され、開館に至りました。

――県史編さん以前の行政文書の収集保存はどうされていましたか？

群馬県立文書館　それまで公文書は県議会図書室そして県立図書館で保存され、専門施設はありませんでした。県議会図書室では萩原進先生が古い公文書など収集・保存されていました。ある意味、文書館機能を担っていたといえるでしょう。

――当時の県知事に公文書館建設の陳情をしたと伺っていますが。

群馬県立文書館　県史編さん専門委員長や各部会長が県

や県議会に陳情し、議会で取り上げたようです。

――　正面玄関すぐの展示室にアーカイブズの説明や館の仕事内容、明治期の文書館周辺の地引絵図などわかりやすく展示されています。そして世界遺産富岡製糸場を記念した展示がされていますね。

群馬県立文書館　常設展の他、年二回のロビー展示を開催しています。平成二七年度は戦後七〇年なので戦争に関する展示を企画しています。すべて手作りです。また古文書講座なども開催しています。利用者は、年間のべ四五〇〇名が来館します。最近ではインターネットでも古文書講座が受講できます。これらを職員総勢二三名（嘱託一一名含む）で行います。

――　では文書の流れ、県庁から文書館への移管の流れを教えて下さい。

群馬県立文書館　各課で二年保管後、県庁地下書庫に移動します。長期（三〇年）保存文書は一〇年経過後、文書館に移管されます。最近では移管が前倒しされる傾向にあります。保存期間満了文書は、現用システムより出力した廃棄予定リストで判断し、各課に照会をかけています。また廃棄作業の場所に立会い、点検をしながら収集しています。

――　課の現用文書管理システムのデータは文書館へそのまま移行できますか？

群馬県立文書館　ＣＳＶで出力できますが、必ずしも上手くいきません。現用システムと文書館システムでは、書式や必要とされる項目が一致していないので実際には点検しながら、再入力することでデータ化しています。当館は県の教育委員会の地域機関ですから、多少受け身的になってしまうところもあります。現用の文書管理にもう少し関与できれば、改善できるところもあるかと思います。

――　自治体アーカイブには、地域アーカイブと組織アーカイブの二つの側面がありますね。

群馬県立文書館　どの組織が主導するかで比重が変わることもあるでしょう。当館は教育委員会担当ですので地域アーカイブと組織アーカイブがバランスよく機能していると思います。

――文書館への移管文書はどのくらいありますか。

群馬県立文書館　毎年約二〇〇～三〇〇箱ぐらいです。平成二六(二〇一四)年度の場合、二〇四八点の文書を収集しました。そのうち約半分が保存期間を満了し廃棄された文書です。ほぼ毎年このような数字です。平成二六年度末の公文書の総数は約二〇万冊です。そのほかに古文書類が約四五万点、県史引継資料が九万五千点、明治期地図、官報、郷土資料、写真、上毛新聞のマイクロフィルム等が約七万四千点あります。

――それらの保存スペースはいかがですか?

群馬県立文書館　平成六年に県庁建て替えの時、一時文書避難場所として文書館書庫が増築されました。まだ全国でも二、三番目の収蔵スペースとなりました。まだ余裕はありますが、まだ収集ができていない地域機関から資料が移管されたら一気に満杯になりそうです。

――こちらには、群文協という連絡協議会があって活動されていると伺っています。どういった組織なのでしょうか。またどのような経緯で設立されましたか?

群馬県立文書館　地域における資料の保存・活用を促進させるための組織です。以前、全国的に市町村史編さんに携わる方々の組織化がありましたが、その時群馬では立ち上げできなかったようです。その後、資料保存の普及活動の中で平成六年に書庫増築記念シンポジウムにより機運が高まり、文書館が中心で立ち上げました。平成九年に設立され、その翌年から当時七〇ほどあった全市町村が参加しました。今では三五市町村(及び県)です。

――選別・収集のガイドライン、公文書改善ヒント集作成など積極的な活動が行われていますね。

群馬県立文書館　以前は研修会や講演会などの活動が中心でしたが、群文協一〇周年を契機に会員市町村の皆さんと協働で作成しています。県と市町村では実態が異なる場合もあるので評価・選別の基準など一方的な策定ではなく意見交換しながらガイドラインづくりをしました。それぞれの公文書管理の現状に合せてガイドラインを利用してもらいたいと思いました。その後、公文書改善ヒント集へと展開し県内自治体の公文書管理の底上げを目指しています。

――公文書管理は全庁的な自治事務ですが、自治体により風土など違うので波及効果はいかがですか？

群馬県立文書館　活動の中で地域の取り組み状況を報告してもらったこともあり、また求められて県内自治体に説明に行くこともあります。中之条町では、町にある歴史民俗資料館が博物館に移行する時に条例改正が必要になりました。その際、公文書館機能の追加についての相談があり、いくつかの提案をしました。現在、前橋市でも図書館と連携し、公文書館機能設置の検討をするというので、資料を提供しています。市町村業務の慌ただしい日常の仕事の中でも、少しずつ改善をしようとする意識を持った方々が出てきたことは事実です。県の役割として県内自治体の公文書管理の底上げの手助けができるよう支援をしていきます。

――公文書管理法の五年見直しの時期になりました。どうお考えでしょうか。

群馬県立文書館　法三四条の「努力義務」。この程度が地方自治体にとっては限界でしょうね。法そのままに、地域アーカイブと組織アーカイブを一律に管理することは難しいと思います。また、自治体はやりたいと思っていても特に文書管理を担当する総務系部門には人員、仕事量など課題が多いのです。専従で文書管理にあたれる人材を育成したり確保したりする、そのための国の支援や後押しが必要です。

――公文書館の人材育成については五年見直しの研究会でも課題になっています。どのような人材が必要でしょうか？　評価・選別ガイドラインがしっかりしていれば専門職はいらないのでは？

群馬県立文書館　専門職をどう捉えるかという問題はありますが、現在、トレーニングや育成、人事異動面での課題はあると思います。行政職員としての現場経験も必要でしょう。デジタル化など情報処理や法に関する知識も求められます。多様な人材が関われる教育のシステムを作り育てると共に、意識の高い人材をある程度の長い期間、公文書館業務に携われるようにすることが必要なのではないでしょうか。

――さて、マイクロフィルム化にも積極的に取り組んでこられたと伺っています。

群馬県立文書館　以前は職員が撮影していました。県史編さん時には、所蔵者のお宅で撮影させていただいたこともあります。古文書には、原本の所在が不明になっている文書もあり、貴重な記録の長期保存・バックアップにはマイクロフィルムが大きな役割を担っています。古文書は約三〇〇〇本を撮影しました。その他県史のフィルムが約一〇〇〇本あります。大型絵図マイクロフィルム化の事業は昭和五六年から一〇年計画で撮影委託をし、マイクロフィッシュで閲覧できるようになりました。平成二七年度ブックスキャナを導入する計画があり、これを活用したデジタル化も促進したいですね。

――デジタル化によって今後、重要文化財文書がホームページから観られるといいですね。最後に今後の取り組みをお聞かせ下さい。

群馬県立文書館　平成二六年度からの一〇年計画を策定し、より県民に開かれた文書館をめざします。五年目の平成三〇年には見直しを行います。文書の収集・整理・保存機能の充実、サービス機能の向上、教育普及事業の充実、文書の調査研究、専門的な人材育成、関係諸機関・団体との連携などの推進です。このような取り組みを考えています。今後とも県立館として地域史料・県の公文書の保存、利用機関としての責務を果たしていきます。

行政文書・県史収集資料の目録

◉インタビューを終えて

群馬県立文書館を訪れて感じることは、三四年目を迎えた重みである。群馬県とって一大事業ともいえる県史編さんの大きな成果が文書館の建設に結びついただけでなく、約二万点の古文書や公文書が重要文化財に指定されたことである。

行政文書整理の他に、古文書を求めて県内だけでなく、島根県・浜田市、岡山県・津山市、兵庫県・姫路市にまで広範囲に及び、また公共機関所蔵の場合、新潟県・上越市、滋賀・彦根市、愛知県・豊田市にまで出向いたそうだ。その上できるだけ元の形のままに整理し、取り扱い、作成者あるいは記録者の思いや、どのようにレガシーを表現するかが課題であり、群馬県立文書館はそれらを職員の力で見事に成し遂げている。

さらに特筆すべきことは、県だけなく県内市町村の適正な公文書管理の底上げをめざす群馬県市町村公文書等保存活用連絡協議会は三五市町村で構成され、着実な成果を上げている。公文書管理法三四条の「努力義務」（条文では「地方公共団体は、この法律の趣旨にのっとり、その保有する文書の適正な管理に関して必要な施策を策定し、及びこれを実施するよう努めなければならない」とされている。）だけでは日頃多忙な総務系職員では何を、どのようにしていいか困惑するだけである。国立公文書館でも研修は盛んに開催されているが、身近なところで文書館に関する情報を収集し、アイディアを生みだす場は必要だろう。

インタビューの中でも話された選別・収集のガイドライン作成、公文書改善ヒント集などを継続的に支援活動している群馬県内に、今後は「地方創生事業」の一つとして公文書館設置が雇用創生型の文化事業などへの新たな切り口にできないだろうか。依然として歯止めがかからない人口減について、ある調査資料によると「地域資源を活用した産業振興に期待するがそのような産業では雇用吸収力に課題がある」とし産業誘致の限界を語っている。地方創生のコンセプトを鑑みると、公文書館設置（時を貫く文化事業の創造）は地方に最適な文化創生事業であり、豊かな文化的地域資源を活かし、地方に歴史認識・理解・学習・雇用の創設するシナリオが描けそうだ。

最後に群馬県文書館が「より県民に開かれた文書館」をめざし、さらに洗練された文化レガシーが集積されることを念じて止まない。

公文書から見る草津温泉とハンセン病

草津温泉を訪れて

年間約二三〇万人の来場数を数え、日本三大名湯といわれる群馬県・草津温泉、数々の町営協同浴場や露天風呂が温泉ファンを楽しませてくれる。ここ数年の夏、草津町に住む友人を訪ね、名湯に浸っている。この町には温泉の数十ケ所の湧出ケ所があり、地域住民の管理によって無料の共同浴場が多く解放され、特色ある温泉を「泉質主義」と表現し、ポスターに描かれている。特に友人宅に近い「喜美の湯」の刺激的な熱湯感が気に入り、来町のたびにここに二、三回通っている。

この町の東部にある温泉熱を利用した亜熱帯エリア「草津熱帯園」や「大滝之湯」を含む地域、町を流れる湯川沿いの谷間に「湯ノ沢」というハンセン病患者の湯治治療を目的とする集落があった。この事実を友人から聞き、ハンセン病患者の入所している国立栗生楽泉園と女性宣教師、コンウォール・リー女史の胸像や記念館のある頌徳公園を訪れる機会を得た。

国立栗生楽泉園ではハンセン病患者の実態、政府の対応、付きまとう差別の歴史だけでなく、患者に対する虐待の事実を知った。たとえば、それは楽泉園から離れた場所にあった重監房施設内での出来事である。昭和一四（一九三九）年から約八年間、全国の施設から特に反抗的で施設待遇改善に取り組む患者など九〇名以上が無差別に送り込まれ、その内二二名が凍死や自殺で亡くなったという。

問題のある患者を隔離し、その収容期間は原則三〇日であるにも拘わらず治療もせずに中には最高で五〇〇日以上も苦しめたこともあった。楽泉園には、これまで一万人以上の方が訪れ、改めてハンセン病のことを知り、差別と偏見のない社会を祈らざるを得ない。忘れてはならない記録が保存されている国立重監房資料館（群馬県博物館連絡協議会加盟）がここにある。

事前の予約をしなかったため、館内で語り部の方から話を聞くことはできなかったが、広報誌「くりうＮｏ・八」（平成二八年九月発行）の中で、入所者の語り部は辛かった子供時代のことを以下のように語っている。

「ある日（昭和二四年）我が家に保健所の人が来て診察し、父親と私は『らい（ハンセン病）』と診断されました。（中略）私と父親は幌付トラックの荷台に揺られて草津にある国立栗生楽泉園に連れられて来ました。私達が入所して間もなく、保健所の人達が来て家の隅々を床下まで消毒し、身に着けていた衣類と布団を近くの河原に持って行って焼いたそうです。こうした「無らい県運動」と「強制隔離」によって私達患者や家族は村八分の苦しみに立たされたのです。（中略）園内には子供の患者が学ぶ栗生望学園があり、私もそこに通うようになりました。小学校一教室、中学校一教室に分かれて勉強し、入所する前に教師をしていた人など子供好きな入所者が勉強を教えてくれました。（中略）幸いプロミン注射のおかげで大事に至らず、その後の月日の中で運転免許を取ったり、労務外出をしたりすることもできました。今は『元患者』として暮らしています」と。

平成二七年八月、「昨年四月の開館以来、多くのお客様にご見学いただき、六月二五日までに来館者延べ数が一〇〇一七人に達し、一万人を越えました」と機関誌で報道された。現在、ハンセン病に関する歴史や対策、患者の苦しみを伝える「語り部の日」が企画され、すでに高齢の入所者の皆さんが担当しているが、いつまでもお元気で体験を語っていただきたい。

コンウォール・リー女史のこと

草津を生涯の地と選択した英国の女性宣教師、コンウォール・リー女史のことを語らねばならない。明治四〇（一九〇七）年、英国を旅立ち、八年間東京、横浜、千葉での伝道活動後、草津町に誘われ、この地での奉仕決意し私財を投じて聖バルナバ病院を設立したのは大正五（一九一六）年一二月のことである。その後も教会、学校を建設し、患者とその家族、児童も救済に尽力し、昭和一一年には職員数一一四名、患者数一〇七一名の規模となった。

患者が在住する湯ノ沢集落の解散とリー女史の聖バルナバ病院の廃業が楽泉園建設の契機になったとばかり想像していたが、偶然見つけた群馬県立文書館の資料から湯ノ沢地区の解散に三〇年以上の歳月が必要だったと知ったのは、平成二七年三月当館を取材してから一年以上後だった。そして平成二八年九月、再度訪問し公文書を見せていただいた。

コンウォール・リー女史

聖バルナバ教会

ハンセン病患者の集落

明治の初め頃、歌舞伎狂言作家が、らい病（ハンセン病）を「業病」（ごうびょう）と書いたことで、この病を遺伝病という誤った認識が大衆芸能を通じて民衆に広がった。それは近代国家をめざし欧米列強の仲間入りをしようとする日本にとってハンセン病患者の存在は非文明国家の烙印を押され、大きなハンディになることを印象付けた。一方、その当時のハンセン病患者の数はヨーロッパでは減少傾向だったという。

隔離政策を目的に明治四〇年、「癩予防に関する件」（法律第一一号）が公布された。この法律は、医師は患者を診断した場合、行政官庁に届けることや収容施設を設置することなどを定めたものである。これは日露戦争勝利に湧き、一等国をめざす時期と重なる。

さまざまな皮膚疾患病に効くとされるpH二前後の酸性質のお湯は古くから温泉治療のひとつとされている。今でもアトピーに悩む患者にとって草津はありがたい温泉地である。この当時、患者らは長期に逗留し、薬師如来の霊験あらたかな湯と信じられている「御座の湯」に浸かり、併せて行う全身への点灸治療（効果はなく偽治療らしい）は旅館経営に安定をもたらしていたという。しかし一般住民との共生は長くは続かなかった。町の観光政策が温泉宿舎の治療患者をここから追い出した。ここに住まわれて観光地の発展を阻害するからである。これは明治一九年の出来事である。

その後も定住者は増え続け、草津町の次なる手は湯ノ沢集落の移転を検討することになった。草津町長は明治四三年三月、群馬県知事に国有地の原野への移転請願書を提出した。しかし、計画の具体性と財源の不足から難航した。その後も大正、昭和への時代を経て、幾度と移転計画が持ち上がったがやはり財政上の理由で実現できなかった。そして新たに国立癩療養所の設置を群馬県は国に要望した。

公文書から見える草津・湯ノ沢地区、隔離と差別から解散

その後の経緯について、湯ノ沢集落の移転などに関する公文書をひも解き、事実を記してみたい。群馬県立文書館に保存されている「昭和一六年一〇月知事事務引継書」（知事八四A三五一七一／二）に綴られている「草津町湯ノ澤癩部落移転ニ関スル件」の中で以下のように書かれている。

「管下草津町字湯ノ澤ニハ数十年前ヨリ同地湧出ノ温泉ヲ以テ癩治療上最効果アリトシ全国ヨリ多数癩患者蝟集シ、而モ之ノ内健康者モ相当数雑居スルニ至リテ、遂ニ一部落ヲ為シ、現在ニ於テハ世帯総数一八二全人口五七四ヲ算シ、内患者八四二八名健康者一四六名アリ（以下略）」と現状を述べ、蔓延の危険性の事例を挙げている。たとえば、「貸布団を客に無消毒で供給している」、「部落に住む人が非癩地区に出稼ぎに行くことがある」、「製材業の癩患者の製品が一般に提供や部落に居る人が非癩地区に行商に行く」、「患者が映画館に潜入し観覧する者がいる」など具体的である。草津町は同地区の移転への期待を願っていたが、一方ではこれらの例はハンセン病に関する当時の乏しい知識理解度もわかり、またそればかりか草津町の差別政策も如実に見られる。

この文書から初めて知った史実であるが、この時聖バルナバ病院は英本国からの送金が途絶え、経営困難に直面し、土地、建物は癩予防協会によって買収され、昭和一六年四月に解散することになっていたことである。すでに開園していた楽泉園への移転に地区在住者の金銭的補償の目途もたち、湯ノ沢地区の解散に絶好の機会が訪れたことになる。

本文書の最後に五月七日付の県知事と湯ノ沢地区代表の覚書も添えられている。

その一部を紹介すると、「昭和一六年五月七日より昭和一七年一二月三一日までに移転を完了すること。病毒を伝播しそうな患者は国立療養所に入所すること。県が買収する土地は四六九九坪、金額にして八五八〇四円三〇銭とする。その他、資産のない者は居住年数によって一人八〇円から一〇〇円を支給すること」などであるが、住民側の要望を粘り強く訴え、勝ち取ったという。そして湯ノ沢地区の患者たちは楽泉園へ一四〇名、その他の施設に五四名、健康者九八名は草津上町などに移転した。

昭和一六年五月一八日、湯ノ沢地区の解散式が実施されたが、残念ながらかねてから体調不良を訴えていたリー女史は同年一二月、八四歳でその生涯を終えた。頌徳公園の中には「リーかあさま記念館」、「聖マーガレット館」（ハンセン患者が生んだ子供施設）などがあり草津を訪れたら、ぜひ足を運んで欲しい施設である。

楽泉園から温泉引湯の訴え

昭和七年には「無らい県運動」が高まり、患者へのいわゆる「見えない化」が進んだ時に国立栗生楽泉園が草津町に開園した。その後、昭和一四年五月、開園以来契約していた「白旗の湯」からの引湯が不足し始め、楽泉園は草津町と交渉した結果、湯畑東方の温泉からも引湯が可能になった。草津の湯は患者にとって欠かせない治療薬の一つでもある。

この件について、「昭和一四年温泉」（知事八二A一三/四）の公文書簿冊から詳細を知ることができる。昭和一三年一二月八日、楽泉園長から群馬県知事に「温泉取入口増設並ニ引湯ノ儀許可申請」を提出していた。その内容は「白旗の湯から引湯しているが近年四軒の旅館が増加し、夏場は支障がないが寒くなれば使用量も増える。現在、当園の温泉浴場二ケ所の内一ケ所閉鎖して使用に耐えているが、癩治療に効能あると信じ、温泉を慕う患者は入所中七〇〇余名おり、途方にくれないように、また統制上支障を来さないように新たな取入口を設けて引湯をお願いしたい」と訴えた。

これに対して、昭和一四（一九三九）年五月二三日、長野原警察署長が群馬県警察部長に宛てた文書の内容を要約すると「引湯問題解決ニ関スル件」として、「現状を鑑み草津町長他、町議六名が視察、協議の結果、要求が妥当と認め協議会で賛成し解決を図る」ことになった。そして「湯畑東方ヨリ同温泉ヲ引湯セシムル事ニ決定ス」と結論した。患者を慮る気持ちが町長、議員を動かしたことが文書から読み取れるが、一冬を越えてからの決定は決して早いとはいえない。

その後、患者に新薬の朗報が伝わる。昭和一八年アメリカで「プロミン」という化学療法剤がハンセン病に効くとされたが、日本に入って来たのは昭和二二年であった。らい菌が結核菌に似ていることから抗結核剤の使用とあったがあまり効果はなく、錠剤「ダブソン」が発明され完治にする患者が現われたが、今では主に「リファンピシン」が使用されているという。

ハンセン病に関する記録をまとめた群馬県

草津町に住むハンセン病患者との関わりが明治時代から続き、国立栗生楽泉園が設置された群馬県は、過去の公文書を精査し、平成二七年三月「群馬県ハンセン病行政資料調査報告書」を発行した。

本書の冒頭、大澤正明知事は「平成二五年九月に栗生楽泉園入居者自治会長からいただいた痛切な要望でした。改めて長い間辛く悲しい思いをしてきた元患者の皆様の人生を重く受け止め、どのような史実があったのかを明らかにしなければならないという思いの中で、平成二六年度に健康福祉部保健予防課内に専任の職員を配置し、過去の県行政資料の調査に取り組みました。（中略）こうした悲劇が二度と起こらないようにするためには、元患者の皆様の人生をしっかりと受け止め、そして後世に確実に伝えていかなければなりません。（以下略）」と述べ、群馬県立公文書館に保存されている明治三三年から六〇年間の関連行政文書八七六冊を調査し、報告書を提出した。

一年間かけての調査は明治三三年の全国及び県内調査、知事事務引継書、県議会質疑、群馬県の癩予防法施行関係など四四点（すべて公開されてはいない）が末尾に記載され、正確な保存状況をも表している。だからこそ県のハンセン病患者に対する隔離、差別政策を隠すことなく、正面から向き合い、諸課題における施策決定のプロセスまで踏み込み、その上、自治会長の要望に対応できことは本当にすばらしいことである。

報告書の最終頁で「ハンセン病問題は国家施策としたが、県において湯ノ沢地区の移転に関して隔離政策に関与していたことが判明した。感染病の正しい知識と理解のもと、差別や偏見をなくしていくことを県民とともに今まで以上にしっかり認識していきたい」と結んでいる。今後、これらの全国的にも貴重な公文書のデジタル化や原本の劣化対策としてのマイクロフィルム化が実現できることを期待している。

話はかわるが、東京都公文書館では、平成二六年一〇月、「人権の歴史とアーカイブズ―ハンセン病、隔絶の歴史を超えて」をテーマに国立ハンセン病資料館と共催展示会を開催した。東京都東村山市にある多磨全生園はハンセン病療養所として明治四二年に設置され、昭和一六年に国立に移管されるまで東京府がその運営を担っていた。そのため当館には明治以降のハンセン病対策に関する記録資料が所蔵されているという。

パンフレットによると展示会は「前近代社会の癩者と差別」、「隔離以前の治療と救済活動」などで構成され、公文書から患者またその家族への差別と偏見の歴史を学ぶ機会であることを願っていた。群馬県文書館でも企画展示していただきたいテーマである。以上、保存された公文書から作成されたハンセン病患者に関する調査報告書とそれらを裏づける記録を語る公文書が見られるのも群馬県立文書館の存在があるからである。

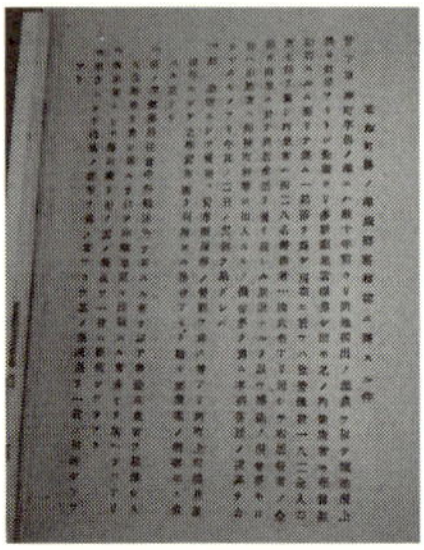
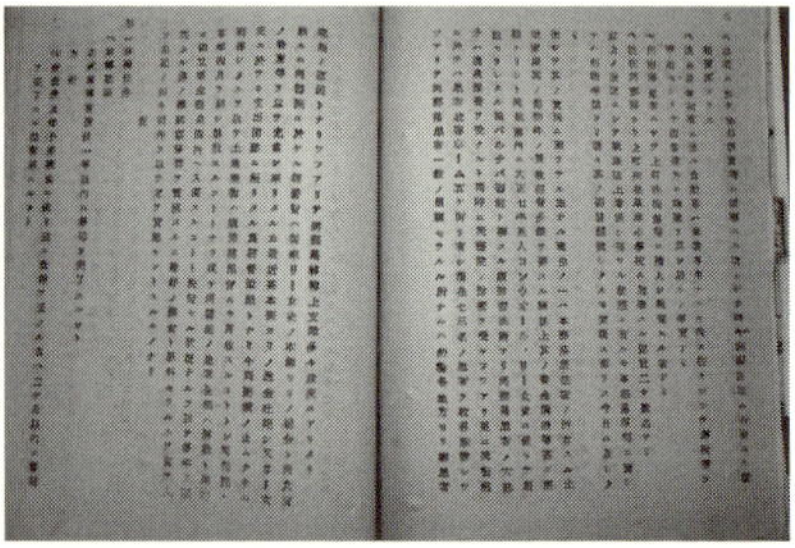

「草津町湯ノ澤癩部落移転ニ関スル件」
群馬県立文書館所蔵「昭和16年十月知事事務引継書」から

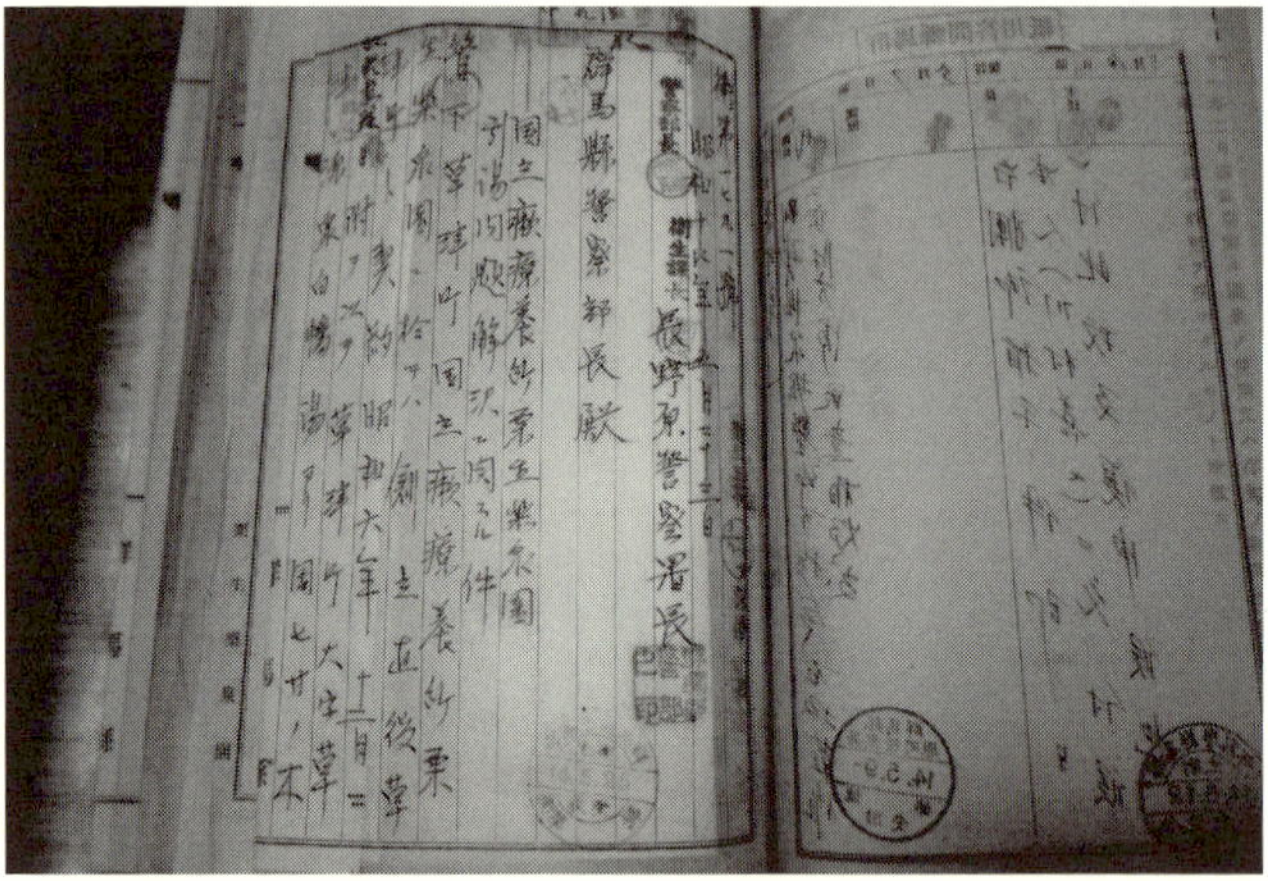

「引湯問題解決に関する件」
群馬県立文書館所蔵「昭和14年温泉」から

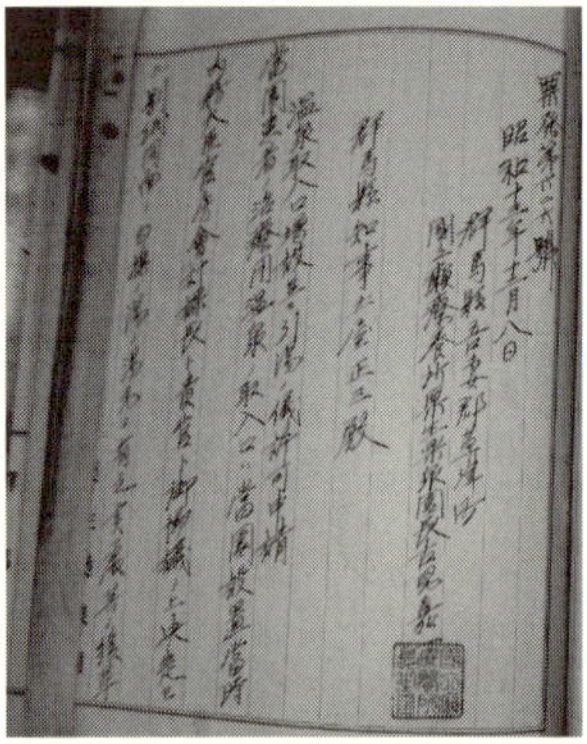
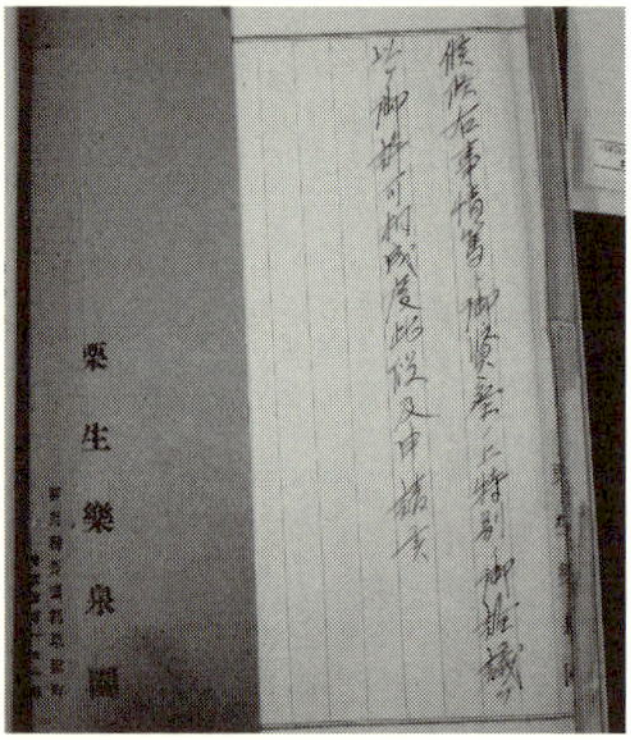

群馬県知事に宛てた「温泉取入口増設並ニ引湯ノ儀許可申請」
群馬県立文書館所蔵「同上」から

先進的な提言で情報公開制度と公文書管理を一体化した理想的なアーカイブズ

神奈川県立公文書館

住　　所　神奈川県横浜市旭区中尾一・六・一
施　　設　建築面積三六七二m^2、四階建て
開館時間　午前九時～午後五時
休 館 日　月曜日、祝日、年末年始、四月一日～一五日
交通案内　相鉄本線二俣川駅よりバス一〇分
そ の 他　所蔵資料　歴史的公文書約二万九千点、古文書・私文書約一六万点、行政刊行物・図書約一六万三千点

横浜駅から相鉄線に乗り換え、二俣川駅からバスで一〇分ほど。バス停から小高い山の側面に立つ頑丈な建築物をめざして歩いた。今回の公文書館取材は横浜市旭区にある神奈川県立公文書館を訪問し、お話しを伺った。

※

——　神奈川県は情報公開制度の取り組みも早く、山形県金山町に次いで昭和五八（一九八三）年に条例が制定されていますね。確か貴館も長洲知事の時代に開館したと聞いています。全量引き渡しや中間保管庫を利用した効率的な公文書保存の運用、いわゆる「神奈川方式」も話題でした。開館に際して知事の思い入れもあったのでしょうか。

神奈川県立公文書館　公文書館開設にはかなり強い知事の思いがあったと聞いています。一つは昭和四二年にスタートした県史編集事業です。当時、県内の歴史資料の収集・保存をしっかりと進めようという取り組みがありました。そしてもう一つが、昭和五七年の神奈川県情報公開推進懇話会からの公文書館新設の提言です。この提言を受け、全国的にも早い時期から情報公開制度と公文書館制度をセットで検討が進められ、平成五（一九九三）年当館はオープンしました。

——　貴館の特色をお話し下さい。

神奈川県立公文書館　まずは県のすべての機関（公安委員会を除く）から公文書館に文書が引き渡されます。保存期間満了文書を歴史的に重要な文書かどうかを基準に基づき選別し、保存することが大きなソフト面での特徴です。そして個人情報の保護を図りながら広く県民の閲覧に提供しています。ハード面の特徴では中間保管庫の活用です。五年以上経過の公文書はここに集まりますので、組織改編による移転などでの紛失も防止できます。このように非現用だけでなく現用文書も保存していることも特徴です。

――具体的な管理フローはどのようになっていますか。

神奈川県立公文書館　公文書館への引き渡し義務は公文書館条例第三条で規定されています。年間約一万箱、重量で約一五〇トンの公文書が四月から一〇月にかけて順次搬入されます。六月から評価・選別作業を開始し、三人一チームで、四チームで実施します。翌年の一月までに完了させ、全体の二から三％の文書が残されます。また一〇年、三〇年保存文書については、評価・選別案を作成し、選別会議にかけて判断します。そして実効性を担保するために承認された選別結果の情報を当館のホームページ上に公開しています。職員も庁内ＬＡＮで見られるようになっています。

――入荷次第の流れ作業とはいえ、一二名で一万箱を処理するには六ケ月を要しますね。

神奈川県立公文書館　各局、各所属から収集しますので当然作業に追いかけられることになります。展示・講座などの普及啓発事業や閲覧室でのレファレンスなどの業務もしつつ、年間を通じて収集・選別作業を職員が連携して行っています。

――平成五年に告示された神奈川県の公文書等選別基準とはどういったものですか？

神奈川県立公文書館　まず「条例」にせず「告示」としたのは、時代の変化に対応するためです。県民の共有財産として永く後世に伝えられ、神奈川の歴史形成に寄与するものですので、「選別は偏りなく、公正で客観的に行うこと」を選別基準の方針としています。細項目は二六項にも及びます。敗戦時の混乱や関東大震災でかなりの公文書が焼失したので県史編集事業は一からの収集でした。その保管を目的に設置された県立文化資料館時代には引き渡しの制度や選別基準が不十分だったので、開館当初からこのような仕組みができたのだと思われます。

――廃棄公文書から歴史的公文書を拾い出すという感覚ではなく、このような基準によって選別する。これがまさに公文書館の役割ですね。ところで地域の古文書の収集状況はいかがですか？

神奈川県立公文書館　都市化や世代交代により古い記録が散逸する状況にあります。そのため、民間に所在する歴史資料の所在調査を市町村と連携して実施しています。

必要に応じて古文書をマイクロフィルムにも収めるなど、調査結果は所在目録を作成し広く県民の皆様へ提供しています。当館で所蔵する古文書の代表的なものとしては山口八十八コレクションや神奈川宿石井家の資料があります。特に石井家資料は当館のお宝的な資料です。また、当館では毎年古文書講座を開催し、職員が講師を務め、実施しています。これまで受講された方々が土日に講座を自主運営しているのも珍しいのではないでしょうか。

――　神奈川県には歴史資料取扱機関連絡協議会があるそうですがどのような活動を行っていますか?

神奈川県立公文書館　この協議会は年間を通じて研修・研究会、講演会を行っています。市町村には公文書館がないところがありますし、歴史資料を扱う二一の機関が一緒になってテーマを決めて勉強をしています。

――　この組織で公文書管理の機運を高めてほしいですね。さてデジタル化の取り組みはいかがですか?

神奈川県立公文書館　館内でなければ閲覧することができなかった所蔵資料を、三年前からホームページ「神奈川デジタルアーカイブ」で公開しました。神奈川県の土地宝典、中世諸家文書などが閲覧できます。今後もマイクロフィルム化と併せてデジタル化を進めていきます。

――　今後の課題は?

神奈川県立公文書館　開館して二二年が経過し、既設の書架の収蔵スペースが少なくなってきましたので、書架の増設を計画的に進めていくことにしています。また、全庁を挙げて「県庁の電子化」に取り組んでおり、その一つとして公文書の電子化を進める「新文書管理システム」の導入について、関係各課と連携して検討を行っているところです。当館としては、電子文書の選別が確実に実施できるよう調整しています。

――　これから公文書館設置を検討される自治体に一言お願いします。

神奈川県立公文書館　平成二六年、ＮＨＫ番組で海外の取り組みとともに当館が紹介されました。「歴史的公文書の保存・公開は民主主義の根幹である」という視点で取り上げられましたが、そうした観点から検討を進められればと思います。我々もそのことを忘れずに取り組んでいきます。

◉インタビューを終えて

平成二七年五月、取材当時に立ち寄った常設展示、「古文書・公文書は面白い!」は七つのテーマでわかりやすく構成されており、神奈川県の成り立ちから戦争の記憶、鉄道まで興味ある企画である。特に戦後七〇年の節目の年、忘れ去る戦争の記憶を留めるためには公文書館は必要な記録装置である。神奈川県立公文書館はまさに「記憶と記録の交差点」である。

昭和六二年に公文書館法が制定される前から公文書館新設の提言があったと聞く。当時の長洲知事の先見の明には驚くが、それよりも情報公開制度と公文書管理が良くいわれる「車の両輪」、つまり現用、非現用を貫く公文書管理政策を早くから完成させたことだ。この原点には関東大震災と戦時前中を通じて焼失した、あるいは焼却せざるを得なかった忸怩たる思いがあったことだろう。だから前身の「神奈川県立文化資料館」で公文書の仕事に携わった先人の思いが神奈川方式といわれるような特色ある運営をも生み出し開館した。今回の取材で神奈川県立公文書館は全国自治体の公文書館の中でも完成度の高い公文書館であると感じた。

公文書から読み解くー横浜で解放された清国の奴隷と芸娼妓

横浜は安政六（一八五九）年の開港以来、日本の玄関として国際交流の口火を切った土地である。有名な狂歌「泰平の眠りを覚ます上喜撰（蒸気船）、たった四杯（隻）で夜も寝られず」に詠われる一連の出来事は、ペリーが四隻の船と共に嘉永六（一八五三）年七月、日本に来航した時のことをあらわしている。ペリー率いる黒船は、石炭や食糧などの補給基地と遭難時避難港として候補になった沖縄、小笠原諸島を経由して、浦賀港に投錨した。特にアメリカ海運界にとって長距離航海に必要とする燃料用石炭が日本列島及びその周辺で補給できることは悲願であった。

特命全権公使の肩書を与えられたペリーは事前に、日本人は誇り高く、恥辱を忘れない性格だから武力の威厳を示して接すれば、それが友好の印となるであろうと聞いていた。ペリーは翌年も再訪し、安政元年三月、日米和親条約が締結した。

安政三年、タウンゼント・ハリスは、通訳のヘンリー・C・J・ヒュースケンと一緒に伊豆・下田に来航した。その目的は、ペリーが果たせなかった日本との通商を結ぶことだったという。交渉の結果、安政五年にはポーハタン号上で結ばれた日米修好通商条約によって開港が定められた。それから一四年後、国際的な地位も確立していない日本が世界を相手に正義を主張した事件に発展する清国人奴隷解放「マリア・ルーズ号事件」が起こった。

神奈川県権令、大江卓

ＪＲ桜木町駅を降りて国道一六号線を尾上町交差点に向かう途中、大岡川にかかる大江橋〈明治三（一八七〇）年開通〉がある。この橋の名前は神奈川権令（現在の知事または副知事）を務めた大江卓に由来する。彼のプロフィールを以下に記すと、高知県出身の大江は縁あって土佐陸援隊に入り倒幕運動に参加した後、明治五年、当時の神奈川権令の陸奥宗光によって県参事に抜擢された。大江は開港後の神奈川や横浜のインフラ整備に活躍し、三条実美に認められていた外務卿副島種臣から権令に抜擢された経歴を持つ。大江は副島の命で「マリア・ルーズ号事件」に関わった。そして正義をもって奴隷開放に尽力した副島と大江に当時横浜に存在していた中国人互助団体「中華会館」《明治四年に清国人集会所から改称》から大旆（たいはい）が御礼として贈られた。このことを筆者が知ったのは、平成一五年一一月に神奈川県立公文書館の開館一〇周年を記念して開催された「開国と神奈川―国際交流事始―」の展示会であった。大旆は「マリア・ルーズ号事件」で清国人の二二九名の奴隷を解放したことに対する御礼であった。ここでは事件のあらましを解説し、奴隷解放だけではなく、この事件から波及した史実を公文書より探ってみたい。

「マリア・ルーズ号事件」

清国のアメリカへの移民の歴史は古く、一八四八年のカリフォルニアのゴールドラッシュを発端とし、嘉永三年には四四隻の移民船で香港から約二万五千人、万延元（一八六〇）年にはカリフォルニアの人口一〇％が清国人で占められていた。一八七〇年代には現地では組織的な清国人排斥運動が起き、清国人の移民先が北米から南米にシフトせざるを得ないことになった。その矢先、この事件が起こった。

明治五年六月、マカオからペルーに向かう船が暴風に遭遇し、修理のために横浜港沖に停泊したペルー船籍「マリア・ルーズ」号、この船から脱出し、助けを求めた清国人がいた。当時は鉄道工事や農業開拓にマカオからポルトガル人が斡旋して大量の清国の苦力（クーリー）がペルーに送られた時代である。この脱走清国人の話によるとマカオ出港時の契約条件とは異なり、狭い船倉内の劣悪な環境下で生活を強いられていたのだという。船倉から甲板への梯子をはずされ、甲板を歩くことすら禁止された。中には国への忠誠を表す弁髪を切られた者もいたという。

時は元号が「明治」に改まり、僅か五年の日本にとって外交政策は未熟であり、また地租改正を控えてこの難問に政府は関わりたくなかったが、外務卿の副島種臣だけは積極介入を主張した。副島は苦力を保護し、大江に調査を命じ、この船を奴隷船と断定したが、条約未済国の人民を取り調べ裁判するには、慶應三（一八六七）年一〇月に定められた「横浜外国人居留地取締規則第四条」によって外国領事館に相談することになっていた。しかし新政府に代わっても未だに外国領事に干渉されている実態をなんとか打破したいと考えていた大江はそれを無視して進めた。

調査の結果、契約書とは異なる不法な対応をしていたこの船は奴隷船と判明した。裁判において当該船のポルトガル人船長は「国際法を無視している。日本が事件を裁くことはできない」と強く主張し、さらに第一回目の裁判で提出された弾劾書の中で「人身売買は日本の法律や規則では禁止されていない。また清国人の結んだ契約書はどこでも通用する」と開き直った。

事実、明治二年、新政府下で「娼妓は牛馬と同じで売り買いされる人だ。こうした人の売り買いは禁止したい」と刑法官権判事は訴えてはいたが制度の廃止までには至っていなかった。裁判長大江（当時、権令が裁判長を務めることになっている）にとっては痛いところを突かれたが結局、明治五年八月に判決が下り、九月には二二九名清国人が開放され本国に出航した。

「ザ・ジャパン・ウィークリー・メイル」（The Japan Weekly Mail）の明治五年八月一〇日、二四日、三一日版にルース号事件の裁判状況について原告、被告のそれぞれの意見などが掲載されている。たとえば三一日版、「Law & Police」の欄で

「The Court met as here to force, Mr. R. Robertson, H.B. M' s Consul, alone of the foreign Consuls, occupying a seat on the Bench, the other Consuls having withdrawn, and after having stated that the judgment and finding had been submitted to the Foreign Department, Mr. Hill said that the judgement had also been considered by the Consular Board and approved by the English Consul.」

（法廷内には他国の領事不在の中、英国領事ロバートソンが判事席に一人で座った。県顧問弁護士ヒルは、事前に県外務部に提出され、英国領事に承認された判決を述べた）とあり、それ以降の文面から日本側主張が読みとれる。

また無事解放された清国人が横浜港から出航した時と人数を調査せねばならぬと思い、「ザ・ジャパン・ウィークリー・メイル」に記載されている二ケ月間分の横浜港出入船の報告欄を追ったが見つけられなかった。そこで「横濱毎日新聞」を丹念に見ていたら四行の記事が見つかった。それは明治五年九月一三日付第五五三号にタイトルも何もなく「當港に滞留罷在す白露國引合支那人二百二十九人の者ともを支那官吏陳福勲へ引渡相成即同人附添にて今十三日米国郵船へ為乗組帰国相成す事」と書かれてあり、人数、出航日、引率者までも判明した。

また、事件の顛末など、海外紙から報じられた事件批評なども掲載され、世界を駆け巡った注目に値する出来事であったことも読み取れる。

その後、ペルー政府からの申し立てによって損害賠償を求めた国際裁判となった。日本側は「日本領海内の事件なので裁判権は日本にあり、規則第四条は便宜上の取り決めである」と主張した。公平性を重んじロシア皇帝が仲裁に入り日本が勝訴したのは明治八年二月だった。

太政官令第二九五号達「芸娼妓解放令」

さて話は芸娼妓の開放に移る。アメリカ大統領リンカーンが奴隷解放宣言をしたのが文久二（一八六二）年九月、すでに一〇年が経過しているにも拘らず、依然として遊郭では人身売買がみられ、今回の清国人奴隷解放を契機に、大江は悪習俗下の娼妓を解放させることが日本の近代化に必要であると考えたに違いない。

なぜなら大江は政府布告よりも早く、明治五年九月一七日、県令で「芸娼妓等すべて人身売買に類似の所業禁止の事」の交付をしている。それは「当管下在町ノ婦女子年季ヲ定メ、遊女芸者并宿場飯女、或ハ洗濯女其、他種々ノ名目ヲ付、身売奉公ニ差出候儀、向後一切不相成事（以下略）」、年季を定めた遊女芸者、飯女、洗濯女など種々の名を付けた身売奉公は今後一切してはいけないという趣旨である。

大江の意向によって政府も反応し、同年一〇月二日、太政官令第二九五号となって発せられた。それを受けて大江は「（前略）同上ノ娼妓芸妓ハ人身権利ヲ失フ者ニテ牛馬ニ異ナラズ、人ヨリ牛馬ニ物ノ返弁ヲ求ルノ理ナシ（中略）金銀并売掛ケ滞金等ハ、一切債ルヘカラサル事（以下略）」（年季を設けるなどの名目で拘束した娼妓芸妓は牛や馬ではない。牛や馬に返済を求めることはしないなら売掛があっても返済する必要はない）という内容の布告をした。人を牛、馬と同じに扱えないという理由である。

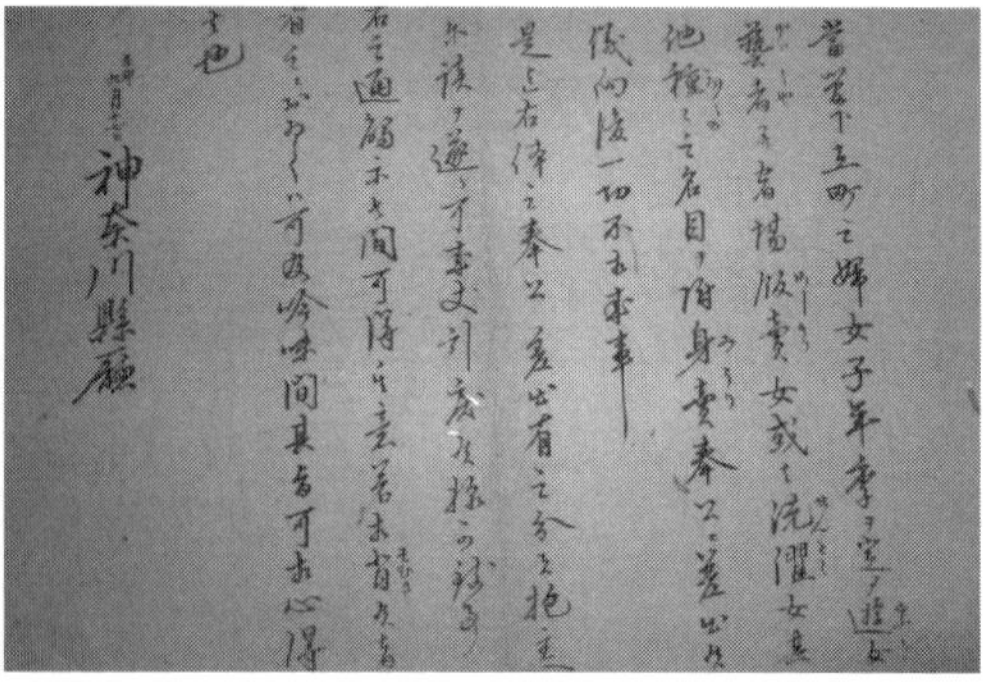

神奈川県令御布告「芸娼妓解放令関係」
（神奈川県立公文書館所蔵）

横浜の遊郭とハリス

当時、横浜には遊郭が数ケ所あり、中でも現在の横浜スタジアムあたりにあった港崎（みよさき）町遊郭は安政六（一八五九）年六月に開業した遊郭である。その他太田町、吉原町、高島町、長者町、眞金町に点在していた。慶應元年頃から元町の谷戸付近、御代官坂あたりに遊女屋が現われ、内外国人を顧客としていた時代もあった。

明治三年、取締りが強化され県から下記の通達も出された。「往来ノ外国人へ売淫致者有之ニ於テハ、当人ヲ始メ、関係者一同徒罪申付、其町村役人家主共、夫々厳重の可及沙汰云々」（売淫に関わるすべての人、営業場所の家主まで厳重に取り締まる）というものである。この通達後一時は沈静したようだが、治外法権の居留地では効果なく、また単独営業行為もあり、風俗営業は続いていた。

慶應二年、港崎の豚肉料理屋の鉄五郎宅から出火した火事で港崎遊郭は焼失し、その後、明治九年、外国人設計者による都市計画を描きながら日本初の西洋式公園、彼我（ひが）公園（その後、横浜公園と改称）が完成し、その中央に明治一三年、新たに外国人のためにクリケット、フットボールのグランドも建設された。

話は変わるが、下田に来航し、以来約五年の長期滞在異邦人、初代駐日公使タウンゼント・ハリスと領事館通訳ヘンリー・C・J・ヒュースケンの現地での生活が知りたく、資料を探していたら『雑学 艶歌の女たち』（西沢爽著・文春文庫）に出会った。それによると艶福家であったハリスは安政三年来日から下田時代、「唐人お吉」で有名な「おきち」（支度金二五両、月額一〇両）を、そして「さよ」を囲い、安政五年麻布善福寺を公使館に移管してからは、わざわざ人目のつかぬ神奈川本覚寺に生娘「お豊」を月三〇両で囲った。

ハリスについては「酒を飲まない、敬虔なクリスチャン」と「酒を飲むと女を呼ぶ」の極端な二説があるが、古今東西問わず男は二面性を持つものである。ハリスは帰国後、こうしたことが逆に影響したのか亡くなるまで独身を通し、明治一一年二月、ニューヨークで一人わびしく鬼籍に入った。七四歳だった。

一方、通訳であるヒュースケンも負けてはいない好色家であった。同じ頃「麻布坂下町清吉店久次郎娘こう事『つる（遊女名）』一八歳、右八横浜表遊女屋玉川楼へ三ケ年季四〇両にて遊女奉公に差し出し置きたる処、この度麻布善福寺に滞在する亜国通辞ヒウスケン月雇囲妻に相成リ云々」（同書記載、『嘉永明治年間録』から）とあり、ハリスのそれを超す月額で三年契約を結んだが、楽しみも半ばで万延元年一二月、薩摩藩士に暗殺された。二九歳の若さだった。

芸娼妓の解放と貸座敷制の提案

大江は太政官令を受けて、第一条から八条にわたる芸娼妓解放の条例を発布した。人身売買は禁止されたが、娼妓の働くことまで禁止したわけではない。この条例で新たに貸座敷制を提案し、娼妓の独立した地位での営業を認めたが、この画期的な意味が理解されず受け入れられるには時間がかかったという。鑑札を渡し営業許可を与える制度であったため、彼女らからは値段まで決めてほしいと県庁に問い合わせがあり、大江は一時間当たり二五銭としたが、高すぎて客が減り半額にした。

その条文の一部を紹介しよう。「遊女男女芸者等抱入レ渡世致候儀、爾後禁止申付候、是迄抱置キ候遊女、ナドニ男女芸者共、其父兄又ハ親族へ早々差戻シ、身代金ナド是迄之貸金等ハ、当人又ハ父兄親類等ヨリ示談ヲ以テ可受取事」（遊女芸者を抱える商売は禁止する。彼らを親族の元に返し、これまでの借金などは示談で処理する）というものだ。

面白いことに、第四条では「当人共抱主ノ手ヲ離レ候後、自分ノ好ニヨリ更ニ遊女芸者イタシ度キモノハ、其旨願出候ハバ、其始末取調べ候上、右願指免シ、鑑札相渡可申事」（解放されても自分で遊女芸者したいなら調査の上、鑑札（許可書のようなもの）を与えることもできる）としたのは、大江はきっと簡単には廃止できない風俗産業であるから、人身売買が一掃されれば貸座敷制度を設けて営業させるのも止むを得ないと感じたためであろう。少なくとも人身売買だけは避けてもらいたい、というのが大江の唯一の願いであったと思われる。

神奈川県公文書館では「武蔵国橘樹郡神奈川宿本陣石井家文書」の一部がデジタルアーカイブ化され、一般に閲覧・利用されている。明治五年一〇月、一部に虫食いが見られるが大江が発した「芸者渡世規制」は風俗営業のルールを定めた規則である。

無法な人身売買に替わって、遊女が自立して営業できるようにとの配慮でもある。鑑札を掲げ、月四円を町会所に納めることや新規の営業の場合、親や親戚の承諾印も必要とするなど八条にわたり細かに通達した。

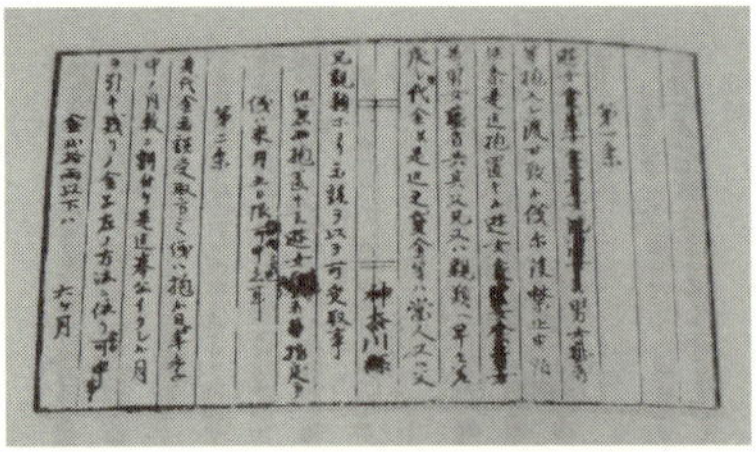

大江自筆の1条から8条の条例草案の一部
（神奈川県立図書館所蔵）

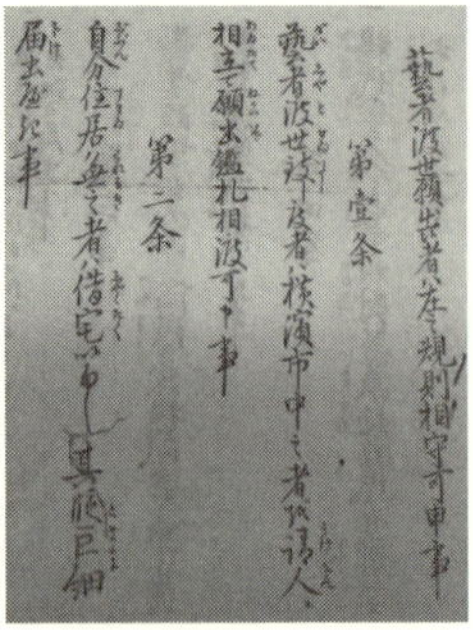

「芸者渡世規則」
（神奈川県立公文書館所蔵）

大江に贈られた大旆

明治六年八月五日、大江は「支那人ヨリ贈物受容之儀ニ付伺書」を史官に提出した。それは「先般秘露國マリヤ・ルーツ船一件取扱儀ニ付此度支那人ヨリ危難救助ノ儀ヲ頌賛セル数首ノ詩ヲ金箔ニテ書写致シ紅色滑綾地之一大軸當港支那會館董事ヨリ総名代トシテ寄贈有之候　右者受容仕不苦儀ニ候成　此段相伺申候」（先般ペルー国籍マリヤ・ルーツ号の件を取り扱い、支那人より救助の御礼を表した数首の詩が赤色の生地に金箔で書かれている一大軸を支那会館役員から代表として寄贈を受けたいがお伺いをしたい）、という主旨のことが書かれている。

その原本の写真が横浜史稿に掲載されている。二本の大旆は中華会館から大江と外務卿副島種臣に贈呈された。当時横浜に来た清国人の身分登録は約千名を超え、コック、通訳、荷夫、下僕などの仕事をしていた。仲間意識を高め、生活上必要なコミュニティ場として清国集会所を発足し、後に中華会館と改称された。

中華会館から贈られた大旆
（神奈川県立図書館所蔵）

神奈川県立公文書館では平成二一年開催の横浜開港一五〇周年イベント準備中、展示予定の大旆について以下のように説明されている。「この大旆は鮮やかな刺繍の中に金色の文字で感謝の言葉や漢詩が記されています。この文字は従来金泥（金粉を膠水で溶きまぜたもの）で書かれているとされてきましたが、今回の修復時の調査で、胡粉を膠で溶いたもので文字を書いた上に粒の細かな金粉あるいは金箔を乗せて仕上げたものであることが判明しました」

「現在、文字が白く見えるのは、金が剥がれおちて地の胡粉と膠が露出しているからだったのです。また、縁裂の下にも刺繍が施されていることがわかりました。以上は今回の展示の準備にあたって発見されたことの一部にすぎません。新たな発見があり次第お知らせしたいと考えています」（「公文書館だより二二号」から転載）と聞いただけでも金襴豪華なものと推察される。その大きさは縦三四八×横一八七センチであり、とても重くて上から吊ることができないと想像する。

幸いにも戦時中被災することなく大江の子孫である大江穐子氏と原田亮一氏は昭和三四年五月神奈川県に寄贈し、この年の一二月、初めて神奈川県立図書館で一般公開された。

事件から一二〇年経過した平成五年六月、事件資料を記録した短編映画「人間の港」が横浜・関内ホールで上映された。上映前の産経新聞の記事は、「明治人の勇気と正義を振り返り、現代における日本人の人権意識を改めて見直そうという試みだ」と評している。この映画、筆者は残念ながら観ていないが、今の日本人の人権意識を改めて考え直す興味深い映画でもあったそうだ。事件に関わることを避けていた政府を説き伏せた副島と大江の勇気を讃えたい。このような人物がいたことを神奈川県の歴史からも読むことができる。

余談であるが、東京横浜間の鉄道が開通したのはこの年、明治五年九月一二日である。この時、大江はこれまで天皇陛下に対してご臨場の際に直接祝辞を奉ることがなかったので、宮内省にお願いし承諾を得た。この結果、初めてこの時に陛下が人民から祝辞を受けられることとなった。横浜市民からも祝辞を奉ることになり、市民の総代は原善三郎、茂木惣兵衛、増田嘉兵衛、高島嘉右衛門、吉村幸兵衛等であった。

さらにこの日、横浜市内の一軒ごとに日の丸国旗を掲揚した。これが祝祭日に国旗を掲げる習慣の始まりであるという。ここでも大江の指導力と行動力が発揮された。その後、大江は神奈川県権令を辞し、土佐挙兵計画に参加し禁固刑を科せられたが、明治二三年衆議院選挙で国会議員に当選、その後実業界に転身し、大正一〇(一九二一)年、波乱万丈の生涯を終えた。

事件の顛末を書いた「夜半鐘声」

左の写真は石橋正子編著『マリア・ルス号事件関係資料集』から転載させて頂いた。表紙には「観善為人第一件」(良いことをした人の出来事)とあり「戒拐販人口出洋論(人を誘拐して外国に売ることを戒める論)」のタイトルのあと「天地は人が生きることを徳とし、聖人賢者は人の害を除くことを徳とするといわれている」で始まっている。

日本と清の間で明治四年九月に日清修好条規が結ばれていた。例えば外交使節の交換や領事の駐在、通商関係も欧米列強と同じ待遇を認め合うなどの取り決めである。しかし欧米列強からは軍事同盟の疑惑をかけられ、遅れていた批准が、「マリア・ルーズ号事件」を契機に明治六年四月に交換されたことは喜ばしいが、両国の平和友好は長くは続かず、それから二一年後朝鮮半島をめぐり日清戦争が勃発した。

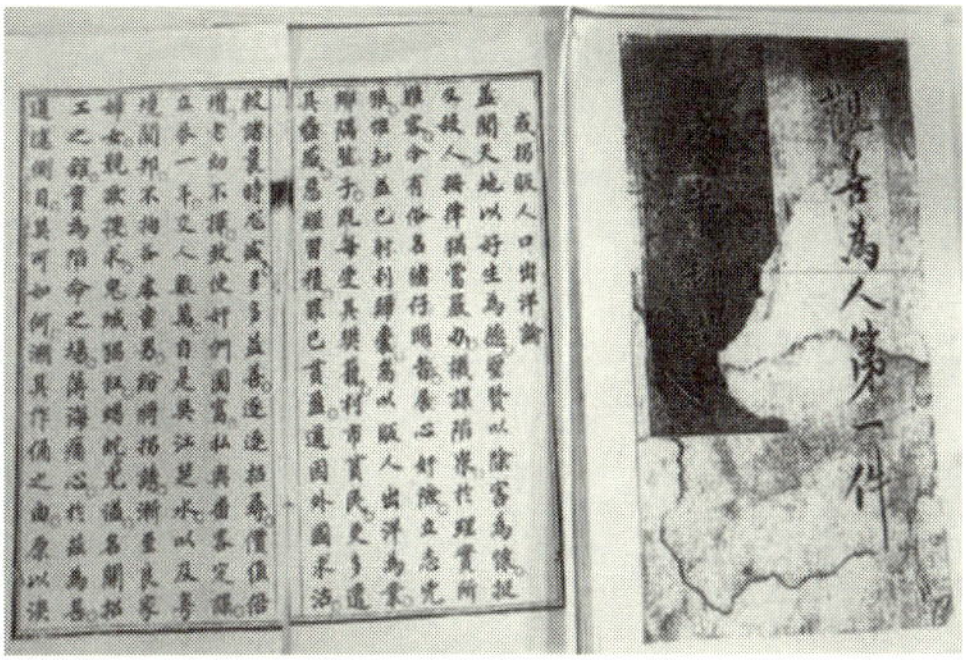

「夜半鐘声」
（神奈川県立図書館所蔵）

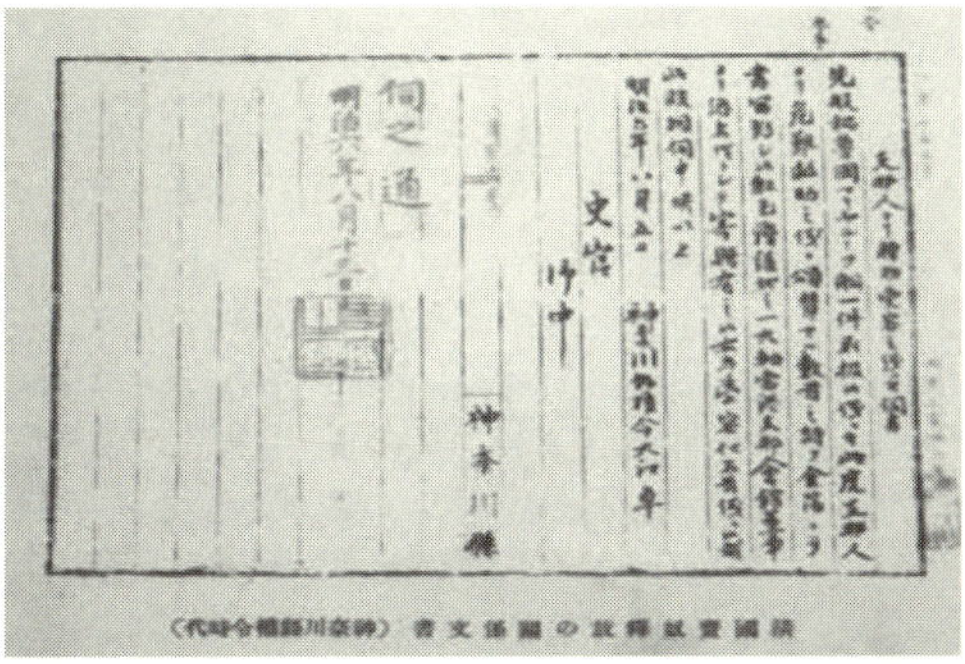

横浜史稿『清からの贈答品受容の伺い書』
（神奈川県立図書館所蔵）

以上、歴史公文書からマリア・ルーズ号事件の顛末、清人の奴隷解放と芸娼妓の人身売買禁止の話をみてきたが、ここから見方を変えれば世界を相手に正義を貫き、ひるむことなく副島の援護を受けて国際外交裁判に勝訴した大江の功績を知ることができる。戦前・戦後を通じて稚拙な外交を繰り返したこともある日本だが、開国間もない時代、世界を相手に戦った人物がいたことを決して忘れてはならない。これらの史実は公文書があるからこそ知ることができるもので、そこから歴史をいつでも読み解くことができる。

筆者注）引用させていただいた本によって「マリア・ルス」、「マリア・ルーズ」、「マリア・ルーツ」、「マリヤ・ルーツ」と呼称が異なるが、そのままの表記とした。

情報公開条例と公文書館条例
同時に施行した先進自治体

川崎市公文書館

住　　所　川崎市中原区宮内四・二・一
施　　設　敷地面積三七八三㎡、三階建て
開館時間　午前八時半～午後五時
休 館 日　月曜日、祝日、年末年始、
交通案内　ＪＲ南武線・東急東横線武蔵小杉駅よりバス一〇分
そ の 他　所蔵資料　歴史的公文書約四千六百冊、古文書約七百冊、複製古文書約二千四百冊、歴史図書約一万冊、市政資料約一万九千冊、現用公文書約一〇万五千冊

武蔵小杉駅からバスで一〇分、ツタの這う赤レンガの建物が見えた。全国で七番目、当時、政令指定都市では初めて開館した川崎市公文書館を取材に伺った。

※

――まずは開館の経緯をお聞かせください。

川崎市公文書館　川崎市では、市民本位の市政運営と情報公開制度の検討から行政情報がどこにあるか一元的に整理、管理する必要性がありました。そこで公文書館構想が持ち上がり、昭和五六（一九八一）年三月に構想委員会が発足しました。昭和五八年一月に着工し、昭和五九年三月に竣工しました。その年の一〇月には川崎市公文書館条例、川崎市情報公開条例が施行しました。ここに来れば川崎市の情報がわかるとの考えで設立されましたが、場所が市役所から離れているため、情報公開の窓口については利便性の良い本庁舎に設置しています。

――自治体の歴史編さん事業の終了後に公文書館を開館するケースが多いのですが、珍しいですね。

川崎市公文書館　当館は情報公開制度の検討の中から設置された公文書館といえるでしょう。ただその後、市史編さんも行っています。昭和六〇年から本格的な市史編さん事業を開始しました。当館ができたことで、市の歴史をまとめる編さん事業の事務局をここに設置できました。編さん事業は平成九年に完了し、資料編と通史編計一一冊を刊行しました。

――昭和五九年の情報公開制度は全国的にみても先進的ですね。

川崎市公文書館　情報公開条例施行は政令都市では最初ですね。市民本位の市政を進めるため、市民が必要とする

情報にアクセスできる環境を整える方針を貫いています。情報公開の請求については情報公開条例に則って行っていますが、公文書館条例に基づき公開しています。歴史的公文書の場合は、個人情報など制限があります。

——その他、館の役割は？

川崎市公文書館　公文書館には、中間書庫機能もあります。また、廃棄対象となった公文書を評価・選別して歴史的価値ある公文書として保存しています。職員にとっては現用文書の管理をし、さらに古い文書を保存している館のイメージが強いですね。

——公文書の引継ぎはどのようにされていますか？

川崎市公文書館　各課での保管は完結後一年です。その後、利用頻度などによって所管課、文書主管課、公文書館の三ケ所を選択しますが、原則は公文書館で保管することになります。公文書管理を確実に行うことで、職員は必要な時に必要な情報を閲覧できる仕組みとなっています。公文書の中間書庫機能は、公文書を安全確実に保管し、行政の継続性や安定性を担保するために必要な制度です。

——公文書の移管数はどのくらいですか？

川崎市公文書館　平成二六（二〇一四）年度の場合、引継ぎ文書は約一九〇〇〇簿冊、現在約一〇万五千の簿冊を保存しています。原則、文書主管課で点検された公文書が館に移管され、保管年限満了の廃棄対象文書から公文書館が歴史的公文書を選別し保存します。歴史的公文書等の収集及び保存に関する要綱が基準です。現在、非常勤職員を含めて九名で運営しています。

——昨年はどのくらい選別しましたか。

川崎市公文書館　歴史的公文書は約一四〇〇〇簿冊から約二四〇簿冊を選別しました。保存スペースが足りなくなっており、苦労しています。

——玄関に入ったすぐのロビーに公文書館の紹介がボードにありました。展示で工夫されていることは？

川崎市公文書館　川崎市公文書館の仕事の紹介をできるだけわかりやすく展示しています。また川崎市には川崎市平和館という施設があり、平和・人権に関する展示をしていますが、毎年川崎大空襲展を開催し、その中で当館の資料も展示しています。

――横浜・川崎地区は、戦時中に多くの公文書が焼失されたと聞きましたが。

川崎市公文書館　当時の話は詳しくはわかりませんが、昭和二〇年頃、戦争末期の公文書は少ないですね。戦後の混乱期に多くの公文書が損失したようです。

――川崎市は産業の近代化などに関する文書も多いのではないでしょうか？

川崎市公文書館　高度成長期など公害対策経験から環境技術に力を入れた文書が多くみられます。日本の近代化とリンクするところが多いですね。行政資料は細分化されていますので、市史を読む方が良く理解できるでしょう。

――教育や学習機能は備えていますか。

川崎市公文書館　当館保有の古文書を利用して講座を設けています。入門から初級・中級編があり、古文書の解読を通じて川崎の歴史に関心をもってもらえるようにと企画しています。古文書の中には例えば川崎市の北部に位置する登戸の多摩川の氾濫記録の絵地図が残っています。嘉永五（一八五二）年、ペリー来航の前年ですね。氾濫前と後をわかりやすく描いていて当時の人の工夫がみられます。

――公文書の閲覧の仕組みやデータベースについてお聞かせ下さい。

川崎市公文書館　現用文書では文書管理システムで管理されていますが、歴史的公文書はタイトル、作成課などリスト化したものをホームページに載せています。

――デジタル化の取り組みはいかがでしょうか。

川崎市公文書館　資料のデジタル化は今後の課題ですが、限られた予算の中でマイクロ化は進めています。歴史的公文書のマイクロフィルムは約二〇〇〇点、全体の一〇％あります。

――年間の利用者はどのくらいですか。

川崎市公文書館　昨年度は約四〇〇〇名でした。

――今後の展望はいかがですか。

川崎市公文書館　平成二六（二〇一四）年、市制九〇周年を迎え、「川崎市の九〇年をふり返る」と題した講演会を開催しました。今後、市制一〇〇周年に向けて何か企画したいですね。

カウンターに置かれた市史

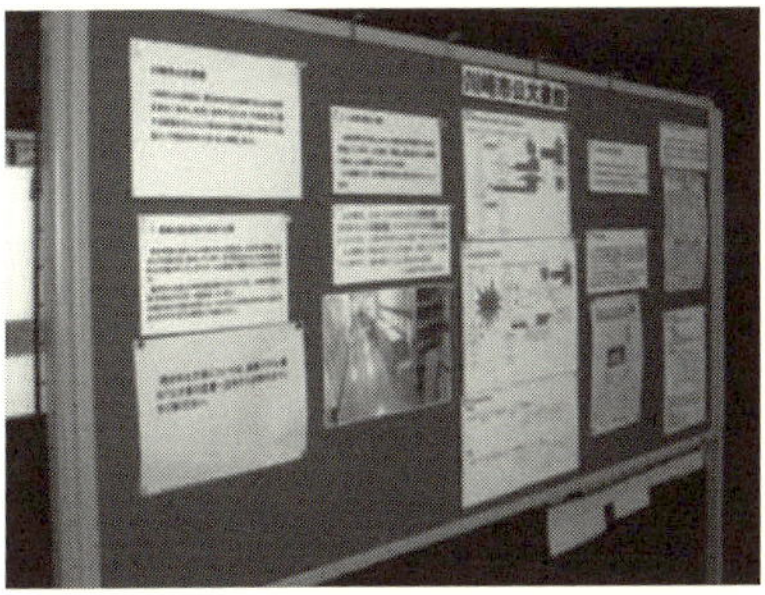
狭いスペースで工夫しながらの展示

歴史的公文書は書庫に
中性紙箱などに入れら れて保存されている

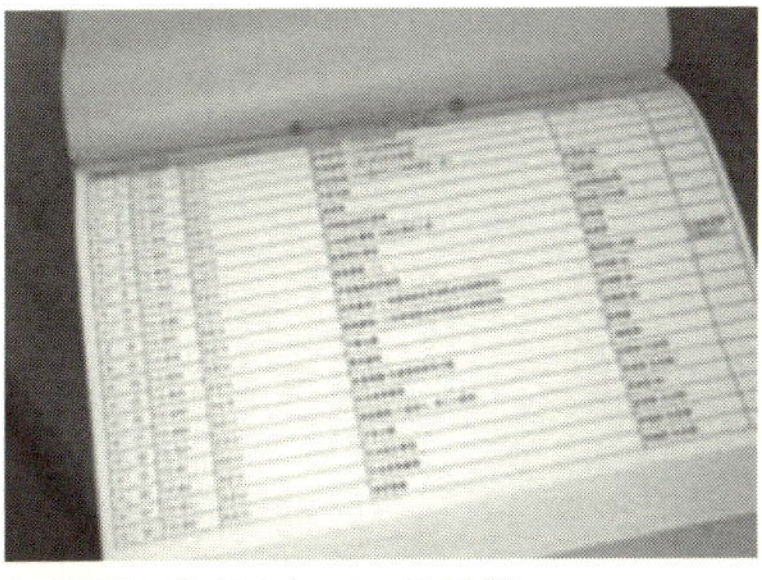
年代別に整理されている目録

◉インタビューを終えて

情報公開条例は昭和五七年に山形県金山町を皮切りに昭和五八年には神奈川、埼玉県が条例を定め、その後急速に全国に広がった。昭和五九年、川崎市公文書館を開館しただけでなく、川崎市は政令指定都市で初の情報公開条例化を定めた。さらに開館に併せて公文書館条例をも施行した。

これら二つの条例を同時に施行した自治体は川崎市以外には見られないだろう。いいかえると現用文書を対象とした情報公開条例と非現用文書を対象とした公文書館条例が、車で例えるなら両輪となって同時に機能し始めた先進自治体である。

公文書の書庫に関しては二年目以降所管課延長、本庁舎行政情報課、公文書館各課の組織的な特性と公文書の利用度に応じて保管する書庫を選択できるのも大きな特色である。それは川崎市公文書館の所轄である総務局情報管理部が他の公文書館に見られる収集アーカイブズ的な教育委員会系と異なり、発生から公文書の最終処分（廃棄または歴史的公文書として保存・活用）、いわゆる公文書のライフサイクルを統括し、廃棄対象公文書から歴史的公文書の選別などの公文書館の役割が住み分けされているからである。だから充実した歴史的公文書の目録ができている。

川崎市には約一万人の職員が在籍しているが公文書館の統計によると行政利用が決して多くはないようだ。現在活用の起案・決裁型文書管理システムから現用・非現用を貫くシステムの改善導入が検討されれば、さらに職員による行政利用はアップし、また公文書館はより一層中間書庫機能を補完するに違いないと感じた。

川崎市公文書館の保存文書から読み解く

大正期の環境問題と寄付

川崎市といえばかつての公害、環境汚染などのイメージが残る。戦後の高度成長の進展に伴い製造業が川崎地域を中心に京浜工業地帯が広がり、特に石油産業では日本最大の石油コンビナートが完成した。それに伴い大気汚染が市民生活を脅かした時代があった。

しかし、明治期にも環境問題は発生した。川崎市史によると明治四四(一九一一)年一二月、浅野セメントが海苔、魚介類、ブドウ、桃など農水産業の豊かな田島村（現川崎市川崎区）に移転の情報が入り、村議員により浅野セメント起業反対期成会を結成した。すでに明治一六年から東京・深川の同社工場煙突からの降灰が問題化していたので一層神経質になっていた。

しかし、反対運動が功を奏せず、結局埋め立てを完了し、大正六（一九一七）年から操業された。大正一三年七月には川崎市大師町の住民が関東大震災後の防煙装置の復旧をめぐり紛糾し、会社に千名も押し寄せたという。

それより以前、大正二年から埋め立てを開始した浅野セメントは、大正三年四月に田島尋常高等小学校建設費の内へ二千円（現在価値で二〇〇〇万円相当）の寄付の申出をした。原文（左下の写真）は「東京市深川区清住町壱番地浅野セメント株式会社社長浅野総一郎ヨリ田島尋常高等小学校建設費ノ内へ金貳千円寄附致シ度由申出ニ依リ寄附金額受領スルモノトス」である。環境汚染に反対の村だったが、現状の解決に、背に腹は替えられず寄付をいただくことになった。

当時の同小学校は全児童を収容できず、二部授業を余儀なくされていたからこの寄付はきっと貴重な建設資金となったはずである。戦後生まれの団塊世代が小学校で二部授業を体験したことがあったが、この時代にもあったとは意外だった。これは田島村で保存されていた大正時代の決議録から見られる。

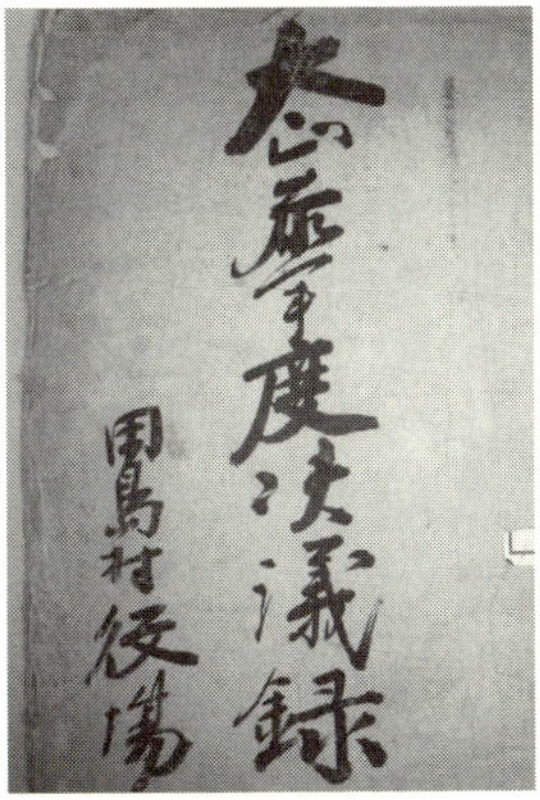

「大正期の決議書表紙と
寄付受理について」
（川崎市公文書館所蔵）

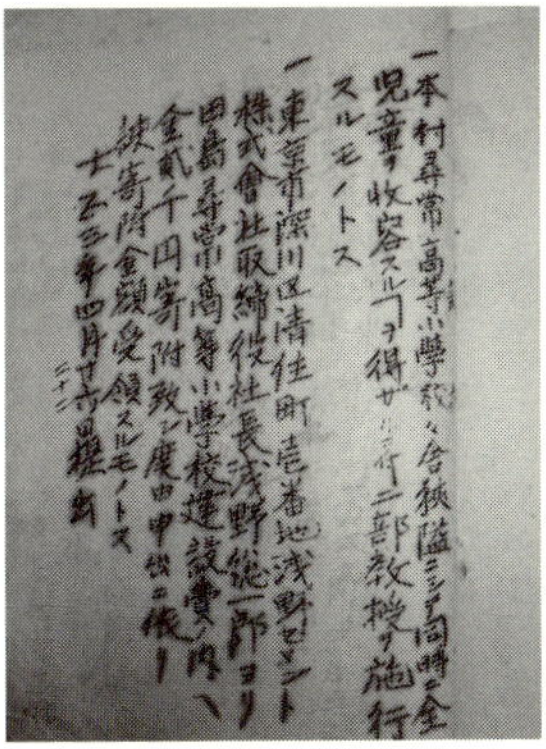

（川崎市公文書館所蔵）

鈴木藤助日記

川崎市公文書館のお宝の一つは、長尾村に暮らしていた鈴木藤助の日記である。「川崎市公文書館だより第三〇号」（平成二六年一〇月）によれば、この日記は嘉永六（一八五二）年六月から明治二二（一八八九）年一月一七日まで、藤助が四二歳から七七歳までの日記である。

鈴木藤助は橘樹郡長尾村（現在の川崎市宮前区）の年寄役を務め、村政に関わりながら醤油造を営んでおり、他に質屋、穀物・肥料の仲買をしており、多角的なビジネスで多忙な日々を送っていたようである。

白石通子氏と小林博子氏は共同でこの日記の解読と編集をされ、平成一三年四月『鈴木藤助日記』が刊行された。その中で「初巻の表紙に『唐船一条御座候』とあるように、ペリーの浦賀来航の驚きが日記を書き始めるきっかけとなったようだ。（中略）桜田門外の変、金の棒が大量に上総で発掘された話、安倍晴明の末裔が占いをしている話など興味を持った事は何でも書き留めている」と解説されている。

実際、日記の中では黒船来航したことを六月四日付に「唐船来ル咄しヲ聞」とあり、藤助はペリー来航の翌日には知っていたことになる。藤助は忙しく仕事で駈けめぐっていたのだろうか、各地からの情報を得ていたことが日記から読み取れるという。

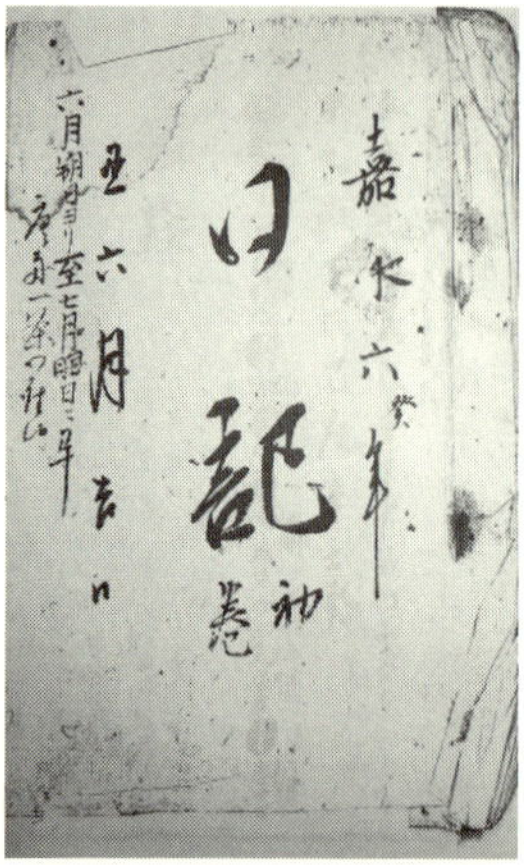

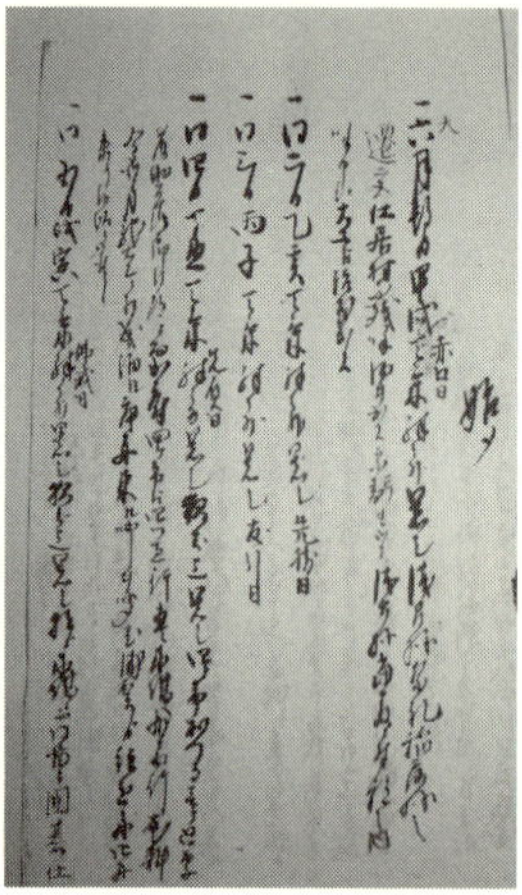

「鈴木藤助日記」
（川崎市公文書館所蔵）

安政二（一八五五）年一〇月二日に「夜四ツ時大地震夫々度々地震」とあり関東地方南部で発生したM七クラスといわれた安政江戸地震の一報を記している。さらに翌日には「近来まれの大地震也、江戸は此辺より余程大く御座候様被存候」とあり、その後も毎日のようには発生した地震情報を丹念に記録している。その他、日記から当時の村や人々の生活の様子を知ることができる。この日記は貴重な地域歴史資料であり、格好の学校教材でもある。

これらの日記の原本はマイクロフィルム化され、八冊の複製本を川崎市公文書館で閲覧できる。そしてこの日記は今では古文書講座の教材としても利用されている。

「ふるさとの記憶を未来へつなぐ」
廃校舎を利用した
常陸大宮市文書館

住　所　茨城県常陸大宮市北塩子一七二一番地
施　設　延床面積一四五二㎡、三階建て
開館時間　午前九時～午後四時半
休館日　月曜日、祝日、年末年始
交通案内　ＪＲ水郡線玉川村駅より車で七分
　常陸大宮駅より車で一五分
その他　所蔵資料　行政文書約二万二千冊、古文書約九千冊
　図書類刊行物約一万冊

ＪＲ水郡線常陸大宮駅線より車で一五分。緑が目に染みる田園地帯に公文書館の案内看板が見えた。この付近には約二〇〇年前から伝わる国内最古の廻り舞台があり、地元の人々が演ずる農村歌舞伎が今でも継承されているという。今回の取材は、廃校となった小学校舎を利用したことで話題となった常陸大宮市文書館を取材した。

※

――外観からもはっきり学校とわかる建物ですね。市長の考え、皆様の熱意が実った結果だったと推測しますが、開館の経緯を教えてください。

常陸大宮市文書館　当館は茨城県内では初の市町村立の公文書館です。平成二六（二〇一四）年一〇月に開館しました。現在の市長は、選挙公約の一つに「公文書館設立」を掲げました。そのため就任後、平成二一年に公文書館設立の組織を立ち上げ、調査・検討を進めました。平成二二年からは五ケ所の公文書館の視察もしました。当初は行政文書の整理・保存を設立の目的に考えていましたが、すでに歴史民俗資料館がありましたので併用の検討がありました。一方、住民からは廃校となった小学校の活用が求められていました。いろいろ検討した結果、廃校となった校舎の候補から塩田小学校（昭和六三（一九八八）年改築、平成二二年三月閉校）を利用することに決めました。

――廃校舎を利用するのはよいアイデアでしたね。

常陸大宮市文書館　しかしその学校のスペースでは民俗資料館と合併しても展示を含めると運営できないことが判りました。したがって民俗資料館の古文書はここに移管しましたが、民俗関係のものはそのまま資料館に保管することにしました。行政文書に限らず他の文書も保存するので、館の名称を「文書館」としました。開館まで五、六年かかったことになります。

――条例などは制定されましたか？

常陸大宮市文書館　開館前の平成二六年六月に公文書館の設置及び管理に関する条例を施行しました。最近では県内の自治体でもこうした運用の検討が多くなってきたようです。

――常陸大宮市は市町村合併などありましたね。旧町村の歴史編さん事業の状況はいかがでしたか。

常陸大宮市文書館　平成一六年一〇月に二町三村（大宮町、山方町、美和村、緒川村、御前山村）が合併しました。合併前の各町村の編さん事業は終わっていましたので、民俗資料館で保存、公文書館開館時に移管しました。また各区有文書もあり、これらも公文書館に移管しました。合併時、当時の市長は公文書の散逸を大変心配していました。

――その頃、総務省は合併による歴史的公文書の散逸防止を呼びかけていましたが、今なお、合併後の公文書等が未整理のまま保存している自治体は少なくないと聞きます。合併前の各町村の公文書はどのように移管されましたか？

常陸大宮市文書館　旧町村の文書管理規定に従って、保存期限のあるものは破棄し移管しました。永年文書などは総務課に一旦移管したのですが結局保存場所がなく、廃校の学校校舎に保管することになりました。

――それらは今どのような状況でしょうか？

常陸大宮市文書館　約七〇〇箱あり、体育館に置きながら今はその整理・点検を進めています。公文書館設置立案時に外部委託によってそれらの公文書の目録だけは作成しましたが、整理には時間がかかりますね。合併して一〇年が経過しましたが、三年、五年保存の有期限文書は所管課の利用が終了すれば廃棄されます。一〇年・三〇年保存文書は規程のもと自動的に文書館へ移管されますが、どれを残すかは評価・選別基準に基づくだけでなく、所管課とは別の視点で、すべての文書に目配りする体制が公文書館には必要だと思います。

――現用公文書の保管フローをお聞かせ下さい。

常陸大宮市文書館　各課で当該年度キャビネット等に保管後、庁内書庫に移管されます。ここで問題なのが、たとえば一〇年保存文書は一〇年間庁内書庫にあるので長期にそのまま保管しておいていいのかというところです。

――現用文書なので公文書館が管理できないということですね。これはどこでも悩ましい問題ですね。文書管理システムなどは導入されていますか?

常陸大宮市文書館　ファイリングシステムは確立しています。移管になった文書は整理中のものが多く、その作業に追われています。要らないものもありますので中身を点検しなければなりません。大まかな基準だけでは判断できない場合もあり大変な作業です。

――現在の蔵書数はどのくらいですか。また検索はどうされていますか?

常陸大宮市文書館　全体で行政文書二万二千点、古文書九〇〇〇点、図書類刊行物一万点です。EXCEL形式の目録はありますが当市のホームページには掲載されていません。デジタル化も課題のひとつです。

――今後の保存スペースに問題はありませんか?

常陸大宮市文書館　今後移管される行政文書の二から三万点程度のスペースは確保できています。保管箱の大きさによっても変わりますが古文書類の保存スペースもまだまだ大丈夫です。

――各教室をどのように利用しているのでしょうか。

常陸大宮市文書館　一階に資料室と事務室、二階を燻蒸室や文書庫として四教室分、三階の六教室をそのまま保存書庫として利用しています。予算がなく全室に空調設備がないのが難点です。

――地域での認知度はありますか。

常陸大宮市文書館　開館したことは告知しましたが、ここで何ができるか、その理解は少ないようですね。特に目を引く展示もないので周知が難しいです。そのために今年度から「古文書応援隊」を組織し、古文書の整理を六月から一四から一五名のボランティアの方々にお願いすることになっています。また一一月二九日、開館一周年記念シンポジウムを開催します。テーマは「戦後七〇年の記憶をつなぐ・戦時下史料の可能性を考える」で、二〇〇名の集客が目標です。

――全国約七〇しかない公文書館、普及させるには国からの財政面のバックアップも欲しいですね。その意味でも貴館は廃校利用の全国的な事例になるのではないでしょうか。

常陸大宮市文書館　廃校活用事例としてこれまでに当館に取材に来られた方は多いですね。しかし実現したくても自治体では、一般的に公文書館設置は優先順位としては高くはないのが現状ではないでしょうか。

――公文書館の取り組みについてアドバイスをいただけますか？

常陸大宮市文書館　保存だけなら倉庫でも良いですが、どのように利用してもらえるかを考えると利用しやすい仕組みが大事ですね。利用を最優先にした施策が必要です。今は簡単な検索しかできないですが、どこからでも利用できるように早く準備したいと思っています。

開館時に移管された旧町などの公文書が保存されている書庫

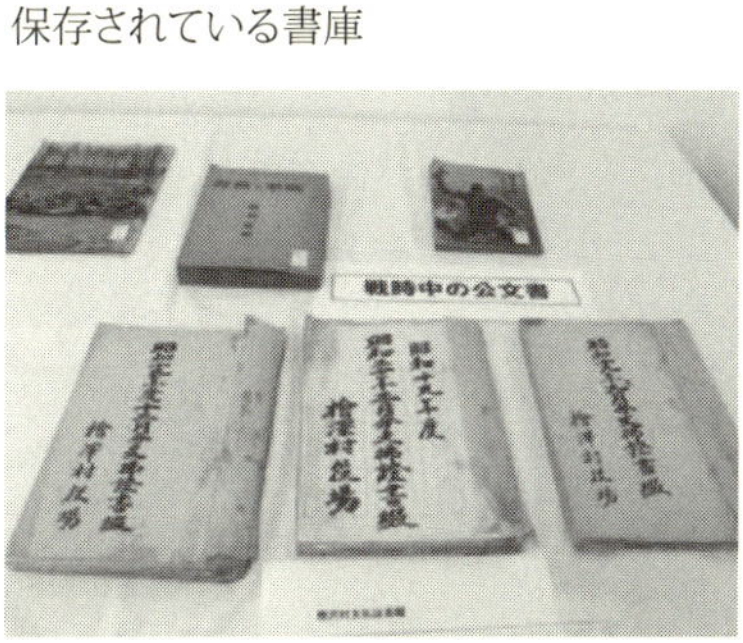

昭和の合併時に収集した公文書

昭和六二年制定された公文書管理法の成立に尽力された岩上二郎衆議院議員は茨城県知事も務めたこともあり茨城県には先進的な公文書管理の風土があると思っていた。意外にも県立茨城歴史館公文書館に次いで常陸大宮市文書館が県内二番目の公文書館である。

◉インタビューを終えて

文科省の調査によると平成二四年五月には約四二〇〇校が廃校になっている。廃校施設の活用状況調査によると、利用の予定がない主な理由に、「活用を検討しているが地域からの要望がない及び活用方法がわからない」の割合が約五七％にもなるという。そこで文科省は「未来につなごう～みんなの廃校プロジェクト」を提案し、前向きな取り組みを実施した廃校活用事例一五五件（平成二六年一一月）をリンク集としてまとめた。

その中にある「アート創造拠点など文化施設」分類には「公文書館」の名称はないが「土佐町郷土学習センター」、「浜松市みかんの里資料館」、「伊吹山文化資料館」など歴史的な文書保存・活用を含めた複合的な施設の事例が多くある。文科省は国庫補助を受けて建設された学校施設の転用による財産処分手続きの簡素化を図って地方自治体の取り組みを支援し、また幸いにも活用可能な各省庁の補助金もある。

片山元総務相は地方を元気にするヒントとして「住みやすく、豊かな地方を作るには教育、文化、伝統、歴史、芸術を大事にすべきだ」と語っていた。そのためには施設が必要であり、学校舎の跡地利用は欠かせない。開館に際して、地方を元気にする方策の一つにこのようなコンセプトもあったに違いない。平成二七年六月訪問させていただいた常陸大宮文書館、まずは旧町村から移管された公文書の地道な点検・整理作業、また施設内の空調設備の充実、公文書の長期保存の施策やデジタル化などは今後の課題は多い。しかし、開館に伴って、公文書の発生から廃棄、歴史的公文書の評価・選別までの公文書のライフサイクルを確立しただけでなく、次世代への街の歴史の継承と行政利用、さらに情報公開と公文書管理の両輪が完成した波及効果は少なくない。

現　三次真一郎市長の思い入れも大きかったが、旧塩田小学校が生まれ変わって公文書館が誕生した背景に、未来につなぐ地域の人々の心の比重が大きいと感じた。そして廃校にならなかったことを一番喜んでいるのはその卒業生ではないだろうか。このような廃校利用の事例が全国に展開できればと願っている。

所蔵史料が語る戦争と市民生活

常陸大宮市文書館は開館一周年を記念して平成二七年一一月二九日、「戦後七〇年の記憶をつなぐ—文書館所蔵史料が語る戦争と市民生活—」をテーマに記念シンポジウムを開催した。シンポジウム終了後に発行された当館の「だより」で戦時下の公文書の保存についてのことを知り、再訪問して戦時下の公文書を中心に話を聞くことができた。

平成一六年一〇月、常陸大宮市は五町村（大宮町、山方町、美和村、緒川村、御前山村）が合併し誕生した。美和村は昭和三一年に檜沢村と嶐郷（りゅうごう）村が合併、また緒川村は小瀬村と八里村が合併してそれぞれ誕生した。

八里村には約四千点の公文書があり、合併された緒川村からそれらを茨城県立歴史民俗博物館に寄託していた。しかし、いつ頃寄託したかは誰もわからず、定期的に三年に一回の寄託の更新申請だけは行っていた。その後、相手側から「書庫も手狭になり返還したい」という申し出があり、平成二二年に常陸大宮市歴史民俗資料館に返還された。移管後、これらの公文書保存の環境管理には注意を払っていただけで、その中身まで点検する機会もなかった。

ところが新設された文書館に移管後、内容を点検し、初めて戦前から戦時にかけての文書が多く、貴重な兵事や銃後記録があることが判明した。実際、旧村の資料が残っていても、特に戦時下の資料はきわめて少ないのが現状であったので、何らかの方法でこれらをアピールする必要があると感じたという。

そして茨城大学人文学部准教授の佐々木啓氏に指導を仰ぎ、その結果、存在していた庶務文書には兵事関連の資料が含まれていることが確認された。その他動員関係の名簿も廃棄されずに残っていた。次頁の写真は昭和六年度の壮丁名簿（徴兵検査受検年齢に達した者の台帳）、昭和二〇年の軍属、臨時陸軍軍属及び軍人連名簿である。中央の写真は、生々しいが昭和一八年八月東部三七部隊から八里村長に「遺髪保管相煩度件」として宛てたものである。内容は「戦地に出向いた出身者が仮に遺骨が還送ない場合に遺骨に替わって遺髪を取り扱って欲しい」というものである。死を覚悟の上に戦地に出向いた人のことを慮ると胸が痛む。これらは政府から廃棄指令に背いて保存したのか、他の記録と混在し確認できず、そのままであったかは不明である。

合併して美和村となった檜沢村の場合、平成一六年の目録データベース作成時には単なる伝票と認識されていた史料が、よく見ると約一〇〇点の応召者（呼び出しに応ずること、特に召集令状を受け軍務につくため指定地に行くこと）への見送りの旅費や餞別などの支払い証書、領収書、伝票であり、戦時下を物語る資料であった。これは平成一六年の合併当時、歴史民俗資料館では保存期限到来文書が廃棄されることを危惧し、散逸防止を呼びかけ収集に出向いた中に存在していた。今では中性紙の袋に保管し、閲覧可能になっている。

記念シンポジウムにおいて、佐々木先生は「臨時陸軍軍人及び軍属連名簿から昭和二〇年三月、記載は三三九名。その内訳は国内一二一、中国一一四、南方八九、不明二四となり、中国から南方まで出征し、一方軍属は二八名おり、その内二二名の男子は工員、雇員、運転手、逓信省技師、電話係、通信学校傭人、通信書記などの仕事についた」と話されたという。公文書からこの地からアジア各地に出征されたことが判明した。

当時、「保存の文書規定があったのではないか」と文書館担当者に聞くと、「引継ぎ目録はあったが規定の存在は不明だ」という。幸いなことに常陸大宮市に合併された五町村の公文書がしっかり保存されていたのは、「住民の方々

壮丁名簿と陸軍軍人軍属名簿
（常陸大宮市文書館所蔵）

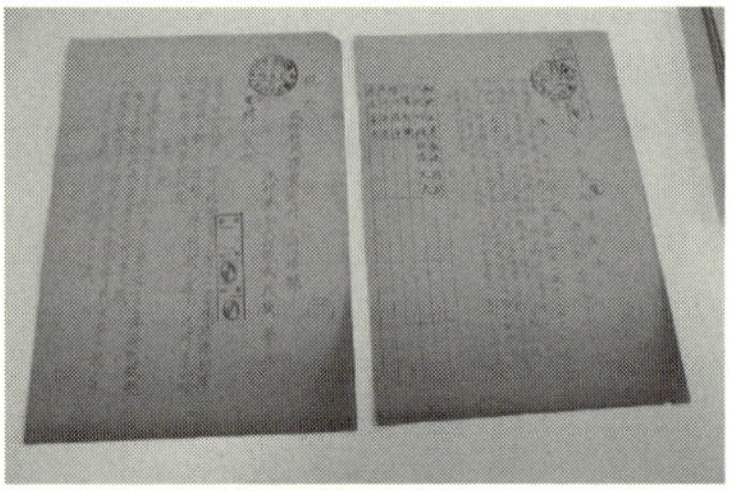

遺髪保管のお願い
（常陸大宮市文書館所蔵）

明治17年から昭和30年
事務引継書類
（常陸大宮市文書館所蔵）

が公文書への関心が高いから」だそうだ。調査頂いた先生方には必要に応じてデジタル化された資料を提供したが、ほとんどが劣化の激しい文書だけにデジタル化は喫緊の課題でもあることが想像される。

また三年前から市民の方々から戦争の記憶の聞き取り調査を開始し、A四サイズ約二三〇頁の「常陸大宮戦争の記録」を平成二八年一月発行した。年々話を聞ける方々が少なくなるが、ここ数年はこの戦時下の記録収集を進めていくようだ。たとえば当時、地元役場に勤務していた方の日記には、各村には満蒙開拓青少年義勇軍への募集獲得ノルマもあり、現実とは異なる言葉で何度も足を運び、勧誘した話や大事な公文書を廃棄して役場の上司から叱責された話が載っている。

当時、水戸市内原には満蒙開拓青少年義勇軍の訓練所があり、昭和一一年に決定した満州開拓移民推進計画によると今後二〇年間で一〇〇万戸（五〇〇万人）移住の大プロジェクトを推進するために一四歳から一八歳の青少年たちがここで訓練した。全国から集まった少年たちは、ここで三ケ月間訓練を受けてから「右手に鍬、左手に銃」をスローガンの下、満州に赴任した。終戦直後まで約八万六千人が、約三〇〇棟の兵舎で訓練の生活をした。

対ソ戦への準備、欧米の帝国主義諸国に対抗するために満州を日本の植民地として開拓する構想である。訓練が終了すると新品の鍬が支給され、少年たちは現地へ向かった。「戦争に行くのではない、満州の広野を開墾しに行くのだ」という少年たちの願いは長くは続かなかった。

開館一周年記念シンポジウム

この中で国文学研究資料館名誉教授の高橋実氏は「目から鱗が落ちる地域アーカイブズを楽しむ」をテーマに講演された。文書館の機能や意義などわかりやすく説明され、「なぜ日本では文書館制度が遅れているか」、また制度的、思想的未成熟の克服を訴えられた。「欧米と比較では図書館、博物館、文書館は三位一体の文化情報施設と位置付けられ、国や自治体、企業などがアーカイブズを設け、自らの文書・記録を保存公開している」と述べた。終わりに、「地域アーカイブズ（文書館）は知恵と情報の宝庫、アーカイブズを介して郷土の父祖たちとの会話を楽しんでいただきたい」と結んだ。

筑波大学図書館情報メディア系教授の白井哲哉氏は八里村を事例に昭和二〇年公文書や引継目録の話をされた。「突然引継目録から削除された文書は、意図的に廃棄の可能性もある」と指摘された。例えば、昭和一四年四月の庶務文書は二二六点、昭和二〇年八月には一九六点、しかし昭和二一年一二月ではわずか三二点となった。また動員準備書類では昭和一四年四月に一五三点だったが、昭和二〇年八月以降全く残っていないという。戦後、戦争責任を逃れるために証拠となりうる公文書の廃棄は指示されていたことが読める。最後に茨城大学人文学部准教授の佐々木啓氏は玉川村を事例に公文書から見えてくる当時の社会生活や銃後の暮らしを講演された。

たった開館一年で市民を集客し、専門の先生の指導を受けながら戦後七〇年を経過した戦争の記憶を文書館で考えてもらう企画は実にすばらしい。このように文書館には専門知見者の意見を取り入れながら、様々な企画を継続的に実施することが求められると感じた。

「忠霊塔」建設とは

兵事関係の公文書から興味ある資料を見つけた。八里村の村長と忠霊塔建設委員会の連名で昭和一七年六月二五日、「忠霊塔建設寄付名簿」の趣意書である。「一身を犠牲となし盡忠報国の誠を致し以て國事に誇れたる勇士の忠魂を弔い……（中略）勇士の為に忠霊塔を建設しその忠烈を永く後世に止めんとす。然れども現に大東亜戦争の真只中にあり諸種の経費は……（中略）村を中心に村出身者各方面の有志より浄財寄附に仰ぎ以て事業の遂行を図らんとす請ふ大方各位の御賛同あらんことを謹言」と書かれ、建設したいが予算がなく、募金活動の要請が書かれている。寄付金二五円（当時大卒初任給が七〇円位、現在約七万円相当）を筆頭に寄付を集めた記録名簿だが、決められた割り当て金額に沿って村内の各地区で募金活動したようだ。事実、八里村大字吉丸下組では二二〇円（現在約六三万円相当）が割り当て金額だったと記録されている。

過去、明治政府以来、帝国在郷軍人会が主体となって忠魂碑が建立されていたが、時を経て昭和一四年一月、日本忠霊顕彰会を設立し、昭和一五（一九四〇）年三月に「忠霊塔図案」を非売品ながら発行した。この中で会の事業内容は、「市、町、村を単位として各一基づつ建設することを原則とし、戦死者の分骨を納めその氏名を記入すること」となっており、その他この会から建設補助金制度も設けられていた。

会の運動資金は、この本によると「平沼内閣当時、首相以下各閣僚が、率先して忠霊顕彰、一日戦死献金運動に参加、陸海軍始め、全国官庁もこれにならい官吏全部の献金が決議された」となっている。「一日戦死」とは一日戦死したつもりで一日の賃金を献金するスローガンである。かなり厳しい言葉の表現であり、役人が積極的な献金に依存する仕組みである。そして「昭和聖代の文化を後世に遺すためにわが建築の粋を蒐めんとし」という趣旨で塔の図案を募集したところ全国から一七〇〇点の応募があり、四九点の当選作品を決定したと書かれてある。その第一種一等に選ばれた図案は高さ四四メートル、鉄筋コンクリート造で基壇は花崗石造りであり、鎮魂に相応しい荘厳な図案である。

この会が発足二年後、全国で六〇基完成したが、建設計画は伸び悩み八八基の予定に止まっていた。さらに昭和二七年の調査では八五基完成、八七基完成予定、建設企画中三七六市町村、建設希望一三九七市町村となり、都道府県主導の建設はなかったが市町村中心の全国規模での計画であった。今ではこの塔があることすら記憶が風化されているが、尊い生命が戦場に散った時を忘れることはできない。

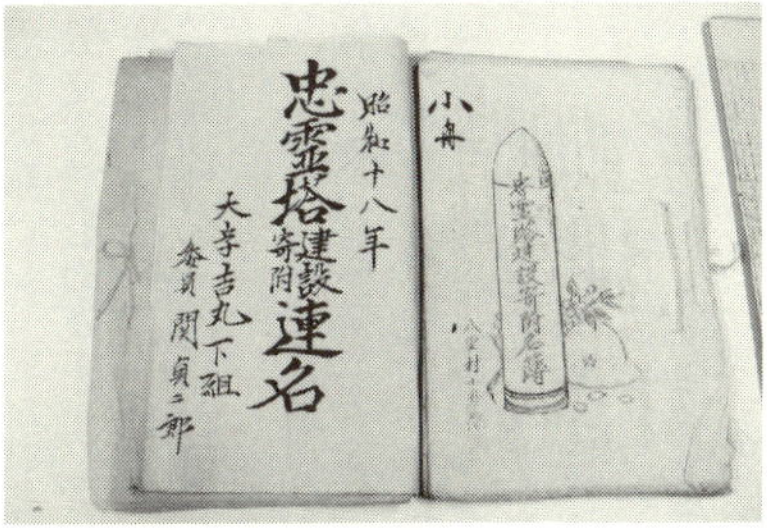

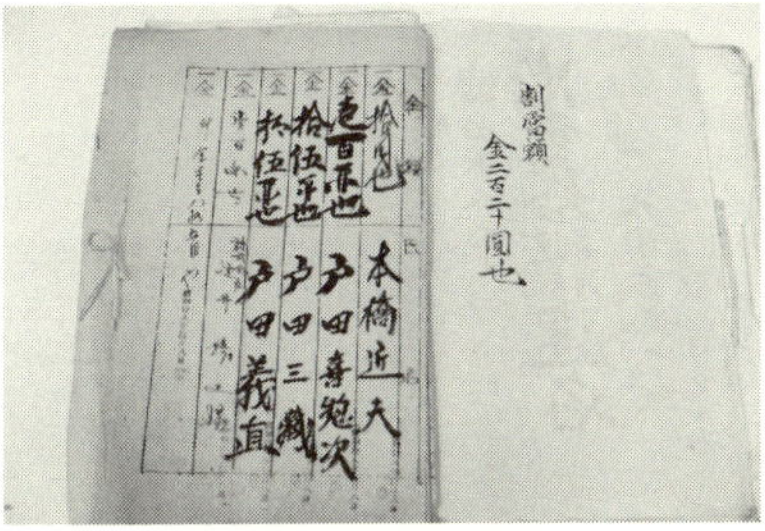

建設寄付連名と割り当て金額
（以上２点常陸大宮市文書館所蔵）

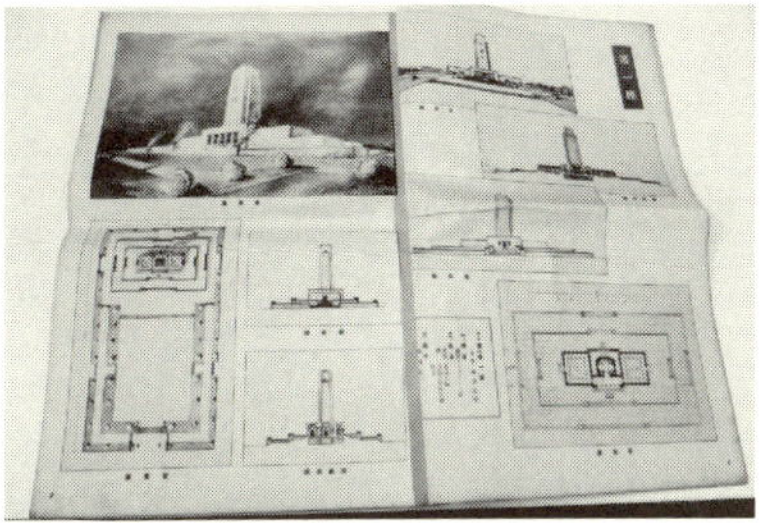

１種１等に選ばれた図案

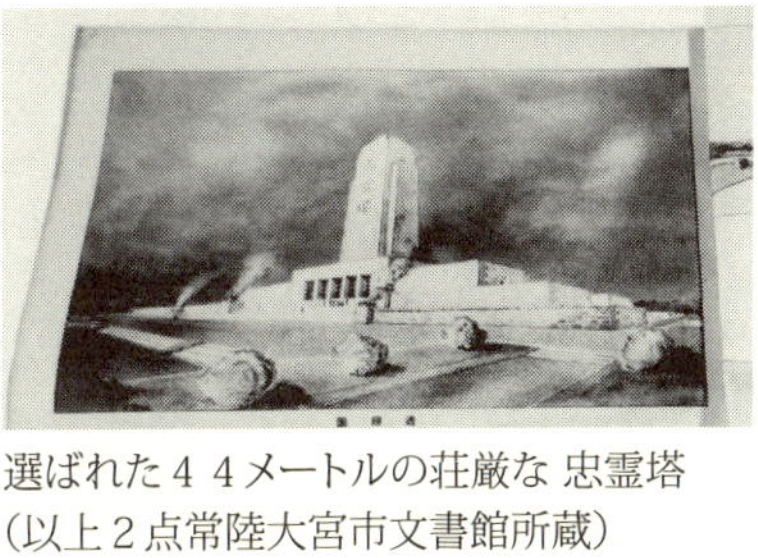

選ばれた４４メートルの荘厳な 忠霊塔
（以上２点常陸大宮市文書館所蔵）

歴史の証として開かれた公文書館をめざす

沖縄県公文書館

住　所　沖縄県南風原町字新川一四八・三
施　設　延床面積七七五七㎡、四階建て
開館時間　午前九時〜午後五時
休館日　月曜日、祝日、年末年始、慰霊の日
その他　所蔵資料　琉球政府文書約一六万冊、沖縄県文書約四万冊、行政刊行物約六万七千件、米軍統治記録約三四八万コマ

那覇市中心部から南東に約六キロ。首里城の先、南風原町にある沖縄県公文書館をめざした。それは琉球建築ならではの漆喰で固められた赤瓦の南国風の建物だ。今回はこの館の運営を担っている公益財団法人沖縄県文化振興会の皆様から沖縄県の公文書について話を聞かせていただいた。

※

――戦後七〇年、沖縄では今年も「慰霊の日(六月二三日)」を迎えました。唯一地上戦となり、また米国に統治されていた経験から、ここには他と異なる歴史の事実が残されていると思います。まずは開館の経緯を教えてください。

沖縄県公文書館　本土復帰となった昭和四七(一九七二)年一月に琉球政府公文書類の引継要領が定められ、琉球政府時代の公文書が沖縄県に引継がれました。館設立はこの保存が動機となりました。本土復帰はこの年の五月でしたが、復帰前からこのような要領ができていたのです。貴重な公文書を散逸してはいけないという意見があり琉球政府局長会議で決定されました。その後、引継文書は沖縄県立図書館等で管理されるようになりましたが、館構想計画が県教育庁で進められ、総務部などを経て開館の運びとなりました。優に二三年もの月日がかかったことになります。

――琉球独特の屋根がある建屋ですね。

沖縄県公文書館　平成七(一九九五)年八月に開館しました。琉球赤瓦を漆喰で固めた造りです。優れたデザインということで、公共建築一〇〇選に選ばれたり建築協会賞も受賞しました。

――公文書館設置については当時の知事の考えもあったのでしょうか。

沖縄県公文書館　大田昌秀知事(一九九〇〜一九九八年二

期在職）は沖縄戦の時、学生であり鉄血勤皇隊に入り戦争体験をされた方です。特に平和希求を願っていました。また研究者時代に留学され、資料収集のためにＮＡＲＡ（米国立公文書記録管理局）を訪れ、将来このような施設の必要性を感じていたそうです。そのことも大きなきっかけですね。

――その琉球政府公文書類の整備はどのように行われましたか。

沖縄県公文書館　琉球政府から沖縄県に引継いだ当時はかなりあったと思いますが、当館に移管した時は約一五万簿冊ありました。それまでは沖縄県立図書館等で保存されていましたので、簿冊単位による大まかな目録はできており、開館と同時に利用に供しました。引継ぎ後は目録を基に一冊ごとに保存状態を確認し、目録との照合などの調査を二年ほど費やして行いました。

――公文書の発生から館に移管されるまでの流れを教えてください。

沖縄県公文書館　まず公文書は各所管課が作成年度とその翌年度まで保管し、のちに総務私学課へ引継ぎます。保存期間満了後、第一次選別を行い公文書館に引渡されます。例えば二〇年保存文書は手元に置きたい文書であっても現用、非現用を問わず二〇年経ったら公文書館に引渡すことになっています。これは沖縄県の特徴の一つです。第一次選別は、規程に基づき総務私学課が実施します。

――毎年どのくらいの量が移管されますか。

沖縄県公文書館　約一五トン。文書箱三～四千箱相当が移管されます。受け入れ後、公文書館用の目録を作成し一箱ごとにバーコードを付して中間書庫に保管します。その後、二次選別を行い保存する歴史的公文書を決定します。平成二六年からは電子文書も移管の対象となりました。

――文書管理システムを利用されていると思いますが、一般的にワークフロー型は文書管理に適さないと聞きますが。

沖縄県公文書館　文書管理システムは総務私学課が担当しています。これまでは起案決裁型でした。今年から起案決裁機能を失くし、文書管理に特化したシンプルなものに替わりました。以前のシステムは利用率も低く、紙での決裁の方が意思決定しやすかったようです。

――システム上のデータは公文書館でも利用できますか。

沖縄県公文書館　文書管理システムの情報のうち、箱単位の情報を公文書館のシステムに登載します。引き渡し後はその年度中に公文書の所在が館のホームページから一般の人にも閲覧できるようにしています。評価・選別などの記録もデータ上に累積されます。

――さて、ほかの公文書館と異なる点は沖縄が地上戦を体験したことですね。

沖縄県公文書館　開館時は戦後五〇年の節目でした。ご存知のように地上戦によって焼失した資料・記録は多く、資料を散逸から守り後世に伝えようという思いの強い地域だと思います。県のライフサイクル文書についても保存期間を最長二〇年にし、公文書館への引き渡しを早めました。それは公文書に対するアクセスをできるだけ保証しようとするもので開館時から努めてきたことです。

――沖縄戦をとらえた実写フィルム「一フィートフィルム上映会」を開催されたと聞きました。

沖縄県公文書館　六月二〇日の上映会には一六〇人も集まり、関心が高かったです。このフィルムは地元放送局によってデジタル化され当館に寄贈されました。

――その他、貴館には戦後の土地調査等独自の公文書がありますね。

沖縄県公文書館　住民の権利・利益を証す資料として土地所有申請書や年金問題に関係する米軍雇用者カードなどが県民に多く閲覧されます。沖縄戦の砲弾攻撃で地形が変わり、また住民の四人に一人が亡くなったとされています。さらに土地の権利を示す文書もなくなり、その目印となる木や杭さえも確認できなくなりました。戦後米軍の指示で土地の地籍確定作業が始まり、作成されたのが土地所有申請書です。沖縄県の地籍調査は日本復帰後も続けられ、全国的にみても進捗率が高いものです。今では法務局にある記録以前のことを調べに多くの方が訪れます。

――さきほど電子文書も受け入れているとおっ

しゃっていましたが、紙資料のデジタル化はされていますか？

沖縄県公文書館　閲覧用にデジタル化作業を進めています。特に写真や大きな資料・地図、図面は積極的にデジタル化しています。それとは別に一括交付金を利用した琉球政府公文書約一三万簿冊のデジタル化を平成二五年から取り組んでおり、カメラ一〇台で作業しています。利用面でのメリットは、利用者は自分のＰＣを持ち込めば無料でデジタル化された画像を収集できることです。マイクロ化は開館時に土地所有申請書を一六ミリのマイクロフィルムにしましたが、ここ二年程は中断しています。マイクロフィルムは長期保存に最適ですがコストがもっと安くなればと願っています。

――館の運営は現在何名でされていますか。

沖縄県公文書館　公益財団法人沖縄県文化振興会が館の運営を受託しており、三六名の職員（うち正規は五名）が在籍しています。毎年移管される約一五トンの公文書の評価選別作業は六名で進めています。

――活用はデジタル、長期保存はマイクロフィルムという利用と保存の両面を考慮した施策で今後も貴重な公文書を保存してください。貴館が「未来の道しるべ」となり、より一層魅力ある公文書館になることを期待し、また日本の公文書館のベストプラクティスであり続けることを祈っています。

1フィート運動会から寄贈された映像フィルム

土地所有申請書などはマイクロフィルムで保存

●インタビューを終えて

訪問した沖縄県公文書館について御厨貴東京大学名誉教授は「県民がなぜ公文書館に来るのか。（中略）長期にわたる占領にまつわる様々な事柄——爆撃以前の土地区画や地積、占領中の米軍施設での雇用関係など——を、いま高齢に達した県民たちが、自らの証を求めて確認するために訪れているのだ。（中略）県民一人一人の生活の歴史に根ざしたこのような公文書館は、沖縄以外にはなかなか見当たらない」（「地球を読む」読売新聞平成二七年五月二四日付）の話は特別な歴史のある沖縄県だからでなく、全国的にこのような特色ある公文書館が普及することを期待しているように感じる。今回の訪問を後押ししてくれたのはこの記事で、ぜひ沖縄県公文書館を紹介しなければと思っていた。調べてみると沖縄県民の生活の歴史は常に土地が関わっている気がする。

土地測量の沖縄県

一般的に法務局や市町村の窓口で自由に閲覧できる土地台帳や旧土地台帳（明治から昭和初期まで利用）があるがこれらが戦争で焼失したらどうなるのか。以前、沖縄県公文書館からＪＩＩＭＡに「我が館のお宝文書」として提供いただいた「土地所有申請書」（平成二六年一一月号掲載）は戦後昭和二一五年から五年間かけての所有権認定作業の調査記録である。

当時、測量機材や人員の乏しい中で復元する調査が進められた。それは沖縄戦で消滅した土地台帳の新たな調製や付属公図作成は米軍の占領政策上必要でもあった。沖縄県公文書館で現在、これらが五三三七冊保存されている。しかし、沖縄県が発行している「所有者不明土地について」のパンフレットによると、戦後の所有権認定作業時に所有権の申請がなかった土地が未だに約八〇万平方メートル（約二六〇〇筆、東京ドーム換算で約一七個分、平成二四年三月現在）あり、現在では法律によって当面は沖縄県市町村が管理しているが、県民に今でも確認・連絡を継続的にお願いしている。

また沖縄県事業として県内地域の所有者探索業務を外部に委託している。たとえば、うるま市、北中城村、西原町地域では八六筆を対象とし、調査対象地に隣接する地番の土地所有申請書の収集については公文書館に申請し、隣接地主への聞き取り調査、古老、地元精通者などへの聞き取りも実施する内容で根気のいる仕事である。この事業が終わらない限り沖縄の戦後は終わらないことになるのか。

地租改正がもたらした貧困

しかし沖縄県民が土地の所有者になれたのは決して古くはない。『沖縄県の歴史』（新里恵二他著、山川出版）によると明治三二（一八九九）年四月、沖縄県土地整理法が施行された目的は、土地の所有権を確認し、物納や人頭税が廃止され、地価の二・五％を地租とする地租改正を行うことだったという。四年かけて完了したが税負担の軽減とは決してならず、農民の所有地が負債のために売却されるなど名ばかりの土地政策であった。

そればかりか日露戦争直前の増税や砂糖消費税の新設で経済状況は悪化を辿り、農民を窮地に追込み、甘藷で税金を支払うことになったが、不作時にはさらに深刻さを増すほど沖縄県民は苦しい生活を強いられた。中には県外出稼ぎや海外移民を選択した農民もいた。記録によると明治三六年から明治三八年にかけて、沖縄県で生活できなくなった農民の多くがマニラに二二一名、ハワイに五二名、メキシコに二二〇名、オーストラリア・カレドニアに六〇〇名移民渡航している。

当時のこうした社会状況下において、沖縄県民の自治の要求を弾圧したのは、政府と県当局、それに迎合し、癒着した沖縄県旧支配階級であった。さらにその旧支配階級の利益を代弁する「琉球新報」が明治二六年に創刊され、沖縄県知事奈良原繁知事と結託して謝花昇（しゃはなのぼる）の自由民権運動をも弾圧した。ちなみに奈良原知事の兄、奈良原喜左衛門は生麦事件で島津久光の行列に遭遇した騎乗のリチャードソンを切りつけた薩摩藩士である。

結局、沖縄県が廃藩置県以来、官僚支配的な「特別県」から他府県並みの政治制度になるには大正時代の終わり頃であったが、それでも直ちに豊かな県になることはなかったという。当時の清や台湾への割譲構想など勝手な国益優先にあしらわれていた時代の姿は、今の沖縄県と重なっても見える。

沖縄県公文書館ではその当時に調製された「地租名寄帳」（明治三二年から三六年）、「細部測量簿」（明治三三年から三四年）合計四三簿冊が貴重な公文書として公開されている。

ペリーと測量

西洋人による測量した土地は日本では沖縄が初めてではないだろうか。測量を指示した人は浦賀に来航する前のマッシュー・C・ペリーである。嘉永六（一八五三）年五月、琉球王国に上陸し石炭の供給港の建設めざした。具体的な事実は、ペリーがプリマス号指揮官ゲーリー中佐宛にサスケハナ号から発信したメッセージから知ることができる。同年七月三〇日、「本官は上海からの運送船キャプリース号の到着を絶えず待ち望んでおり、しかも建てられる手筈になっている石炭倉庫がたとえ完成されぬに至らなくとも、同船の積荷の石炭を陸揚げする手段を直ちに講ずるよう命令を下さなくてはなりません」というもので、琉球に石炭の陸揚げのために二艘の丈夫な船（はしけの形をした）の必要を依頼した。

そして「天候がよくて、貴官に暇があるときには、二艘の小舟を使って島の東側を測量していただきたい」と悪天候の場合の避難用港を求めている。実際、名護湾、運天港、平良湾、金武湾、中城（なかぐすく）湾の測量を実施し、測深の結果はやがて沖縄周辺の海図ならびに航法の指示書となった。

海岸線だけでなく内陸部も調査している。渡嘉敷村のホームページの中で、「ペリーが沖縄本土に上陸する前に渡嘉敷島に上陸したが、島の人々は一行が筋道（しじみち）という山から降りてくるのを見たらしい」と書かれ、山頂から地形を確認のために登ったようだ。

さらに中城村の史跡案内によると「測量するための旗を立てた岩があり、それを旗立岩と呼んでいる」とあり、測量の様子が読める。かつてシーボルトが海外に持ち出した伊能忠敬の実測地図は、ペリーも入手していたとされ、今回のペリーの指示による測量結果と合致していたことに驚いたそうだ。

蒸気船には石炭が必要だが、異国人らが生きるに必要な水も求めたはずである。特に宜野湾市の地層は水を通しやすい地層で、浸透した雨水は水の通しにくい下層の上を流れ湧水となり、市内には井戸が一〇〇以上もあるという。そして普天間基地周辺は琉球石灰岩台地であり、流れ込んだ水を石灰岩がフィルターのような機能をして浄化し、地下に蓄え、自然の地下ダムのような働きを持っている。きっと水源情報もしっかり取集しただろう。

言い換えれば、ペリーの沖縄測量は九二年後の沖縄地上戦を想定し、この時から石炭補給基地と併せて水源地を求めたものと推測できる。まして普天間基地周辺の湧き水の利用は飲料だけでなく、油にまみれた武器などの洗浄に大量の水を必要とする理由にもかなっている。

話はそれるが、この水に関連して最近報じられた出来事がある。米軍による基地内で使用された泡消火剤の影響と推測されるが、「『湧き水飲まないで』普天間周辺の三か所から高濃度ＰＦＤＳ（残留性フッ素化合物）検出」（平成二八年一二月二八日付沖縄タイムス＋プラスニュース）の見出し記事は、沖縄の人々が空からだけでなく豊富な水環境をも破壊されている現状を物語る。その他、嘉手納基地を通る河川からも同様な報告が出ている。それは二〇年前に起こった基地内の池へ廃油の投棄、その後、度重なるジェット燃料の流出が原因だろう。普天間飛行場返還後は価値ある豊かな自然環境の保護構想にまさに水を差す出来事だ。

さて、伊能忠敬よりも先に琉球を測量し、「琉球国之図」を作成したのは、一七世紀後半に活躍した政治家の蔡温（一六八二―一七六二）であり、米軍の上空から撮影した写真と一致した精度の高い地図だそうだ。そういえば美ら海水族館に近い本部町を訪れた時、歩道に豊かに繁った葉と枝がアーチとなった並木道に木漏れ日が差し込み、散策するに絶好の場所が「備瀬のフクギ並木」と呼ばれる防風林があった。それを植えた人物が蔡温であることを思い出した。

彼は中国で測量だけでなく風水思想も学んだことにより植林し、それが年月を経て、「フクギの並木」になったと伝えられている。このフクギは成長が遅い木なので、苗木を植えた先人たちはその恩恵には恵まれず、子孫や未来の地域を守るために植えたという。

琉球政府文書の収集と公文書館設立

小説『琉球処分』の著者・大城立裕氏は沖縄史料編集所に勤務され、沖縄県公文書館設立への基礎を作った方でもある。そこで琉球政府文書の保存などにも尽力したことを記した『光源を求めて』（沖縄タイムス社一九九七年）から紹介せねばならないと思った。

本書において「その沖縄史料編集所で、復帰のときに大車輪で挑戦した仕事が、かつて琉球政府で疑似独立国として組織していた税関、出入管理その他の機関の文書を散逸しないように収拾することであった。私も加わって、全職員が総出で段ボール箱をかついで、トラックを往復させた。この二七年間の貴重な歴史を埋もれさせてはならない、という使命感に燃えていた。（中略）それが日本でも珍しい「占領」の史料になる、というのが、私たちがその後に進めた文書館建設運動の基本にあったが、その琉球政府文書は平成七年にようやく誕生した県立公文書館の柱である」と記されている。

また、琉球政府の文書保全の苦労話を次のように書いている。「那覇市旭町の倉庫に大方が積まれた。この倉庫は大雨が降ると浸水した。それを職員が総出で掻き出す作業もした。（中略）琉球政府文書は、その目録作りにはじまって、改めて整理する必要があったので、まず当初の担当である総務部文書学事課が、その事業を沖縄マイクロセンターに委託し、その後琉球政府文書が文書学事課から沖縄所領編集所に移管された。これで琉球政府文書はまったく史料としての価値だけをもつことになった」と述懐している。

沖縄史を語る貴重な一六万簿冊にも及ぶ琉球政府文書があったからこそ、その保存と公開を目的に沖縄県公文書館が誕生したともいえよう。このように厳しい課題に立ち向かいながらも使命を全うされた大城氏に敬意を表せずにはいられない。

琉球政府文書とＵＳＣＡＲ文書のマイクロフィルム化

平成二三年度から琉球政府文書の長期保存を目的にマイクロフィルム化を開始した。マイクロフィルムは期待寿命五〇〇年の記憶媒体の特性があるだけでなく、国際規格の技術が確立し、様々なサイズ、紙質に対応し、原本を傷めることなく撮影可能で作業性もシンプルである。さらに高品質画像なのでデジタル変換にも最適である。

琉球政府文書は沖縄戦以降の二七年間の米国統治下の琉球政府時代の公文書であり、住民が求めた「自治」のありかたを検証する上で重要な文書だという。沖縄県文化振興会の吉嶺昭氏の報告によると、当初撮影前の原本整理には神経を使う作業なので三ヶ月で五〇〇冊、約一一万コマの撮影を完了した。この数字から推測すれば一冊平均二二〇頁、一六万簿冊で三千五百万頁となる。全琉球政府文書の撮影には二〇〇年以上要すると予測された。

その後撮影開始から一〇年以上が経過し、状況を知りたく問い合わせたところ、「琉球政府文書のマイクロフィルム化作業は、代替化の緊急性の高い湿式コピー、青焼きコピーなどの早期の退色が懸念される文書を中心に撮影し、平成二五年度末で計画した対象文書は終了しました。一六ミリロールフィルムで二三三八本、三五ミリで一〇一本になります」と吉嶺氏から回答をいただいた。

現在では琉球政府文書デジタル・アーカイブズ推進事業を実施し、平成二七年度からインターネットで公開するシステムを運用している。まさに長期保存とIT技術による情報検索の両面を備えている。

一方、沖縄が本土から切り離され、昭和二五年一二月、米国海軍政府は「琉球列島米国民政府（USCAR）」と改称され、司法、行政、立法分野で権限を行使ようになった。同文化振興会の仲本和彦氏は、同政府の記録文書のマイクロフィルム事業報告を以下のように記している。

「USCARには二二年間に亘り取得、作成した統治者と非統治者間の大量の公文書があったが、沖縄にはわずか千点しかなかった。なぜなら四五〇〇箱のUSCAR公文書を米国に移送したからである。沖縄返還から二五年経過した平成九年一二月に沖縄県公文書館は国立公文書館と共同でUSCAR文書の取集事業を開始した。USCAR文書は米国でマイクロフィルム撮影され、その数約三四八万コマに達した。併せて検索に必要なデータベース化の作業を行った。六年間の作業を終え、平成一〇年から順次公開しているが、個人情報なども多く含まれ非公開のものもある」という。

続けて「クリントン大統領が平成一七年に出した行政命令で作成から二五年経過の公文書は原則公開となったため、USCAR文書も公開・非公開を決めるレビュー作業の対象に含まれることになったのです」と報告された。大統領の行政命令の一言で一気に収集事業が進んだことはいうまでもない。米国による沖縄統治時代の記録の検証を進めるためには、これからも時間とお金が必要である。

沖縄県公文書館の広報活動

今、沖縄県公文書館が県民に親しまれている理由に「土地利用申請書」の閲覧が多いだけではない。取材した際に聞いた話だが、積極的な広報活動が沖縄公文書館の知名度を上げ、来館者数の増加への成果を上げているという。例えば、ラジオCMである。取材時の当時、一ケ月間一日に二回ラジオで沖縄県公文書館の案内を放送していた。それは沖縄戦証言のナレーションで始まる。公文書館のPRをラジオ放送する公文書館は沖縄以外に見当たらない。また老人クラブ、農協、町内会、小中学校、国内外の公文書館、自治体などの方々が年間五千名以上来館し、最近では一名当たりの資料閲覧請求が多くなっていると聞いた。

それだけではなく、子供たちにフィルムを通して沖縄戦を伝える会（NPO法人沖縄戦記録フィルム一フィート運動の会）が発足から三〇年間に約九〇〇〇万円も浄財が寄せられ、一一万フィートの映像を購入した。その後、全映像三一時間分を地元放送局がデジタル化し、世界各国の平和団体などにも届けられた。

この会は映像の保管を公文書館に託し、平成二五年三月に解散した。平成二七年六月の上映会には一六〇名も参加した。戦争を知らない世代に映像を通じて確実に平和の理念が継承することを期待している。沖縄県公文書館は「平和を祈念する記録資料館」でもあるともいえよう。ある元県知事が発した「図書館」の定義を借用すれば、この公文書館は「平和を願う砦」である。

それは沖縄県が公文書館を「社会的記憶装置として文明社会の発展とともに歩んできました」（「沖縄公文書館利用ガイドブック」から転載）と位置付けているからだ。昭和六三年六月に公文書館法が施行されたにも拘わらず、日本の自治体に欠けているは、この当たり前の「装置づくり」のコンセプトではないだろうか。

沖縄各地を訪ねて……学童疎開船の悲劇とアブチガマ

ここを後にし、今回は読谷村民俗資料館、対馬丸記念館、糸数アブチガマ、陸軍病院跡など地上戦を体験し、四人に一名が亡くなった悲惨な歴史跡を訪ねた。その中のから対馬丸記念館と糸数アブチガマを紹介する。

那覇市の繁華街・松山に近い場所にある「対馬丸記念館」、中に入ると生存した少年のナレーション付きの動画が上映されていた。また、筏につかまって漂流中力尽きて仲間が海に沈む様子やサメが襲う話などに涙が出てくる。

潜水艦ボーフィンは昭和一九（一九四四）年八月二二日、貨物船「対馬丸」を魚雷攻撃した。海に投げ出された学童八三四名の内五九名しか生存できなかった。その亡くなった学童たちの顔写真が館内の壁に貼られ胸が痛む。昭和四一年一〇月、犠牲者たちは靖国神社に合祀されたという。一方、幼い命を奪った憎き攻撃艦は、今でもハワイ・オアフ島にある「アリゾナ記念館」に展示されている。

この惨事について一時、軍によって緘口令がしかれたが、疎開先からの手紙が来ないことがわかり、知られてしまった。このため疎開への反発が当時はあったという。ここは平和に生きることを考えさせられる必見の場所であるが、また空調が効きすぎて寒くてたまらなかった場所でもあった。

那覇市から車で約四〇分、南城市にある糸数アブチラガマを訪れた。沖縄本島南部は隆起サンゴ礁でできていたため雨水の浸食によって自然の洞窟が多い。これらの洞穴を利用し、日本軍の作戦陣地や野戦病院、避難所となった。「アブ」は「深い縦の洞穴」、「チラ」は「崖」、「ガマ」は「洞穴」である。全長二七〇メートルあり、沖縄戦時には約六〇〇名の負傷兵が運び込まれた。洞窟へのかすかな光を運ぶ天井の穴から時には米兵による火炎放射器攻撃もあったという。

見学ルートは洞窟内にある病棟、詰所、倉庫、住民避難場所などガイドさんによる一時間に及ぶ生々しい説明を聞いた。沖縄戦のありのままがここでは再現され、今に伝えられている。最後に参加者全員で黙祷し、手を合わせた。最近ではこの地を心霊スポットだと茶化し、「頼むから行かないでくれ」と子供に哀願する親のことを載せるブログもあり心を痛める。

話は余談になるが、マングローブ林をカヤックツアーで楽しむアクティビティーに出かけた。那覇から車で約二時間、島の東側中央に位置する慶佐次にある。マングローブ林は慶佐次川の河口に群生し、満潮になると海水が満ちてくるところに生えている植物のことであり、木や草の名前でないことを初めて知った。今回の沖縄県公文書館の取材をきっかけに島内各所にまで足を延ばし、想い出に残る旅になった。

「みんなが足を運びたくなるような文書館」をめざして

寒川文書館

住　所　神奈川県高座郡寒川町宮山一三五・一
施　設　延床面積四七〇七m²、四階建て
開館時間　午前九時～午後七時
休館日　月曜日、年末年始、特別整理日（年七回程度）
交通案内　ＪＲ相模線寒川駅より徒歩一〇分
　または、バス「図書館文書館前」下車一分
その他　所蔵資料　公文書約一一四〇箱、古文書約八千三百点

一〇〇〇年以上もの歴史ある寒川神社は、八方除の守護神として全国的に知れ渡っている。正月の三が日には約四〇万人が初詣に訪れ、また「視聴率祈願の神社」ともいわれるほどテレビ関係者の参拝も多い。寒川文書館は、その神社にほど近く、ＪＲ相模線寒川駅から徒歩一〇分のところにあった。

※

―― 一階が図書館、四階が文書館という造りのようですが、こちらは複合的な施設でしょうか。開館までの経緯をお伺いします。

寒川文書館　神奈川県内四番目の公文書館として平成一八（二〇〇六）年三月に開館しました。来年で開館一〇年目を迎えます。公文書館建設のきっかけは昭和六一（一九八六）年から始まった町史編さん事業です。町史編さんは昭和六一年度に始まり、平成一四年度までに本編一六冊が刊行されました。その基本構想には集めた資料を保存・活用するということが盛り込まれていました。つまり、町史編さん事業当初から文書館建設が構想としてあった訳です。

―― 当時、審議会などの積極的な活動もあったと聞いています。

寒川文書館　町史編さん審議会では文書館建設に向け、平成元年頃から他の公文書館や博物館等の視察を重ねました。帰りのバスの中で視察の報告書の執筆者を決めたりして、皆さん、資料の保存・活用の必要性をよく理解して下さいました。その結果、平成一四年一〇月には「文書館の業務に関する提言書」を町長に提出しました。審議会メンバーは議員さんも交代で参加されるので文書館建設への考え方が議会内にも浸透しました。

―― 一方の図書館はどのような経緯でしょうか。

寒川文書館　それまでは四つの公民館図書室に分散され、

統合された自前の図書館はありませんでした。そこで文書館建設検討と併せて、専門家や住民代表からなる「総合図書館等建設検討委員会」が立ち上げられました。

――複合施設のコンセプトの誕生ですね。

寒川文書館　図書館のＩＣタグの事例など他の図書館を視察しました。

――施設の建設に神奈川県の協力を仰いだと聞いていますが。

寒川文書館　もともと町所有の建設用地はありました。幸いにも寒川浄水場を運営している神奈川県企業庁と縁があり、この組織の「地域振興施設等整備事業」を利用しようということになりました。町の要請に応じ県が建設し、完成後に町が県から購入するという方式です。平成一六年一一月に着工し、平成一八年六月に竣工しました。

――文書館の運営方針とはどういったものですか。

寒川文書館　平成一八年三月に「寒川文書館条例」を制定し、館の運営、取り扱う資料、資料の保存と活用など基本的な考えを定めたうえで、さらに五つの基本理念を掲げました。「寒川の記録資料を後世に伝える文書館」、「すべての人々が利用できる文書館」、「郷土愛と未来の創造に役立つ文書館」、「行政の説明責任を果たす文書館」、「みんなが足を運びたくなるような文書館」です。

――「みんなが足を運びたくなるような文書館」とは良い響きですね。

寒川文書館　東日本大震災直後は、自宅の安全性を確かめるため、海からの距離、海抜、地盤の状況などを調べに多くの人が訪れました。土地宝典、都市計画図などから回答できますが、このような時だけでなく常に足を運んで欲しいと思っています。ちなみに図書館は一日に平均約一〇〇〇人の来館がありますが、ここを訪れてい（注：原文順序）

――では公文書管理の状況を教えてください。

寒川文書館　当町には三、五、一〇、永年の保存期限があります。永年保存文書は本庁の地下書庫で一〇年保管し、一一年目に文書館に移管されます。一〇年以下の文書については保存期限切れの際に評価・選別作業を行います。これら文書を保存・整理し、現在も町職員には活用してもらっていますが、今後は町民に閲覧していただけるよう目録を整備していきます。総務課では三年前に過去のファイル基準表（公文書目録）をデータベース化したので、これとの連携も課題です。

――移管の分量や評価・選別の基準などを教えていただけますか。

寒川文書館　保存期限経過後、歴史的な価値があるとみとめられたものを保存しています。収集したのはこれまで二九一箱で四三四八ファイルに上ります。現在、職員三名で選別・収集し、年間では一〇〇ファイル程度収集しています。評価・選別の基準は内部的には設けていますが、今後全庁的にオーソライズして公表することが必要です。永年文書は三〇年経過前の中間書庫と三〇年経過後の棚に分けて管理しています。後者は三八二箱保管しています。

――目録はデータベース化されたとのことですが、職員の閲覧の状況はいかがですか。

寒川文書館　現用・非現用文書の目録データベースは総務課と当館にあります。職員の利用は年々多くなりますね。また約三万点の古文書が専用システムから検索できます。マイクロフィルムから変換した画像を表示することが可能で、数年前の緊急雇用対策事業でデジタル化を実施しましたが、その後一般予算がつかずそのままです。したがって職員が必要に応じてデジカメで資料・文書のデジタル化をしています。その他、行政刊行物は図書館検索システムと連携し検索できます。

――寒川町には寒川神社の他、浜降祭など文化的な資産も多くありますね。

寒川文書館　寒川神社には方徳資料館があり、お互い展示会などで提携しています。また茅ケ崎市とは広域連携事業を進めており、今年は浜降祭の展示を共催しました。

――その他企画展示やミニ展示会も活発ですね。

寒川文書館　一九回目の今回の企画展示は「記録が語る銃後」をテーマに自治会から当館に寄託された戦時下の暮らしが見られる文書を展示しています。ミニ展示会は年二回程度開催します。また、特に貴重な資料として、当館では町史編さん事業の中で高野山高室院文書を調査・整理しました。これらはほとんどマイクロフィルム化しました。その他の資料を含めて約六五万コマのマイクロフィルムを保存しています。さらにフィルムから印刷・製本したものが約三〇〇〇冊、その他古文書で約八三〇〇点、写真約八万六千点を保存しています。現在一〇名のボランティアの方に協力いただき写真等の整理を進めています。古文書講座や愛読会なども活発に定期的に行っています。

――来年は開館一〇年目を迎えるとのことですが、何か企画を考えていますか。

寒川文書館　文書館の将来をテーマにしたシンポジウムを検討しています。

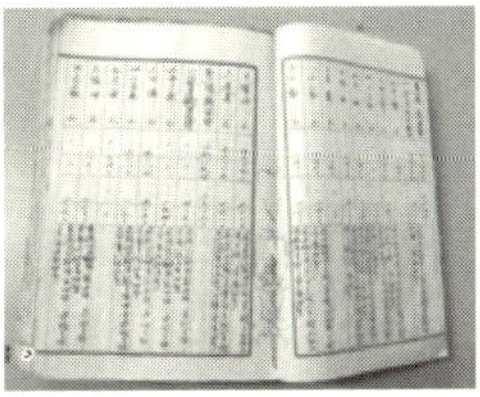

明治22年「村議会議事録」（寒川文書館所蔵）

整理された永年保存文書

◉インタビューを終えて

町史編さん委員長を務めた児玉幸多先生は「日本近世農村・交通史の泰斗」と呼ばれ、学習院大学元学長や品川区立品川歴史館名誉館長などを歴任された文学博士である。児玉先生は寒川文書館開館一年後の平成一九年七月に鬼籍に入られたが、町史編さん事業と併せて文書館建設に尽力された功績は大きい。

このことは、失礼ながら人口約四万八千人の町で古文書約五万二千点の収集、保存、約六五万コマのマイクロフィルムの保存は町レベルでは他を圧倒している。さらに当初から収集した古文書の閲覧施設の検討は将来を見据えた計画策定につながっている。おそらく町長、町議員、職員、町民の「うなずきの総量」が文書館設立となっただろう。平成二八年で開館一〇年を迎えるが、今後は現用・非現用の公文書管理の確立がテーマになることだろう。

現在、全国公文書館の共通の悩みは、予算不足による継続事業ができないことである。かつて六、七年前に実施された厚労省による「緊急雇用創出事業交付金」の活用による事業には、人件費の割合が多くを占める公文書の再整備、電子化・マイクロフィルム化、保存文書データベース化などが最適であり、多くの地方自治体でも採用された。

しかし、この交付金事業はその後中断され、その結果、その交付金を活用した事業は中途半端な状況で終了した。事実、寒川文書館でも購入予算はゼロであるという。

公文書館が文化的な社会インフラであるという認識なら継続事業に必要な予算は組むべきである。設立当時のコンセプトを消さずに、もう一度自治体組織内での公文書館の立ち位置を明確にすべき時が来ている。公文書管理法の五年見直しの中に、国からの補助事業費の支援を入れていただくことを期待している。

公文書が解き明かす寒川の歴史
自治会記録が語る戦中・戦後と未だに謎の役場の所在

ＧＨＱ通告に抵抗した？　自治会長

戦後七〇年を迎えた平成二七年は、各地の文書館で保存されている戦中・戦後の貴重な記録が公開された。たとえば平成二七年八月二日から、神奈川県・寒川町の寒川文書館では企画展「記録が語る銃後―大蔵（おおぞう）自治会文書にみる戦時下の暮らし―」が開催された。寒川村は明治二二年の市町村制によって一一の大字をもって発足、昭和一五年にそのまま町制を敷いた。大蔵はその大字の一つである。

意外と知られていないが、町内会は昭和一五年九月、内務省訓令として「部落会町内会等整備要領」の交付によって組織されたのがはじまりとされる。その目的の一つに、「隣保団結の精神に基づき市町村内住民を組織結合し万民翼賛の本旨に則り地方共同の任務を遂行せしむること」とあり、部落会町内会を戦時下の国民の精神的団結の基盤組織と位置づけている。

この狙いは居住地域の住民を行政の組織下に置くことであり、戦時体制を形成する上でも国にとっては整備の必要な事業であった。その組織は、村落には部落会、市街地には町内会という名称で、その下に一〇戸内外で構成される隣保班も置かれた。実際、寒川村役場から配布された文書は、村内の各部落会に届けられ、各戸に配布または回覧された。会長宅には配布・回覧後、それらが保管されることになる。

ところが、戦後昭和二二年にこの要領書は廃止され、日本国憲法が施行された後、政令一五号において「朕は、ここに昭和二〇年勅令第五四二号ポツダム宣言の受託に伴い発する命令に関する件に基く町内会部落会又はその連合会等に関する解散、就職禁止その他の行為の制限に関する政令を公布する」と発令された。

町内会や部落会は組織的な戦争協力団体とみなされ、財産の処分を求められた。それに伴って村役場からの配布文書も廃棄の対象とされたはずであった。当時は戦争責任の追及を避けるために政府、軍などの機密書類の焼却が決定され、さらに地方行政機関にまでそれらを焼却するように命じられたわけだから自治体の文書が処分されたのも容易に想像できる。地域によっては、このことが戦前の公文書の存在を少なくしている。しかし、大蔵の当時の自治会長は焼却せずにこれらの記録を守り通したのである。

五年後のサンフランシスコ講和条約が発効されると事態が変わり、昭和二七年一〇月、部落会町内会は新たに再組

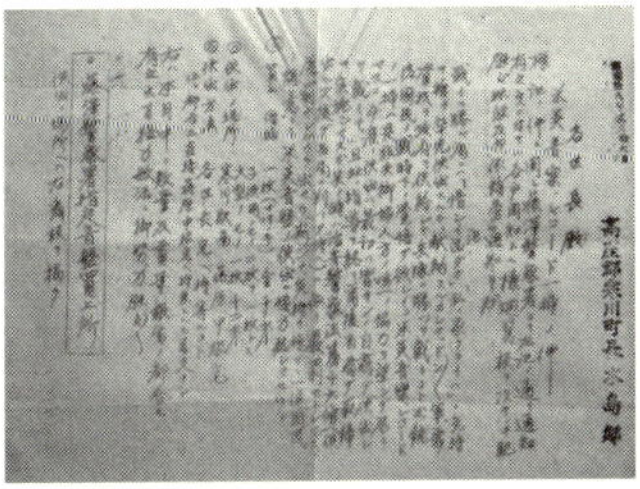

米英レコード回収案内
（寒川文書館所蔵）

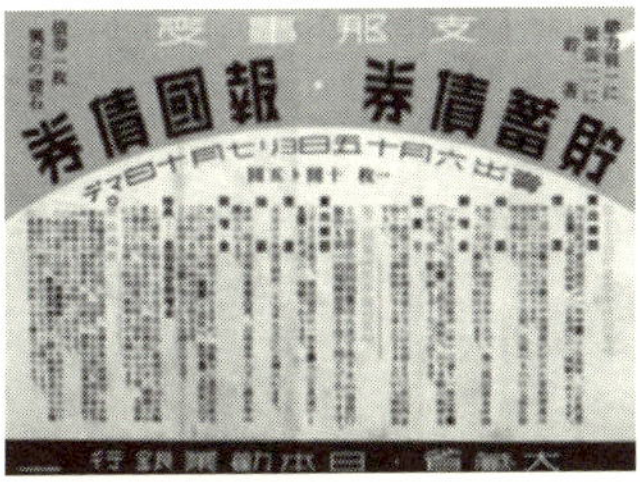

貯蓄債券、報告債券パンフレット
（寒川文書館所蔵）

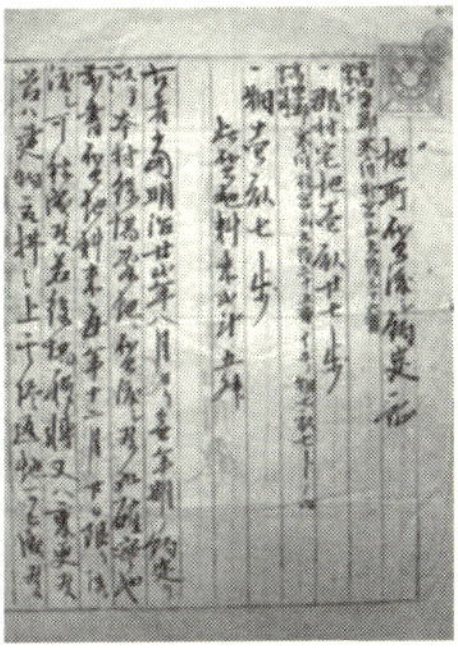

地所貸渡シ約定証（寒川文書館所蔵）

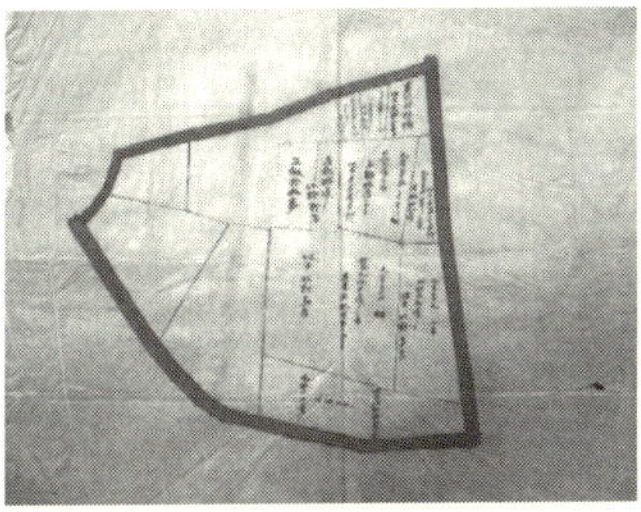

約定証の地図（寒川文書館所蔵）

織化された。当然、戦時中のような精神的団結を求める組織でなく、地域自治を目的とする地縁団体としてである。今では行政指導色は薄れ、地域コミュニティーを円滑にし、また安心・安全な環境や災害時対策などを協力して行う任意団体となっている。平成二八年に実施された横浜市の調査によると町内会・自治会の加入率は七五％弱の数字になっているという。

大蔵部落会は自治会と名称を変えながらも歴代会長の几帳面さと文書・記録保管への熱意、また保存スペースにも恵まれ、明治三二年から昭和四九年までの八六一点の記録が集積、保存された。改めて歴代会長に敬意を表したい。そこには、役場からの配布文書の他、地域の運営、祭礼、農業生産などに関する記録が含まれており当時の暮らしを知ることができる。たとえば、物資の配給、本土決戦の対応など当時のひっ迫した様子が記録から読みとれる。こうした貴重な記録が地域の自治会で保存されていたのはとても価値あることである。

寒川町では昭和六一年度から町史編さん事業が開始されたが、その一環としてこの自治会から借り受けた記録史料を整理し、平成四年に『資料所在目録』を発行した。そして文書館開館後の平成二五年に寄託され、戦後七〇年の節目である平成二七年八月に『寒川町史調査報告書』を発行し、一七〇点の史料を翻刻した。併せて前述の企画展を開催した。歴史編さん事業は多くの自治体で実施されているが、発刊された後、収集した歴史資料、歴史的公文書の保存と公開をどのようにうまく計画するかが公文書館建設への切り口になる。この自治会文書の存在も、寒川文書館開設の原動力の一つだったかもしれない。寒川町に文書館があったからこそ、戦後七〇年を経て、町の人々は当時の暮らしを勉強することができた。できれば毎年開催して欲しい展示会である。

さて、これらの史料から昭和一八年二月の「米英音楽レコード回収の通知」と「貯蓄・債権購入のパンフレット」を紹介する。「レコード回収通知」は藤沢警察署から発せられたもので、各戸にある米英レコードを町内会長宅に持参し、回収する旨の通知である。軍需物資の不足時代、戦争に勝つために金属などさまざまな物資の供出を各戸に求めたが、このレコードに関しては欧米文化を家庭から一掃することで精神的な統制を図ろうとしたものと考えられる。

その内容は「戦争に勝つためには、『惜しい品だが』などの気持ちを捨てて率先供出、献納し軍需資材を政府に供給して、兵隊に勝っていただくことが銃後国民の覚悟で欲しい。（以下略）」とあり、さらに治安警察法第一六条違反（供出せず後で当局に判った時は厳罰する）の措置も記載され、戦時体制の徹底した国民への協力の義務付けと、思うようにいかない資材調達の現状がうかがえる。

一方、軍費調達を呼びかける債券購入の案内は、昭和一五年頃のものである。昭和一二年七月の盧溝橋事件を発端として開始された支那事変（日中戦争）以降、財政事情悪化の中、政府は戦争資金を調達するため国民に増税を課した他に、債券を発行し、貯蓄奨励などを行った。この案内によると、この時発行された債券は、日本勧業銀行（現在のみずほ銀行）が取り扱っていた。貯蓄債券と報告債券の二種類があり、どちらも一枚五円と一〇円とがある。前者は二〇年後に一・五倍になって償還される上、抽選によって割増金が付くことになっていた。後者は無利息だが、抽選により最大一万円の割増金が一〇年後の償還に加えられる仕組みだった。かなりの高利回りだ。

この「貯蓄・債権購入のパンフレット」には記載されていないが、その他調べてみたことを以下に記す。債券所有者は元金または利息を要求しないと、元金は一五年、利息は五年で要求権を失効した。また戦地から帰還の軍人軍属に支払うべき資金がないので、国庫債券が現金の代わりに支給されたという。この債券は昭和三五年まで、三〇〇円利付国債場合、毎年一〇円九五銭支払われることになっていたが、昭和二一年二月閣議決定され、この債権は無効となってしまった。他の債券も一般の購入者には不幸だが、戦後のインフレで物価が高騰し、紙くず同然になったという。

すでに日露戦争のために七億円近い公債発行を行い、外国債を加えるとその倍の負債をかかえ、国家予算の三〇％を占める軍事費は財政体力の限界に来ていたにもかかわらず、戦争という名目でさらに借金を増やした。自国防衛のために近隣各国との利害関係や領土問題の解決のために突入した戦争は、その後太平洋戦争を経て長期にわたる借金返済を強いられる国となる。実際、日露戦争のためのポンド建て日本国債は、借款債を発行しながら八二年後の昭和六一年にやっと完済したという。戦後七〇年を経過した今、自治会保存の歴史資料から次々に意外な事実を知ったのも寒川文書館のおかげである。

文書館の使命は二度と繰り返してはならない戦争の記憶を未来につなぐ役割だけでなく、そこに保存されてある公文書から当時の暮らしを学習することができる場でもあることが理解できるだからこのような施設を全国的に普及しなければならないと考える。

今でも謎、寒川村は発足当時どこにあったか？

さて、話は戦中・戦後から明治にさかのぼる。寒川村は明治二二年四月一日、町村制の施行に伴い発足し、入沢知周村長が選出された。入沢知周は一之宮の豪農の生まれで、明治一四年には第一回神奈川県議会議員の選挙に立候補し、当選した。寒川村が誕生すると初代村長に就任し明治二三年四月まで務めた。政治家としてだけでなく実業家として、寒川村の近代的な諸制度の基礎づくりにも貢献したと言われている。その入沢村長選出の初議会は三ケ月後の七月二日に開催された。そこでは土地賃貸契約も承認されたと思われる。

「寒川文書館だよりVol・六（二〇〇九年九月刊）」によると、入沢村長が同年八月一〇日に役場庁舎建設のために結んだ土地の賃貸契約書がある。寒川文書館だよりから一部抜粋すると、

「此貸地料米弐斗五升右は当明治廿弐年八月ヨリ無年期ノ約定ヲ以テ、本役場敷地ニ貸渡シ候処確実也、前書貸地料米毎年十二月廿日限リ御渡シ可被成候、若役場移転又ハ変更候節ハ、建物取払之上其侭返地可被成候、地所貸渡シ約定証、如斯候成也」

と書かれてあり、明治二二年八月から無期限で貸すこと、毎年米二斗五升を賃料とし、毎年一二月二〇日までに収めること、移転の際には建物を取り壊すことなどが定められた。

同年の予算書によると、まずは土地の確保が終わり、初代助役からの寄付金によって建設費約一七〇円が計上された。また借地料として一円三三銭の予算が組まれていたので、この資金で前述の地代のお米を調達したと思われる。しかし、建屋の着工は同年一〇月以降だと考えられ、その間庁舎完成までは近隣の借家で議会が開催されたはずである。事実、予算書には借家料として七円五〇銭が計上されている。だが、この建物がどこにあったのか、初めての議会がどこで開かれたかは、未だ謎で判っていないという。この契約書に記載の地には昭和五一年まで役場があり、寒川の行政の中心であり続けた。こうした事実と疑問も公文書をひも解くことで明らかになった興味ある史実であるといえよう。

過去の失敗を教訓に
「平成の合併」で歴史公文書を保存
磐田市歴史文書館

住　所　静岡県磐田市岡七二九・一
施　設　建築面積一二二四m^2、三階建て
開館時間　午前九時〜午後五時
休館日　土日祝日、年末年始
交通案内　JR東海道線豊田町駅南口よりバス一〇分
その他　所蔵資料　公文書資料 約五七万点、古文書資料 約八万六千点

かつて東海道の宿場町でもあった磐田市は温暖な気候に恵まれ、スズキなどに代表される「ものづくり」の盛んな工業都市である。またジュビロ磐田、ラグビーのヤマハ発動機などのチームがあり「スポーツのまち」としても全国的に有名である。JR東海道線豊田町駅からバスで一五分。旧町舎を利用して全国五二番目に開館、八年目を迎えた磐田市歴史文書館を訪ねた。

※

――静岡県内では公文書館法に基づく初の公文書館ですね。まずは開館までの経緯をお願いします。

磐田市歴史文書館　平成一七（二〇〇五）年四月に旧磐田市と旧福田町、旧竜洋町、旧豊田町、旧豊岡村が合併して新しく磐田市となりました。公文書の保存に関しては、合併に際して国や県からの公文書保存の要請に加えて、地域の郷土歴史家の集まりである「磐南文化協会」などからも歴史文書の散逸を危惧し、保存を求める声が高まったことがきっかけとしてあります。また、市町村史編さん事業で収集した資料をどのように保存したらいいか悩んでいた背景もあります。こうした機運の高まりは、昭和三〇（一九五五）年の合併時に町村の貴重な資料が処分され、市町村史編さんや郷土史の研究に重大な支障が生じたことが教訓となっています。

――各市町村の首長さんのお考えは当時どうだったのでしょうか？

磐田市歴史文書館　合併前から各地の議会でこの問題が取り上げられ、他の公文書館などを視察するなどして「合併後も地域の歴史資料を残す」という考えが芽生えていきました。

――まさに過去の苦い経験が生かされたわけですね。

磐田市歴史文書館　合併前の協議の結果、地域の歴史資料と廃棄する保存期間満了後の公文書を処分しないよう

に各市町村に要請し、合併後旧竜洋町役場（現竜洋支所）に集めることにしました。

――――それで竜洋支所がこの磐田市歴史文書館になったわけですね。

磐田市歴史文書館　竜洋支所の中にできた形です。平成二〇年四月に開館しました。

――――検討からオープンまで急ピッチでしたね。

磐田市歴史文書館　設置にあたり学識経験者などで構成された「歴史文書館準備検討会」を立ち上げたのは平成一七年九月です。その後、「公開できるようになったものから速やかに公開し、さらに地域の歴史資料を収集保存する機運を盛り上げることが必要である」とし、平成一九年三月には「歴史文書館設置基本構想」をまとめました。さらに六月には「歴史文書館条例」を議会議決するとともに、関係する規則も教育委員会で承認され、九月には「歴史文書館運営審議会」が発足、平成二〇年三月には「歴史文書館管理運営要領（案）」がまとまりました。住民、議員、職員などの熱意と理解・協力が実現に結びつきました。

――――館の命名はどのようにして決めましたか。

磐田市歴史文書館　歴史資料と非現用になった公文書、つまり歴史的公文書を広く扱うという意味で「磐田市歴史文書館」としました。市政の基本理念である「協働のまちづくりによる自治の実現」のもと、地域資料と歴史的公文書の保存、調査研究、公開と利用などを行うこととしています。竜洋支所に来られた方がついでに寄っていただける施設をめざしています。

――――合併直後、竜洋支所に集められた文書はどのくらいありましたか？

磐田市歴史文書館　竜洋支所は当時、改修工事も終了していませんでした。その状況下で平成一七年八月からおよそ二〇〇〇箱の公文書と地域資料が移管されました。とにかくまず移管しようという意識だったと思います。

――――二〇〇〇箱の内容は？

磐田市歴史文書館　公文書が約一〇〇〇箱、残りが地域資料です。開館の年には約五〇〇〇件の公文書などが評価・選別の対象でした。昨年度までに約八〇〇〇箱を搬入し、約一〇万件が評価・選別対象でした。その結果、今では約五万七千件を収蔵しています。

――合併前の各自治体の文書管理状況はいかがでしたか？

磐田市歴史文書館　合併前の市町村には統一されたファイリングシステムはなく、保管方法も簿冊単位またはフォルダ単位とバラバラでした。当時はファイル基準表も存在していたか定かではないです。

――ファイル基準表がないと評価・選別も難しいですね。

磐田市歴史文書館　今は公文書を嘱託二名、協力員二名で、定められた基準によって一次選別し、その後正規職員が二次選別で判断、確認しています。

――各課での引継ぎと移管されるローテーションはどうなっていますか？

磐田市歴史文書館　公文書の保存期限は一・三・五・一〇・永年です。永年保存期限は今後三〇年保存へ見直す必要があります。庁舎の地下書庫で期限まで保存され、原課の選別を経て、ここに移管されます。公文書を確実に保存するには、現用文書を所管する部局が現用・非現用を通じて所管することが望ましいと考えています。

――歴史文書館の開館によって公文書の流れが確立したと思います。職員の方の利用状況はいかがですか？

磐田市歴史文書館　平成二六年度は年間一九七件のレファレンスがあり、そのうち職員利用は五三件で年々増加しています。一般利用者はデジカメの利用による複写・閲覧が可能です。

――閲覧利用のための検索システムはありますか？

磐田市歴史文書館　検索システムは一般には公開していません。来館者には職員がキーワードなどを伺い、目録で捜しています。自由に検索できる仕組みは今後の課題です。

――文書管理システムの導入は？

磐田市歴史文書館　財務会計などを含めた全庁的な統合システムは稼働しています。システムの仕様検討時には文書館としての意見を述べました。意見を述べる機会を与えていただき嬉しかったです。しかし、段階的に構築されていますので文書管理は最後の検討になりそうです。

――デジタル化、またはマイクロフィルム化の状況はいかがでしょうか?

磐田市歴史文書館　地域資料をデジカメやスキャニングで電子化しています。これは借用資料が対象です。マイクロフィルム化は実施していません。保存資料には感熱紙なども多く、劣化が心配ですのでマイクロフィルム化を導入したいですね。

――ところで磐田市には歴史的な遺産も多いですね。展示会などは開催されていますか?

磐田市歴史文書館　年間二回、当館の展示と市の図書館の展示室を利用して実施しています。今年は戦後七〇年を迎え、七月から一一月まで五図書館と一一中学校でのパネル展示を行うとともに、平常展においても現在公開に向けて準備中です。古文書講座も盛んです。

――さて「平成の合併」で静岡県は七四から三五の市町村になりました。磐田市の公文書館設置を見習って、他の市町村にも波及効果があってもいいのではと思いますが。

磐田市歴史文書館　開館後、他の自治体からの視察は多かったようですが、ここ数年は少なくなっています。個人的な意見ですが、公文書館が普及しないのは当館の対外的なPRが十分ではなかったことがひとつ、加えて県立公文書館がないことも要因のひとつかもしれません。もし県立公文書館があればいろいろなことが気軽に相談できますが、直接国立公文書館に聞かざるを得ません。

――これから公文書管理をされる自治体にアドバイスをお願いします。

磐田市歴史文書館　空きスペースを利用する場合、事前に保存文書に対応できる床の耐荷重量を調査することが必要です。また、収集した公文書が歴史的公文書か否かがわからなかったら保存、また迷ったら保存とし、廃棄が決定した時点でも説明責任を果たせないリスクがあれば、それも保存するという、そういった点を意識して、確実に保存できる仕組みが必要ですね。

整理された永年保存文書

多彩な資料が自由に閲覧できる

◉インタビューを終えて

昭和三〇年から三二年にかけての昭和の大合併によって磐田市には大藤村、向笠村、南御厨村、福田町、豊浜村、岩田村、田原村、於保（おほ）村などが編入された。各村の公文書は意図的に廃棄されたようで、予算決算書綴、教育委員会会議録、その他の会議録などの一部が残っていたという。

その教訓が五〇年後の公文書館設置につながった。いわゆる「平成の合併」よって平成一七年度には市町村数は約三〇〇〇から約一七〇〇に減少した。その三年前、平成一四年二月、総務省は「市町村合併時における公文書等の保存について（要請）」を全国市町村合併担当部長宛に通達した。それは「昭和の合併」（昭和二八年施行）の時に公文書等が合併された新たな市町村に引継がれずに取り残され、廃棄された過ちを繰り返したくない措置である。しかしその後、国立公文書館の調査で、その取り組みが不十分であることがわかり、全国都道府県知事に適切な公文書の保存、管理に努めるように助言・指導する再通達が平成一七年六月に総務省から出された。特に、公文書館が設置されている都道府県ではこの改善に鋭意取り組み、指導を市町村に通達したという。

ある市町村では「何が歴史資料として重要な公文書等であるのか、内閣が公表している公文書館法の解釈では、具体的に何がそれ（歴史資料として重要な公文書等）に該当するのかという厳密な客観的な基準には本来なじまない性格のものである、として答を用意してくれてはいません。ですから、それぞれの市町村が、主体的に判断し、保存し、利用の措置を講じていかなければなりません。市町村合併にともない、不要となる公文書が多数発生することが予想されますが、この点には十分留意してください」と述べ、併せて作業手順まで丁寧に指導された。

たとえば静岡県磐田市ではこの当時、公文書の廃棄の危機感から福田町、豊田町（井通、池田、富岡）、竜洋町（掛塚、袖浦、十束）、豊岡村（広瀬、野部、敷地）役場の公文書約千箱を一ケ所に集めた。その主なものは昭和三〇年以降の永年保存文書及び保存期間満了前の公文書で教育委員会関係、道路改築、財産台帳、学校関係、予算書などであった。

話はさかのぼるが、明治四一（一九〇八）年の戊申詔書発布を契機に財政基盤強化のための国民運動は、明治三七年から三八年の日露戦争後、疲労した地方財政の再建と地方社会の政策は地方改良運動につながり、村の合併案もあったが実現できなかったという。このような中で旧敷地村は優良な地方団体として全国でも数少ない模範村に推奨された。

豊岡村史通史編によると、この村では日露戦争出征軍人の家計困難な家族への支援の規定、軍人家族の就学者の授業料免除、報効作業規程（応召により作業できない家族への作業援助）など困難な時代を村の人々が支え合った。模範となる村は規定や沿革も忠実に記録されていることを痛感した。さらに同書では模範村受賞に際し、「関係者にとってこの上もない栄誉であり、その喜びは想像にかたくない。もとより村長として村政を担当してきた伊藤泰治にしてみれば、なお一層のものがあったろう」と記されている。

歴史文書館完成後、磐田市処務規程の中で、「廃棄及び歴史文書館への移管」の項目が盛り込まれ、総務課長は「引継ぎを受けた文書の保存期間が経過した場合は、別に定めるところにより選別を行い、歴史文書館に移管する文書にあっては移管を実施し、廃棄する文書にあっては廃棄を行うものとする」と定め、発生から廃棄、評価・選別後の歴史的公文書保存に至るまで一連の文書管理プロセスが確立したのも歴史文書館設置の大きな成果である。このような取り組みをしている静岡県内自治体は決して多くはない。角度を変えれば文書管理体制の確立は市町村合併が生んだ大きな波及効果である。

　平成の合併が契機となって立場の異なる方々の総意で開館した磐田市歴史文書館、課題は多いが地道な努力による、親しみやすい公文書館をめざす姿に敬意を表したい。インタビューの中で「県立公文書館があれば」という話は、静岡県が県内市町村に公文書の保存活用の普及・指導をすることができない現状を示している。

　そういえば、五年ほど前に訪れたある静岡県内自治体担当者から聞いた話を思い出す。「合併された旧町村の保存資料は今でもそのままです」と。その後の経過は不明だが、この実態がいずれ磐田市のように改善されることを期待する。そして公文書管理の充実が行政マネジメントの優劣を決定する時代になっていることも気づいて欲しい。

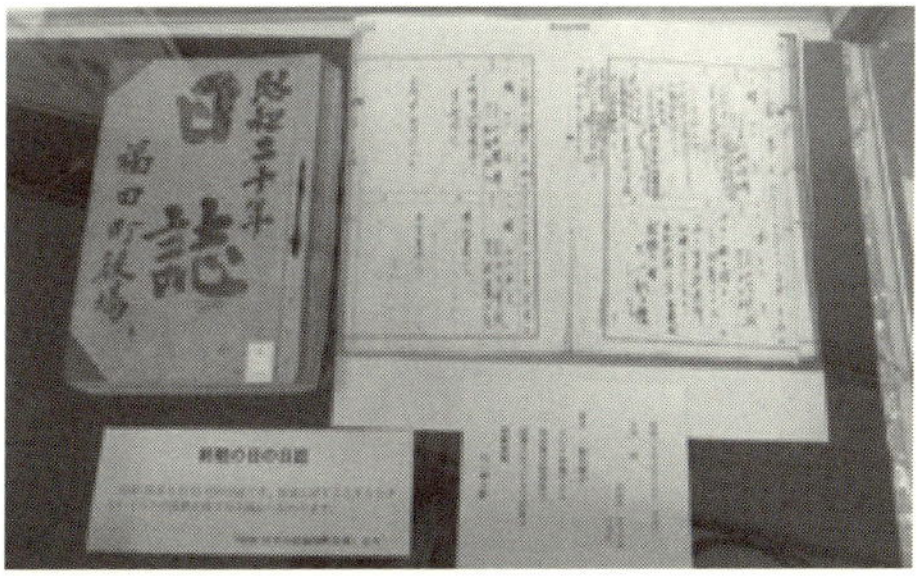

合併前の福田町役場の日誌
（磐田市歴史文書館所蔵）

公文書の新たな歴史的評価にベクトルをあわせた

千葉県文書館

住　所　千葉市中央区中央四・一五
施　設　敷地面積二二〇九m^2、七階建て
開館時間　午前九時～午後五時
休館日　日曜日、祝日、館内整理日、年末年始
交通案内　JR本千葉駅より徒歩一〇分、モノレール県庁前駅より徒歩三分
その他　所蔵資料　公文書資料約一四万点、古文書資料約五一万点、県史収集資料約三三万点

都心から一時間あまりJR本千葉駅から徒歩一〇分、官庁街の一角にある千葉県文書館を訪ねた。「千葉県を知る」をテーマに昭和六三年に開館した全都道府県で一五番目の文書館である。

※

——県庁に近く、交通の便の良い所にありますね。まずは開館までの経緯をお願いします。

千葉県文書館　昭和四一（一九六六）年頃に文書館建設構想がありました。県史編さん審議会の方々からも歴史資料保存の必要性の声が上がり、昭和四七年に「千葉県総合文書資料館建設調査委員会」が発足しました。その後、昭和四八年四月に千葉県立文書館建設調査委員会に改称となり、建設用地を内定、昭和四九年二月に設計を完了しました。しかし、残念にも当時はオイルショックと重なり計画を凍結せざるを得なくなりました。しばらく間をおいて昭和五八年当時の沼田武知事（昭和五六年から平成一三年）から再検討の指示が出て、調査委員会が再度発足しました。

——沼田武知事は気になっていたのでしょうね。

千葉県文書館　最初の文書館の計画が持ち上がった頃、沼田武知事は県総務部長であり、経緯を知っていたのでしょうね。また公文書館法の生みの親である岩上二郎先生ともご縁があったそうです。

——その後は急ピッチで進んだわけですね。

千葉県文書館　昭和五九年一一月には文書館基本計画が決定し、昭和六一年一〇月建物本体の工事が始まり、昭和六三年六月開館しました。

——開館前は県史編さんの事業をされていたと思いますが、歴史資料の保存・公開はどうされていましたか？

千葉県文書館　昭和二〇年代から県史編さん室では数名の職員で主に資料集の刊行を行っていましたが、収集はしていませんでした。したがって本格的な県史編さん事業は平成三(一九九一)年から二〇年度までの一七年間、文書館から事業を委託された千葉県史料研究財団によって行われました。編さん事業は、通史編を含めて全五一巻を平成二〇年度末までに刊行し、完了しました。これに伴って、財団も目的が達成されたので解散したのです。県史編さんのために財団が収集したマイクロフィルムや紙焼き写真などの複製資料は、文書館に移管され、現在も整理・公開作業が続いています。

――県史編さんのために収集した点数と閲覧点数はどのくらいですか?

千葉県文書館　県史収集資料は約三三万点です。そのうち約一七万点が閲覧可能になっています。現在、四階の閲覧室にある目録から検索し、マイクロフィルムから紙焼きした資料を職員が出納して閲覧に供しています。その他、旧家などから寄贈・寄託いただいた五〇万点以上の古文書も所蔵し、約三〇万点が閲覧できます。また公文書は約一四万簿冊、うち約一三万簿冊が整理済みです。

――さて行政文書の管理についてお伺いします。発生から廃棄までの状況はどのようなものでしょうか。

千葉県文書館　平成二七年四月から県の文書管理規則等が改正され、それに合わせて文書館管理運営規則等も改正しています。それまでは知事部局のみであったものを公安委員会を除いた各機関の歴史公文書をすべて文書館に引き継ぐようになりました。その中で、長期あるいは無期限保存文書は最長三〇年保存にすることに変更されました。そして各部署では保存期間五年以上の文書に対して歴史判定を行い、歴史公文書とするか、廃棄するか、または保存延長するかを決定します。ただし歴史公文書及び廃棄予定文書は文書館に協議し、最終決定します。また平成二六年度までは三〇年経過したら公開するルールでしたが、平成二七年度からは整理が済み次第公開することにしました。これらの仕組みは今までと大きく異なる点です。文書館ではその後、移管された対象文書の燻蒸から補修、目録作成、閲覧判定をして公開しています。いずれにしてもシステム的なことも含めて軌道に乗るには各機関の協力を得ながらもう少し時間がかかります。

――平成二六年度までは文書館への毎年の移管量

はどのくらいありますか?

千葉県文書館　平成二六年度までは、長期保存文書を一括して移管していたので約三〇〇〇冊前後ありました。部署単位で歴史的な判定するようになってからは、歴史公文書としての移管は約二〇〇冊となり予定より少なくなりました。これは、各部署の職員が歴史判定に慣れていないため、移管簿冊が少なかったものと思われます。来年はもう少し移管が増えるでしょう。現在、長期保存文書は約七万冊保存されていますが、これらについても来年度までに歴史判定を完了する予定です。

――歴史公文書の判断基準についてお聞かせ下さい。

千葉県文書館　原則として保存期間が五年以上の簿冊を選別対象として、県の主要な政策や大きな災害・事件など県民及び県にとって重要なものが記録された文書などを保存することとなっています。要綱は平成二六年三月に制定され、平成二七年四月から施行されました。具体的な判断の指針が六つの基本的な考え方と二〇項目で示されています。

――マイクロフィルムの利用はありますか。

千葉県文書館　マイクロフィルムは開館当時から導入しており、公文書及び古文書について毎年外注で撮影しています。公文書の場合、昨年度は昭和二一年度の長期保存文書と旧源村役場文書を撮影しました。劣化の激しいものや文化的・歴史的価値の高いものを中心にこれまで約一二一万コマのマイクロフィルム化を行いました。古文書の場合、所蔵資料を対象に五八九本、約三三万コマあります。その他館外史料二八件、約九五〇本で約六二万コマ保管しています。

――デジタル化の取り組みはいかがですか?

千葉県文書館　予算化できていないため進んでいません。今後の課題です。

――先に開催された企画展「皇室がふれた千葉×千葉がふれた皇室」は宮内庁宮内公文書館との共催ですか?

千葉県文書館　宮内公文書館が都道府県の文書館と共催で展示した全国でも初めての試みです。平成二七年一二月一九日まで開催しました。先方から依頼があり、また、宮内公文書館の職員の方が以前当館に勤務していた関係で実現しました。これは明治から昭和期までの千葉県と皇室の歴史の紹介であり、習志野原の他、県内各地に行幸・行啓された記録などを展示したものです。三ケ月の開催で約三〇〇〇名の方々の来館をいただきました。ちなみに館全体の来館者は年間約二万四千名です。

――県レベルで公文書などに関する協議会はありますか?

千葉県文書館　千葉県史料保存活用連絡協議会があり、約四〇の自治体が参加しています。ただ、十分な公文書管理の普及活動には至っていません。

――将来の計画は?

千葉県文書館　建物の老朽化対策、書庫の不足など課題はありますが、県民のニーズが高い文書館なので県民の目線で大事に運営していきたいです。

◉インタビューを終えて

公文書管理法において衆議院から一五項目の附帯決議の中に、公開の基準として「国立公文書館等に移管された特定歴史公文書等に対する利用制限については、利用制限は原則として三〇年を超えないものとすべきとする『三〇年原則』の国際動向・慣行を踏まえ、必要最小限のものとすること」としている。これは昭和四三(一九六八)年のＩＣＡ(International Congress on Archives)大会で採択された「三〇年原則」に基づくものである。「三〇年」とは、利用制限が原則として三〇年を超えないものとする考えで、三〇年経過したら原則として公文書館などに移管され、公開すると理解している。

公文書へのアクセスは民主主義における市民権であるという考え方をベースにしており、今では開かれた情報公開制度からも鑑み三〇年より短くなる傾向にもあるという。

以上なことを背景に、千葉県文書館は長期(永年)から最長三〇年の文書保存期限に変更し、しかも五年以上の保存期間文書の歴史的な評価・選別を発生部署で実施し、廃棄対象文書はさらに文書館の協議を経なければならないというルールを制定したと推察される。

これは受け入れ側(文書館)にとっても効率的な運用

になるだけでなく、職員の方々の記録管理の意識を高めることにつながる。まさに公文書管理法を意識した取り組みである。そのためにも定期的な職員研修と公文書館の専門職育成は欠かせない。今後は既設活用文書管理システムに解決策となる機能を追加すれば、発生から廃棄、評価・選別、公開までが連動することになるだろう。

話は変わるが、今なお千葉県内には長期（永年）保存文書規定を設けている自治体が多いようだ。まずは三〇年保存ルールの国際標準をベースに発生文書を、時にはいつまでも自課で永年保管する不合理な時代から脱却しないと新たな行政マネジメントは望めそうもないし、歴史的公文書保存、公開へのきっかけも生まれない。

したがって、千葉県史料保存活用連絡協議会に「公文書管理分科会」を新設し、千葉県文書館がリーダーシップをとって県内五四自治体に「三〇年保存」ルールと公文書館の普及活動を期待したい。

明治期の模範村

千葉県源村と歴史的公文書

平成二七年一一月千葉県文書館を取材させていただいた時、初めて明治期の日本三大模範村、千葉県源村のことを聞いた。この村は明治二二（一八八九）年に制定され、昭和二九年に東金町（現東金市）と日向村（現山武市）に分割吸収されるまで六五年の歴史を培ってきた。この村が当時「模範村」として海外にまで紹介され、国内からは昭和一六年一〇月までの三六年間に約九千人、その中には中国（当時は清）から国内留学生を含めて七一名も視察に訪れたという。そして村の人々の親切なおもてなしも含めた記録は『東游日記』（一九一二年に中華民国が成立した後の対日視察者の記録）に詳しく描かれているそうだ。

ある中国人視察者は帰国後、「北方の広野で新たに土地を拓き、民を集め、一つの模範村を造り、一国の模範にしたい」と述懐している。立憲国家をめざす中国にとって地方政治の改革は不可欠であり、日本の地方行政制度とその実態を学ぶ必要があった。明治四〇年九月二日、晴れ八〇度（この当時は華氏表示。現在の摂氏約二七度）月曜日の日誌で「視察ノタメ清国人周大烈（以下略）等十名ノ諸氏本郡松林郡書記ノ案内ニテ来村約半日ヲ費ヤサレナリ各吏員一同夜勤」と記され、この日役場職員は遅くまで対応に追われ多忙な日を送った。当然だが視察名簿と日誌に記載の視察員名は一致している。本稿では「明治期の地方創生」ともいうべき「模範」となった源村の存在とそれを物語る村の知的財産としての歴史的公文書保存の活動を是非知って欲しいと願い、筆を執った次第である。

そこでまず源村の条例などから見えてくる文書管理の規程に着目した。思うに、記録文書に関する通達である明治期の「太政官達」などによる公文書の保存政策が、当時の源村処務規程に反映されたに違いない。日清あるいは日露戦争後の時代、この源村がなぜ、模範村と認定されたのかは、早くから定められたこうした公文書管理規程があったからだと考えられる。つまり将来の視点で公文書を考えていたからこそ後世に残るレガシーを生んだのだ。

さらに源村当時の公文書が千葉県文書館に約五万点も移管され、整備・保存、公開された経過も報告したい。そのためにまず以下の三点を整理する。第一に太政官達にある記録文書の保存通達のこと、第二に源村の誕生と村の規律、日清戦争後の農村社会にもたらされた変革、そして源村がなぜ模範村になったのか。第三に昭和二九年に源村は消滅するが、その後二つの自治体に分割・吸収されたにも拘わらずどうやって公文書が保存され、千葉県文書館へ引き継ぎされ、そして公開されるようになったのか。

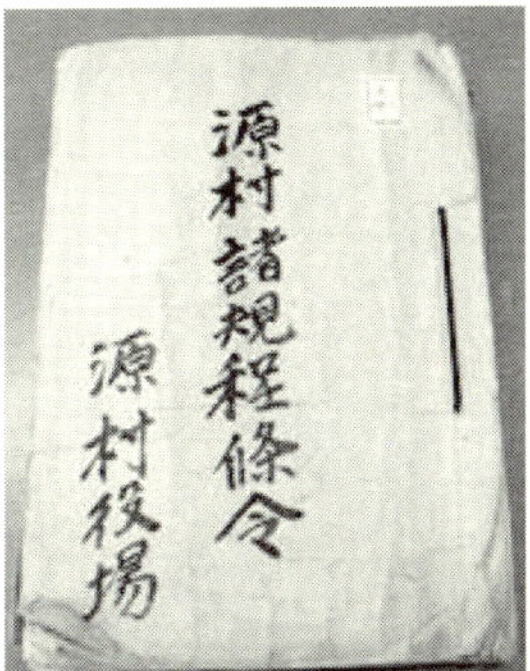

「諸規程条例」
（千葉県文書館所蔵）

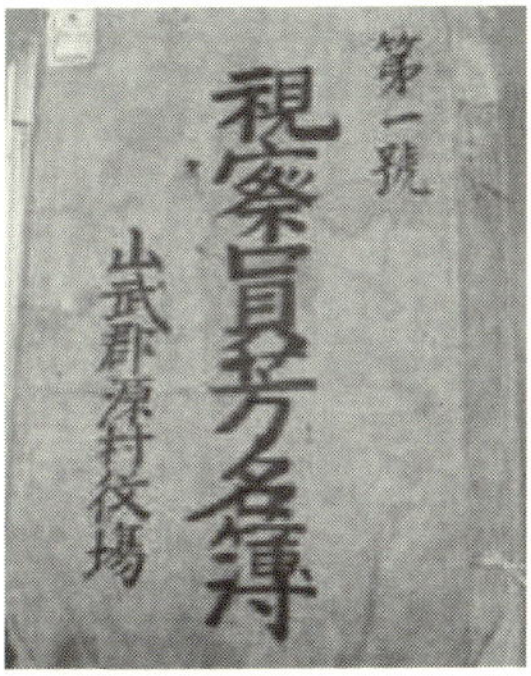

視察員芳名簿
（千葉県文書館所蔵）

明治期の文書保存に関する政府の通達

明治七年三月二五日政府は、太政官達三九号八を院、省、府県に発令した。それは以下の内容である。「全国一般ノ官撰私撰ノ別ナク政事典型風俗人情ヲ徴スヘキ古令ノ書類今般内務省ニ於テ悉皆致保存候條各官庁所轄ノ書籍及諸記録類ノ目録取調至急同省へ可差出此旨相達候事（官民を問わず政治社会などを表す書類や記録の目録を至急提出すること）」と通達されたが、実績が挙がらなかったのか、さらに念押しのように翌年、明治八年四月三〇日第六八号では太政大臣三条實美から「記録文書ノ儀ハ厳重ニ保存スヘキハ勿論ニ候処紛礼亂散失シ或ハ水火ノ災ニ罹リ候テハ後日ノ照会ヲ失ヒ事務ノ困難ヲ生シ不都合ニ候條向後各庁ニ於テ保存ノ方法ヲ設ケ焚蕩流失等ノ患ナキ様厚ク注意可致且逐次編纂ノ分ハ明治七年三月第三九號達ニ拠リ其目録取調毎年五月限リ内務省へ可差出此旨相達候事」と通達されている。第六八号を要約すると「記録文書は厳重に保管しないと紛失や災害時に対応できず、事務にも支障がでる。保存方法を設けて流失を防ぎ、編さんしたら三九号で通達したように毎年五月に内務省に文書目録を提出すること」である。

当時の政治体制は太政官制であり、正院（国家の最高機関）、左院（立法行為の審議機関）、右院（行政府）の三院制は行政改革を進めながらも中央集権的な近代国家をめざした。そのため体制強化に必要な明治四年の廃藩置県へとつながる。これはまさに地方の行政機関のガバナンス強化である。中央では省体制が確立し、議会政治への足掛りができる中、中央と地方の組織、役割、分担機能が明確化されてきた。したがって、明治七年の文書保存目録と提出の通達は、中央が知りえる情報提供を求めた権利として必然的なものであり、また自治行政管理に必要な文書事務の徹底の側面もあったのだろう。太政官制から内閣制に移行された後、このルールはなくなったようだ。

源村の誕生と役場の処務規程

源村は市町村制によって明治二二年三月、八村が合併して誕生した。総務省のホームページによると、いわゆる「明治の大合併」によって全国の約七万一千の町村は一万五千になった。それは近代的地方自治制度である「市制町村制」の施行に伴い、行政上の目的（教育、徴税、土木、救済、戸籍の事務処理）に合った規模と自治体としての町村の単位（江戸時代から引き継がれた自然集落）との隔たりをなくすために、町村合併標準提示（明治二一年六月一三日内務大臣訓令第三五二号）に基づき、約三〇〇から五〇〇戸を標準規模として全国的に行われた町村合併である。結果として、町村数は約五分の一になった。特に日清戦争後、貨幣経済の浸透に伴い中小農民の没落、その一方では都市の工業化による農民の離村など体制が変化した。また租税負担は増加し、弱い財源の村にとって厳しい状況となったが、近代国家の土台として必要な国の委任事務としての税の徴収、教育、街づくり、近代的な行政業務を担える村の建設は欠かせなかった。その結果、源村の場合三一一戸、人口一五四一人の「独立自治に耐ゆる」村としてスタートした。

当然行政システムを運営するには各種の規程が必要になる。合併後四ケ月後の明治二二年七月、「源村役場處務規程」が早くも条例化された。その中には執務時間、出勤簿、事務区分、文書作成方法などの他に図書目録の整備、永年保存文書の編集方法、永年保存以外には五年間保存の文書、廃棄の場合は印章ある文書は塗抹（塗りつぶしの意味）または断裁処分など諸規程を明記している。その後、明治四一年一二月、国家の発展の指標となる戊申詔書公布直後にその規程の一部を改定した。それは官報、県報の保存期間が永年から有期限文書に改定されたからである。この規程作成の背景には前述した明治七年と八年に通達された文書保存に関する通達が影響されていたに違いないと考えられる。

文書管理研究家の関根豊氏によると明治二五年一月に郡役所から各町村長へ文書管理規程を含めた「町村役場事務整理順序」が出されたという。しかし、源村は明治二二年七月に前述のようにすでに条例化されているので、明治二一年一月、県が郡役所に通達した「郡役所文書保存規程」（千葉県訓令第一一号）と比較して類似標記も多く見られ、これを参考にしてより詳細で具体的な保存規程を条例化した可能性が高い。この訓令による規程は、公文書を永久と三年保存の二つの区分を設け、一年ごとに類別に編さんし、永久期限文書は巻首に目次を付けるように、また廃棄の方法も定めている。永久以外の公文書保存期間は源村条例では五年とされている点が異なっている。このような自主的な規律と統制は豊かな源村へと進化していく。

源村は、明治三六年八月二七日の官報に掲載された村治績によると「源村は助役と村長の並木和三郎が九年間の努力、その後山本八三郎村長によって数々の治績を挙げた。役場の事務、帳簿文書は良く整頓され分類編さんし、一

○数年の間紛失もなく納税事務も整理されている。議員と職員の選挙事務も争うことなく平穏に整備している。男子一二五人、女子一〇二人の学童がおり男子は全員、女子は八八人就学している。四名の正教員がおり、明治二八年有志の寄付で学校が建設された。学校基本財産一万九千円の利子で賄い教員費捻出し、将来学校周辺の土地を購入し、杉の苗を植えて財産とする」と述べられている。

特に役場事務については原文では「帳簿文書ハ能ク整頓シ文書ハ皆類別編纂シ十数年間ノモノモ紛雑スルコトナク殊ニ納税事務ノ如キモ亦能ク整理シ」となっており治績で事務管理を高く評価している村は他にはないだろう。その他、各種の規程を作成した。例えば基本財産その他財産管理規程、尋常高等小学校基本財産蓄積規約、納税組合規約、同盟員郵便貯金規約（村長の指揮の下、毎月二〇銭以上の貯金）、教育会規則、図書館（品性と知識の発達を目的）、巡回文庫規則、青年会会則、勤倹規約、年賀規約、時間厳守規約、表彰、褒章規程など細かに一致団結と豊かな村をめざすために必要なことを村民に定めている。その他、主な産業は米作と林業、その他の商品作物は繭、蚕糸、卵、甘藷の生産は明治後期に急速に伸びていった。村治績には書かれていないが当時の小作人と地主との関係改善など、行政側と村民が共同して解決したはずである。

模範村への視察

日露戦争（明治三七年二月から三八年九月）後、軍事費は増大のまま、重工業などの近代産業国家をめざすことになる。一方、国内での不満は多く国家経営のための増税は重く国民にのしかかった。国家体制を支えるためには経済基盤強化と共に地方自治体制も確立も急務になってくる。その頃から町村是作成の運動が全国的に展開した。これは町村の実態を調査することによって町村の政策方針を知り、国主導の地方改良運動へと進めるものであった。

明治三八年二月、内務省は「日本帝國ニ於ケル三模範村」の資料を和英文で作成し、海外にも紹介した。模範とされた理由は、「村民の力で村を経営し、小さな村だが庶務良く整理され、貯蓄を励行し、充実した財政管理もでき、数千円以上の軍事公債を協力し、農業の改良と副業の植林も好成績をあげ、村の一万円の基本財産の蓄積も定めているなど」である。源村の他、伊豆の稲取村、宮城県生出村も模範とされ、併せて明治期の三大模範村として今でも語られている。明治三六年八月、内務大臣児玉源太郎は幹部と共にこの村を視察した。その理由は、以前彼は佐倉連隊長を務め、思い出の地でもあったからだろう。

明治四二年の一年間の視察者は四〇六名と激増したという。事実、明治四四年から大正四年までの事務報告綴りの中で、「大正二年十月中ニ於テ東洋拓殖會社一八ノ主催ニ係ル朝鮮視察團ノ一行六十五名ト内務省地方改良講習員ノ一行四十五名ハ本年中ニ於ケル團体視察ノ重ナル者ニシテ之ヲ除キテハ一時ニ多数視察團の来村ヲ見ザリシモ北ハ北海道ヨリ南ハ沖縄県ニ至ル各地ノ視察員ハ殆ンド日トシテ絶ヘザルノ状態ニヨリ如何ニ本村民ノ自重スベキカヲ思ヒ……（『大正二年一〇月中に東洋拓殖会社の主催に係る朝鮮視察団に一行六五名と内務省地方改良講習員の一行四五名は本年中における団体視察の重なる者にしてこれを除きては一時に多数視察団の来村を見ざりしも北は北海道より南は沖縄県に至る各地の視察員は殆ど日として絶えざるの状態によりいかに本村民の自重すべきかを思い……』）と記され、役場の職員と村民が一体となって対応した様子が伝わる。東洋拓殖会社との関わりは千葉県夷隅郡（現いすみ市）出身で内務省地方局長を経て内務次官となり、その後明治四一年に東洋拓殖会社の副総裁に就任し、大正二年に総裁となった吉原三郎の紹介によるものと思われる。きっと彼は内務省勤務時代に源村をすでに誇りに思っていただろう。

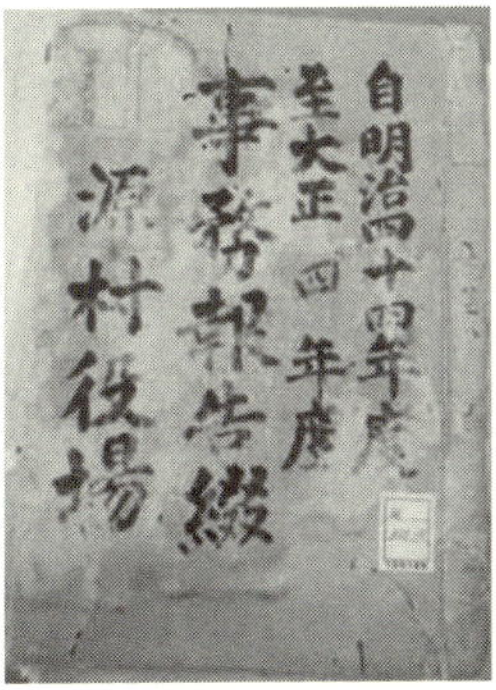

明治44年～大正4年
事務報告綴り表紙
（千葉県文書館所蔵）

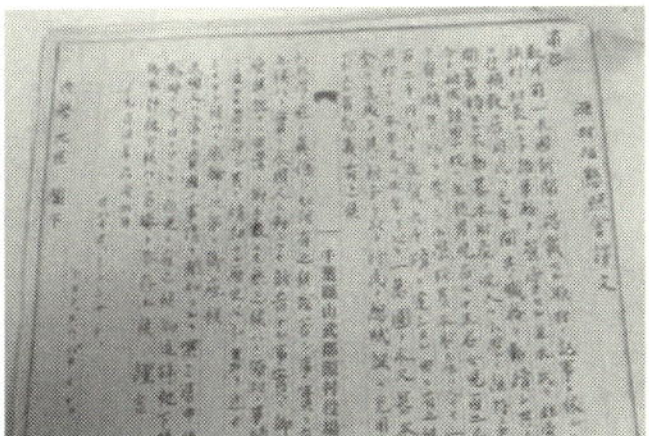

源村治態照會譯文
（千葉県文書館所蔵）

「The Three Model Villages of Japan」として紹介された英文記事を読んだオハイオ州シンシナティ在住のジョン・M・パテレメという人が日露戦争中の明治三七年六月、内務大臣宛に村の詳細情報取集の問い合わせをした手紙（源村治態　照會譯文）の和訳文が残っている。その内容は、「数ケ月前に米国のいち新聞に掲載された記事によると並木村長に非常に信頼があり、九年間の間に蓄積した基本財産で小学校を維持し、今では一万二千円になる。これは米貨六〇〇〇ポンドに相当し今年、来年には一万円の永久基本金を作り、その利子で村民の総賦課に充当すると記載されている。この真偽はいかがであろうか。事実なら米国人にとって珍しいことで源村の事情に詳しい者に命じてその詳細なる歴史や計画を送付していただければ感謝申し上げる。米国人は貴国の事情を知ることを楽しみにしている」と書かれている。内務省経由の海外からの問い合わせに村長はこれを栄誉に思い、さらに自治の充実を促す訓示をしたという。

公文書の保存活動

源村役場は消滅後、取り壊されることなくそのまま東金市の公民館となったために文久元年（一八六一年）の公文書から昭和二九年の町村合併に至るまで約五万四千点以上の公文書が幸運なことにそこに集中的に保存された。千葉県郷土史研究連絡会議によると昭和五一年から二年間にわたって千葉大学史学関係者と連携して共同調査し、昭和二〇年までの三七〇箱分の史料を整理し、目録を完成させた。昭和六二年一二月に東金市及び山武市（当時は山武町）からそれらを県文書課に受け入れることが合意された。タイミングが良いことに昭和六三年六月に千葉県文書館が開館し、寄託された公文書の目録は千頁を超えた。その後、平成元年四月から文書館において酸性化による紙の劣化を防止するため中性紙の段ボール箱や、封筒に入れ替える地道な作業の他、件名カード作成が終了した。役場日誌は三年分だけ欠落していたが明治二七年から昭和二九年まで比較的良く揃っていたという。

千葉県文書館は、この源村資料公開のために平成二年一一月、文書館企画展「明治の模範村源村のあゆみ」を七ケ月間開催した。配布のパンフレットの後記において「模範村に選ばれた当時、文書を大切なものとして後代に残すことに熱心な職員がいたこと、そしてこの精神が代々受け継がれてきたためだということを地元の人に伺いました」と地元の方々は職員の熱意のつながりが大きな成果になったことを誇りにしている。また役場公文書保存に関してゼミの演習でも指導された宇野俊一先生（千葉大学名誉教授）は「役所文書は良く整理され、戦後、東金市と山武町に合併されるまで大事に保存してきたのです。模範村の名誉と誇りが歴代村長や役場の吏員の人々を太平洋戦争前まで全国から数え切れないほどの視察員に迎えられるに値する村づくりに努めさせるとともに役場文書の整理と保存実行させてきたといえましょう。（中略）この役場文書は、千葉県のみならず、全国的にも貴重な史料といえましょう」と歴史的な公文書の評価をし、その継続的な保存努力を称賛している。

千葉県文書館では平成一〇年三月に「旧源村役場文書目録第一集」を発行した。この中で永年にわたり携わった当館の三浦茂一氏は「今回、千葉県文書館の力によって私たちの三〇年にも及んだ夢が実現の運びに至ったことは本当に嬉しい」と語っている。きっと感無量だったと推察する。現在、これらの文書は期待寿命五〇〇年といわれる一六ミリマイクロフィルム四四三本に収められている。

歴史的公文書検索に不可欠な目録作成作業があったからこそ展示会、マイクロフィルム化などにつながったのである。いずれデジタル化され一級品の研究資料としてさらに利活用されることを期待している。改めて感じたことは、公文書館が貴重な歴史を総括的に継承する機能を有する不可欠な社会文化的インフラであることだ。そして膨大な史料の保存・公開作業に携わった方々に敬意を表したい。

歴史が見える、文化が伝わる、感動の時が流れる
近代建築のレガシーも伝える

名古屋市市政資料館

住　　所　愛知県名古屋市東区白壁一・三（名城公園内）
施　　設　建築面積二三二七m^2、三階建て
開館時間　午前九時～午後五時
休 館 日　月曜日、第三木曜日、年末年始
交通案内　地下鉄名城線市役所駅
　　　　　名鉄瀬戸線東大手駅
そ の 他　所蔵資料　公文書約一万二千冊、行政資料約八万四千冊

地下鉄名城線市役所駅より八分。名古屋市市政資料館は「旧名古屋控訴院・地方裁判所・区裁判所庁舎」にあった。かつて全国七ケ所あった控訴院の中で現存する最古の施設で、ネオ・バロック様式の歴史的な建造物である。重要文化財の指定を経て平成元年、公文書館としても生まれ変わった。

※

――館内に入った瞬間、公文書館とは思えない重厚な歴史ある内装とステンドグラス、大階段に驚きました。旧裁判所から重要文化財指定、そして市政資料館へと変身されたと聞いています。まずはその経緯をお聞かせ下さい。

名古屋市市政資料館　話は古くなりますが、大日本帝国憲法が公布された翌年の明治二三（一八九〇）年に近代司法制度が確立しました。名古屋では控訴院、地方裁判所、区裁判所の施設が別々でしたが、大正一一（一九二二）年九月に一ケ所に集める工事が竣工し建てられたのがこの建物です。戦後、裁判所制度の改正に伴い高等裁判所及び地方裁判所として使用されてきましたが、昭和五四（一九七九）年にここから移転することになりました。実はその前からこの建物の保存を望む声が上がり、文化庁が保存の現地調査をし、利用計画検討会が設置されました。

――空き家になる施設の再利用ですね。

名古屋市市政資料館　この建物は正面中央にドーム屋根の塔屋を設けたネオ・バロック様式の三階建てです。レンガと鉄筋コンクリートを併用した構造技法は、近代建築の変遷を示し大変重要なものです。中央階段の手すりなどに大理石が使われ、天井は漆喰仕上げのヴォールト（アーチを平行に押し出した形状）天井で中央にステンドグラスを入れています。昭和五九年には重要文化財に指定されました。現在、文化庁が所有し、名古屋市が保存管理者です。

――旧施設利用に関し検討会では当初から資料館

が候補に挙げられたのですか。

名古屋市市政資料館　昭和五六年三月、名古屋の政治・経済・文化に関する文献など資料の収集・保存・展示及び市民の文化活動を提供する施設が望ましいという答申がなされました。その結果、昭和五九年五月には名古屋市資料館（仮称）整備計画を決定し工事を終え、平成元年（一九八九）一〇月、名古屋市市政資料館条例を施行し開館しました。今年で二八年目を迎えます。

――これまで市史編さん事業も行われ、収集された歴史資料も多いのではないでしょうか？

名古屋市市政資料館　平成三年度から「新修名古屋市史」の編さんを開始し、平成二六年三月に刊行した資料編「近代三」で全二二巻の刊行が完了しました。この編さん過程で収集した歴史的資料の一部は公開しています。平成二六年度は「伊藤次郎左衛門家（松坂屋創業者）」の資料を公開しました。個人の所蔵者や博物館などから借用し、マイクロフィルムに撮影してから紙焼き複製したもので約二七〇〇冊になります。その他、中日新聞の前身「名古屋新聞」の資料も保存しています。刊行までに二九回の編さん会議を重ね、また市民の方々から多くの意見も頂きました。平成二六年一〇月には刊行完了記念式を開催しました。

――まさに市民参加型の事業ですね。広報活動はどのように？

名古屋市市政資料館　執筆者の方による講演会を開催しました。幸い名古屋には一五ケ所の文化小劇場があり、そこで九回開催し約三千名の参加者を数えました。

――開館時の公文書の移管状況を教えて下さい。

名古屋市市政資料館　当時保存していた永年保存文書は、資料館開館前に庁舎からまず広い場所に集めて調査し、選別したそうです。それらは平成二年四月から公開しました。当時は文書目録があり、開館準備に携わる担当者が選別しました。

――現在はどのように移管されていますか。年間移管量などを教えてください。

名古屋市市政資料館　保存期間満了の公文書を対象に

行っています。各課作成の廃棄リストが添えられて引き渡されます。毎年約五〇箱程度です。永年保存期間は三〇年保存期間に、平成一二年に変更されました。今後これらの公文書が移管の対象になります。なかには永年保存の性格を持つ公文書もあり、移管の増減量は予測がつきません。今では明治二二年の市制施行以来の歴史資料として重要な公文書が利用できます。その数は約一万二千冊あり、その他行政資料は約八万四千冊あります。公文書の目録はデジタル化されホームページからも検索できます。

――まさに現用・非現用を貫く歴史的公文書の利活用の場ですね。利用者数はどのくらいですか？

名古屋市市政資料館　平成二六年度は年間約五千名の閲覧室利用者がありました。そのうち公文書に関しては約一二〇〇件閲覧がありました。その他、施設見学などを合わせると年間入館数は約七万名です。

――全庁的な文書管理システムは導入されていると思いますが、市政資料館のシステムと連動はされていますか？

名古屋市市政資料館　公文書の保存期間満了に伴う廃棄リストは文書管理システムから抽出できるので、一部連携しているといえます。

――職員体制はいかがですか？

名古屋市市政資料館　館長以下、退職した市職員を嘱託として迎えたほか、合計で一六名おります。評価・選別などの作業は五、六名で行っています。

――展示活動はいかがですか？

名古屋市市政資料館　公文書等の展示によって名古屋市の歩みを振り返る様々な企画展をこれまで行ってきました。部局単位での事業の歴史展示も企画しています。例えば上下水道局と共催して平成二四年には「下水道一〇〇周年歴史写真・資料展」を開催しました。

――ところで公文書管理条例の導入は早くから行われたと聞きましたが。

名古屋市市政資料館　市の情報保護などの取り扱いを定

めた「名古屋市情報あんしん条例」が平成一六年公布されました。この中で公文書管理に関することも制定されました。公文書管理の条例化は全国でも一番早かったのではないでしょうか。

――デジタル化についてはいかがですか？

名古屋市市政資料館　検索目録はデータベース化されていますが、利用促進のための歴史資料などのデジタル化には膨大な予算が必要になります。また市政資料館独自の公式サイトはありませんので自由に構築できません。国が定めた統一仕様フォーマットや共通サーバなど全国の公文書館が利用しやすいデジタル化環境があればいいですね。

――開館三〇年に向けた取り組みがあればお聞かせ下さい。

名古屋市市政資料館　平成二六年から三〇年に行う市史編さん事業で収集した資料の公開が当面の目標です。その取り組みに必要な予算の確保も課題です。

――貴館には重要文化財としての建物と公文書の保存・活用の責務があります。タイトルを付けるとすれば？

名古屋市市政資料館　一九世紀のネオ・バロック様式を今日に伝えるレンガとコンクリート造りの特色ある建築物の保存は名古屋市の大きな役割です。パンフレットにも書かれた「歴史が見える、文化が伝わる、感動の時が流れる」でしょうか。

明治22年の議会議事録
（名古屋 市市政資料館所蔵）

市の部局で企画する展示も多い

控訴院とは先の敗戦直後まで存在した現在の高等裁判所に相当する第二審裁判所である。明治五年に司法省官制による臨時、司法、出張、府県、区の五種の裁判所の内、司法裁判所を改称して、東京、大阪、長崎、福島に上等裁判所として設置されたのが明治八年である。

明治一四年に控訴裁判所に改称され、函館（大正一〇年、札幌に移転）にも設置された。明治一五年には広島、名古屋にも設置され明治一九年の裁判官制公布で控訴院と呼ばれるようになった。当時、全国七ケ所あった控訴院のうち、大阪控訴院は明治四二年の「キタの大火」で焼失し、広島控訴院と旧長崎控訴院は原爆で焼失した。その他の控訴院は取り壊され建て替えられた。

現存する札幌控訴院は昭和四八年の裁判所移転に伴って札幌市資料館（行政資料館ではない）に姿を替えた。やはり当時の建築工法を巧みに取り入れ、緩やかなカーブを描く回り階段やステンドグラスなど大正時代のモダンな雰囲気が感じられるそうだ。平成九年五月には国の登録有形文化財に選定され、平成一八年には控訴院時代の法廷を復元した「刑事法廷展示室」も併設している。

長崎には福岡市に移転後残された旧控訴院があったが原爆で焼失した。しかし、その控訴院の官舎だけは幸運にも被災を免れ、今ではグラバー園のレトロ写真館として利用されていると聞いた。この写真館、レトロ衣装を着ての写真撮影だけでなく、グラバー園内の散策も楽しめる観光スポットの一角にある。

長崎控訴院は明治一〇年に完成したが、大正四年老朽化した長崎控訴院の改築計画案が浮上した時に福岡市、熊本県、佐賀県がその誘致に乗り出したという。福岡市議会史によると、福岡市の場合、議会では誘致陳情のための交際費を追加予算で可決したこともあるほど気合の入った攻勢をかけた。当然長崎県は移転阻止への運動を展開した結果、福岡市移転案は一二月の衆議院司法委員会で否決され、大正五年五月の貴族院でも可決されなかった。熊本、佐賀の猛烈な誘致運動や長崎の抵抗などの理由であった。

当時、大福岡市をめざすために必要な事業は博多港の建設、鉄道の延長、市区改正、海運会社を設立、定期航路の開設、商船・商業学校の設置などであり、また福岡市内の空き地整備事業の中に物産陳列所、記念博物館、官民による新建造物などであり、いずれも計画通りに進められ見事な経済成長を遂げた。その後、新たな事業計画の中に浮上したのが肥前堀の埋め立て、県立図書館の落成と併せて控訴院の移転であったという。

それは福岡市の官営事業の招致活動の一つでもあり、他県と競合しながらの誘致活動を展開したが、政府は閣議で長崎市に控訴院を存続させることにした。その残念な結果について、関係者の一人は「九州鉄道管理局と云ひ、控訴院、逓信局等総て福岡地方に招来する機運に向かへるも、例の如く放任逡巡為すなくば、遂に後悔及ばざるべし（原文のまま）」（大正一三年二月一八日福岡日日新聞）と語っている。きっと、もたもたして実現できなかった悔しさを表現したのだろう。ちなみに九州鉄道管理局は門司に、逓信局は熊本に設置された。

結局、福岡市に移転が実現したのは昭和二〇年であるが、昭和二二年五月三日の日本憲法施行に伴って裁判所法も施行され、わずか二年で控訴院から高等裁判所に改組された。

歴史的建築物の再利用に公文書館の機能をもたせる施設は名古屋市以外に見当たらない。その多くは観光スポットとして改修または復元されている。たとえば赤レンガ建築物を所有する小樽、横浜、神戸、倉敷、門司などはその類である。観光客の足を運ぶプライオリティを考えれば公文書館の設置を発想する自治体は多くはない。

名古屋市での跡地利用の基本コンセプトになったのは昭和五六年、利用計画検討会からの「市民の文化活動を提供する施設が望ましい」という答申案だ。この結果、名古屋市では行政資料の保存と閲覧の他、重要文化財である最古の控訴院建築物の保存、司法展示として明治憲法下と現行憲法下の二つの法廷と陪審法廷などが見学できる。

このような複合的施設に訪れる団体は平成二六年には約二〇〇件、その中には結婚式が四七件も含まれたという。重要文化財で結婚式は一日一組しかできず、しかも無料である。人気も高く、時には抽選にもなるそうだ。名古屋駅からタクシー一〇分ほどで利便性も良く、隠れた大切な想い出を演出する市民シアターである。

ＹｏｕＴｕｂｅで実際に式を挙げた映像が見られる。まずは高い天井のステンドガラスが映り、花婿が一人階段（バージンロード）を登り、その後花嫁が階段を上る。参列者は左右のスペースに坐り、彼らを待っている。二人が登り切ったところで誓いの言葉と結婚指輪の交換、署名し、熱いキスをして階段を下り映像は終了となる。映像では、ここがかつての裁判所で今では資料館だとはだれも想像できない。名古屋市内のブライダル会社に依頼すれば人生の思い出に残る「重要文化財でのウエディング」が演出できるだろう。

話は変わるが、名古屋市市政資料館の運営母体は市の総務局であり、公文書の発生から廃棄、そして歴史的公文書の評価・選別までを俯瞰でき、コントロールできる立場にある。だから「下水道一〇〇周年」のように部局と連携した展示会なども資料館の持つ資源をフルに活用して行える。魅力ある建造物と豊富な歴史資料で織りなす総合プロデュース効果だ。このような歴史建造物を再利用する公文書の保存・公開政策は他の自治体においても地方創生の一助になるはずだ。

最後にもう一つ加えたいことがある。平成一六年に公布した「名古屋市情報あんしん条例」が運用面を支えていることである。その中には行政文書を適正に管理する規定と罰則を含む運用上の基本事項が盛り込まれ、当然市政資料館への引渡しも定められている。保護および管理に関する情報セキュリティと文書管理を一体化した独創的な条例だ。これからは単独機能だけの公文書館ではなく住民の参加しやすいマルチ機能を持つこのような複合的施設が期待されるだろう。

地元大学と連携
開港以来の歴史を受け継ぐ

神戸市文書館

住　所　兵庫県神戸市中央区熊内町一・八・二一
開館時間　午前九時～午後五時
休館日　土・日曜日、祝日、年末年始、
交通案内　神戸駅より徒歩一五分
その他　所蔵資料　図書、複製資料等約三万七千冊、古文書約六万六千冊

神戸駅より徒歩一五分、神戸市文書館を目指した。以前住んでいた神戸、幾度となく通ったバス通り沿いにあった「市立南蛮美術館」が、今では「神戸市文書館」となっていた。今年で築七七年、文書館として二七年、神戸モダニズムを彷彿させる白いモザイクタイル貼りの瀟洒な建物である。

※

――この施設は個人の美術館だったと聞きました。どのようにして文書館となったのでしょうか?

神戸市文書館　この建物はＪＲ兵庫駅近辺に住んでいた大富豪で南蛮美術収集家の池長孟氏が、神戸のような国際都市が美術館の一つも持たないのは……として、昭和一三年、個人で集めたコレクションを保存・公開するために建設されました。その後、昭和二六（一九五一）年に神戸市に寄贈していただきました。

――コレクションすべてですか?

神戸市文書館　池長氏は、戦後、コレクション等が膨大な財産税の対象になったために切り売りせざるを得なかったのです。コレクションの散逸をおそれて土地から建物まですべてを神戸市に寄贈し「市立神戸美術館」となりました。昭和四〇年には「市立南蛮美術館」と改称されました。その後、昭和五七年に市立博物館が完成したのでコレクションを移管しました。

――では残った跡地については?

神戸市文書館　当時、どのような施設にするか議論はあったようですが、平成元（一九八九）年の神戸市制一〇〇周年を控えて、記念事業の一つとして昭和六三年から新修神戸市市史を編さんし刊行することになり、史料の整理、編集・編さんを行うための施設として平成元年六月に開館しました。平成一二年には神戸市景観形成重要建築物に指定されています。

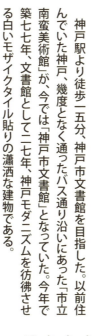

――市史編さん事業の状況はいかがでしたか。

神戸市文書館　大正七（一九一八）年から一三年に第一集を、昭和九年から一二年には第二集、第三集は昭和三二年から四三年に編さん・刊行しました。昭和六三年からは新たに、新修神戸市史を編さん・刊行することにしましたが、阪神・淡路大震災や事業の見直しなどによって中断を余儀なくされた時期もありました。今は産業経済編の刊行を終え、生活文化編の作業を行っています。

――運営は公益財団法人に委託されていると聞きました。

神戸市文書館　文書館の業務は平成一五年度以降、市史編さんを含めて公益財団法人神戸都市問題研究所に委託されています。それは神戸市域に根ざしたシンクタンクとして、研究調査のノウハウやデータの蓄積、市職員の政策形成能力の育成、市民・大学・事業者等との交流・連携等、豊富な実績を持つ同研究所に委託したほうが、より良い文書館運営ができると期待されたからです。この研究所には神戸大学との連携もあり、共同研究等によるノウハウの蓄積があります。

――より専門的な事業になっているのですね。

神戸市文書館　神戸大学とは昭和五〇年代から文学部史学科と市史編さんに向けた交流がありましたので開館当初から史料の整理・収集で協力をいただき、今も続いています。

――人材面でも寄与いただいているということですね。

神戸市文書館　まあそうですね。特に震災時には被災家屋から救出した古文書の収容について協働で行いました。文学部の「歴史資料保全情報ネットワーク」と連携して古文書の保全に努め、市民公開への作業を行っていただきました。

――神戸大学と共同で企画展開催も？

神戸市文書館　平成二〇年から当館の史料を活用して毎年開催しています。時にはその年のトピックスに合わせて、例えば平成二五年度には新修神戸市史「産業経済編」の発刊前に「近代神戸の産業経済史展」を開催しました。

――今年は戦後七〇年を迎え、各地の公文書館ではそのことを題材にした展示会を多く見かけましたが。

神戸市文書館　当館では平成二七年一一月に企画展として「都市と戦争（新資料に見る防空と戦災）」を開催しました。接収地図、空襲前後の街を比較した写真の展示の他、米軍が撮影した空襲の爪痕の残る神戸の映像フィルムを上映しました。

――貴館の所蔵資料はどういったものですか。

神戸市文書館　近世・近代関係文書、民間等の文書、神戸市行政資料、文献、写真など約三三〇〇種類、一〇万点以上です。そのうち古文書は約六万七千点あります。また明治一九年から昭和一四年まで発行された神戸又新（ゆうしん）日報は約四〇〇本のマイクロフィルムに収められ、それらが複製本で閲覧できます。その他、行政資料として神戸市事務報告書（明治三七から昭和二一年）、神戸市民時報などが閲覧できます。

――所蔵資料のデジタル化の取り組みはいかがですか。

神戸市文書館　まだまだ整理中ですが、順次データ化しています。

――三〇年を迎えるにあたって今後の計画はありますか。

神戸市文書館　これまで、記念事業はしていませんが、新修神戸市史編さん事業の終了に合わせて何か考えられるかもしれません。

――神戸市文書館にタイトルを付けるとすればどのような言葉になりますか。

神戸市文書館　広く市民・学生・研究者に開かれた、神戸の地域史の拠点でしょうか。

新修神戸市史11巻

戦争展で展示された
当時の地域資料

◉インタビューを終えて

平成三〇年に開港一五〇周年を迎える神戸市は、外国人居留地を設け、海外貿易の発展に寄与し、独特の文化を醸成してきた。また平成七年に多くの尊い命を失くした未曾有の阪神・淡路大震災も経験した。神戸公文書館にはこれら一五〇年のエッセンスが詰まっている。

これまで多くの文書館を訪問して、どこの公文書館も少ない人員でやり繰りし、事業も計画通りに進んでいない現状を耳にしてきた。神戸市文書館では昭和五〇年代から神戸大学と交流してきたことでこの難問を解消したように思う。

古文書のさまざまな保全活動や目録整備から歴史に精通した人の派遣、レファレンスや公開方法の共同研究に至るまで多岐にわたる協調関係は、特に企画展を充実させ、入館者の増加につながっている。まさに産学協同の成果である。

神戸市文書館はその成り立ちからして他の公文書館にみられる中間書庫的機能や非現用文書の歴史的評価・選別機能はないのが現状である。悩ましい市役所の公文書管理の現状を考えると、行政文書を対象に専門員が最終判定をする仕組みを神戸大学とのさらなる連携で求めてはどうだろうか。共同で教育プログラムの開発やアーキビストなどの人材育成にも大いに役立つはずだ。そうすれば兵庫県内にさらなる公文書館を普及する担い手も創出できるであろう。

話は変わるが、平成二八（二〇一六）年一月一五日付の神戸新聞ＮＥＸＴによると「神戸市は、阪神・淡路大震災関連資料の整理作業長期化に直面し、保管場所の確保の問題から約二五〇〇箱（主に見舞金や義援金の申請書、罹災証明書の控えなど）を処分する検討を始めた」と報じられた。

特例措置のなかで進められた収集事業も場所確保の理由により志半ばで中断することになった。これを今の視点で保存を結論づけるのか、未来の視点で考えるのか、行政側の判断は悩ましい。この受け皿機能は神戸市文書館と思うのだが。

公文書保存基準の見直しを迫られる神戸市

現用・非現用の公文書管理の現状を取材したく、文書館を後にして神戸市役所に向かった。

久元喜造神戸市長のブログには「国であれ自治体であれ、文書管理を行う上で管理職の役割は重要です。（中略）少なくとも文書管理の現状について関心を持つことは不可欠です」と、公文書管理の重要性と行政マネジメントの質的向上を求める総務省出身らしいコメントを読むことができる。

さて、お話を伺った神戸市行財政局行政監察部総務課の方は公文書管理についてこう述べられた。

「昭和三五年四月に訓令された公文書管理規程において、公文書は永年、一〇年、五年、三年、一年の保存期間を設定しています。公文書管理は発生から保存・廃棄・文書管理システムとの連携にいたるまで四二条にわたり定められています」。

各課で発生した公文書は大きく一〇年未満と一〇年以上保存文書の二つに分けられ、一〇年未満文書は所管課で保存し、期間満了すると所管課の判断で廃棄される。一方、一〇年以上保存文書は総務課に引き継がれ、その中で歴史的価値の高い文書は、保存期間満了後も延長して保存されるとのこと。特に阪神淡路大震災関連資料については、歴史的資料として後世に伝え、震災復興都市としての情報発信に活用するため、企画調整局が中心となって収集を行い、文字が薄れて読めなくなったＦＡＸや感熱紙等を判読可能となるように修復したり、フロッピーディスク・ビデオ・ネガフィルムなどをデジタル化してＤＶＤに保存するなどの作業を行い、整理ができたものから順次公開していると付け加えられた。

現在、約四万七千冊の公文書が引継文書を保存する地下書庫に保存され、そのうち約一四〇〇冊は文書館で保存されている。震災時には、地下書庫のある二号館は六階部分が潰れるなどの被害があったが、地下書庫は大きなダメージがなかったそうだ。ただ地下書庫もスペース的に余裕があるわけではなく、これからは文書保存期間の見直しなどを検討していく意向だ。また運用面にも課題があるとのことだ。

公文書管理は市長が関心のあるテーマのひとつ。デジタル化時代を見据えた見直しを期待している。

神戸市、幻の公会堂とは

神戸市文書館を取材で訪れた際に「幻の公会堂」のことを耳にした。この公会堂の話、神戸市民もなじみが薄いという。神戸市中央区にあり、地下鉄大倉山駅から徒歩一分という便利の良い土地に昭和四八年九月に完成した立派な「神戸文化ホール」（地下二階、地上六階、床面積約二万平方メートル）がある。音楽中心の大ホールと演劇中心の中ホールの他、リハーサル室などを備えた文化施設である。この施設の実現まで五〇年以上の歳月を要した。

では何があったのか。意外な史実が公開されたのは、平成二六年一一月から二週間にわたり、企画展「幻の公会堂と神戸モダニズム―未公開設計図集と昭和初期街の風景―」であった。古くから公会堂として名高い施設は国内に点在する。

大正六年横浜港開港五〇周年事業として完成した「横浜開港記念会館」（平成元年国の重要文化財に指定）、大正七年に完成した「大阪市中央公会堂」（通称：中之島公会堂、国の重要文化財に指定）、昭和四年、東京に完成した「日比谷公会堂」（東京都選定歴史的建造物）である。三つの公会堂は共に設計コンペを行い、独創的なデザインと建築技術を競い合った。

たとえば横浜開港記念会館は、文字通り明治四二年の横浜港の開港五〇周年時に有志から寄付金五〇万円（現在の二五億から五〇億円相当）を集めて建設基金とした。建築コンペには一〇〇点の作品が応募され、大正三年九月に着工し、大正六年に煉瓦造りで地上二階建て、塔屋五階建て、辰野式フリークラシック様式を採用し竣工した。その後、関東大震災で焼失したが、昭和二年に再建された。戦時中「メモリアルホール」と呼ばれＧＨＱの兵站司令部となったこともある。今では「ジャックの塔」の愛称で親しまれている。

大阪市中央公会堂は「中之島公会堂」とも呼ばれ、大正七年一一月、株式取引所仲買人である岩本栄之助は私財一〇〇万円（現在なら五〇億円相当）の寄付によって建設された。

岩本は明治一〇年、両替商の家に生まれ、日露戦争では児玉源太郎の副官を務めた後、「義侠の相場師」、「北浜の風雲児」と呼ばれる株式仲買人となった。渡米視察の大阪代表となり、現地視察で米国富豪の慈善寄付に感動したことが中央公会堂の寄贈につながった。残念ながら岩本はその後相場に失敗し、大正五年一〇月、公会堂の完成を待たずに自決した。

設計案は建築コンペ優勝者、岡田信一郎、そして建築家辰野金吾によって手を加えられ、五年の工事期間を経て完成した。施設内には千人の立食可能な食堂もあった。その後昭和六三年、公会堂の永久保存と活用の検討が進み、平成一四年九月リニューアルされ国の重要文化財に指定された。

最後に日比谷公会堂であるが、安田財閥の祖であり大実業家、安田善次郎が東京市長後藤新平の提案を受け入れ三五〇万円（現在の二〇億円以上）の寄付をもって東京市政調査会（市政会館）及びその併設として公会堂が昭和四年に近代ゴチック様式建築の姿を現した。

やはり建築コンペが実施され、一等賞を得た佐藤功一の設計であった。軟弱な地盤と関東大震災の教訓から二二〇〇本の松材を打ち込んだといわれている。平成二八年から大規模改修工事に入った。安田はその他に東京大学の安田講堂や麹町中学校の校地も寄贈している。「五十、六十鼻たれ小僧、男盛りは八、九十」は有名な彼のセリフだ。

新藤浩伸氏は著書『公会堂と民衆の近代』の中で、公会堂の歴史に関し次のように述べている。「公会堂は戦前において自治精神を涵養する集会施設として期待され、矛盾をはらみながらも様々な機能を果たしていたにもかかわらず、戦後民主主義の理念が付与され制度化された公民館の一方で『単なる造営物』とされてしまい、その後も公会堂には何の理念も付与されることはなかった。（中略）文科省が提示した公民館構想においては、公会堂は理念なき物的営造物として位置づけられた」と解説され、いわゆる「公会堂」としての使命は終焉し、「公民館」への呼称変更もいくつの地方自治体で見られたようだ。戦後は公会堂に大政翼賛会的な自治精神を求める必要はなくなったが、戦中前の時代、公会堂は民衆意識を高揚させ、場合によっては民意を統一させる場所にはこの名称がふさわしかったと言えるだろう。

都市の成長をアピールし、特に神戸市は横浜市を意識した都市間競争において、実現をめざす神戸市公会堂の公募による建築コンペは二回実施された。企画展パンフレットによると一回目は大正一〇年に公会堂建設議案を決定し、翌年に設計図案のコンペを実施した。計画条件は総建約六七〇坪、一八〇〇人収容ホール、定員六〇〇人の大食堂、レセプションホールなど立派なものである。

神戸又新日報（大正九年二月五日付）によると、神戸市と兵庫県合同の建設計画であったが、両者は公会堂管理権を巡って対立していた。結局、無条件に神戸市に管理権を譲れない県と妥協できず、県との合同建設計画は破談に終わり、県は計画から離脱したという。

その後、同紙（同年三月二〇日付）によると「県は議事堂中心の公会堂建設に決定……市と妥協ならざる故、独立で総費用二〇〇万円を投ず」とあり、県と市の意見対立から独自の計画に踏み切った様子がわかる。さらに同紙面で市建築様式は「英国バーミンガム国立図書館式を執ったモーダンルネッサンス式（近代文藝復興式）という最新式、一階に大公会堂、二階議事堂中心に議長室、知事室、他小会議室など、また地下には大食堂、三階か四階建かは未決定」と早くも具体的に説明されている。

一方神戸市は、市単独建設による公会堂の建築審査で一等から三等と選外五点を選んだが、この年に発生した関東大震災の影響で資材調達などの影響でアイディアだけのコンペに終わってしまった。すでに横浜、大阪に公会堂があっただけに悔しい思いをしたに違いない。この企画展では八作品を展示公開した。

昭和の時代に入り、公会堂のない大都市・神戸にとって益々その建設機運は高まり、昭和三年、総合市庁舎建設計画の一環として公会堂建設が議会承認され、建設資金の積立金規定も定めたが、諸事情によって実現できなかったという。

二回目（建築コンペは三回だが、建設計画は三回目というべきか）の公会堂の建設計画は昭和九年皇太子殿下御降誕記念事業として四ケ年計画が開始された。計画条件は一回目よりも広さは一〇倍、収容人数は二倍の規模、建設費二四〇万円（現在の約五三億円相当）の計画である。昭和一〇年七月に建築設計コンペ募集があり、八三通の応募があった。資金援助の寄付も多かったが、物価上昇で昭和一二年四月に計画を変更し、昭和一四年まで延期し、工費を五〇五万円（現在なら約一一〇億円相当）とした。

一等を含め九点が選ばれたが、審査員の評価では外観のデザインに不満が残ったようだ。当選案を基に神戸市営繕課は実施設計を完了したが、昭和一二年一〇月、日中戦争による「鉄鋼工作物築造許可規制」によって着工寸前に工事は中止された。またしても公会堂建設は幻となった。

こうして見ると、やはり公会堂は近代国家において独特の公共的な意味があるようだ。前述の新藤浩伸氏によれば、日比谷公会堂を中心的な手がかりに検討すると、以下の四つの機能が相互に交りあい、矛盾を含みながら現れていたそうだ。それは「政治的な討論の場の機能、娯楽を享受する劇場機能、国民的な儀礼の場の機能、メディアとしての機能」と説明している。だから日比谷公会堂に象徴されるように、公会堂は公共文化が創造される場と表現されるのだろう。

したがって悲願達成へ神戸市がこだわり続けるなら、結局、時代に迎合した「神戸文化ホール」に落ち着くのでなく、四つの機能が交りあい、神戸モダニズムを醸し出し、東京、横浜、大阪に対抗する「神戸市公会堂」の建設ではなかったか。文書館があるからこそ、「幻の公会堂」といわれた公会堂の建設のエピソードを追うことができる。

大正10年建築コンペ１等当選図案
（神戸市文書館提供）

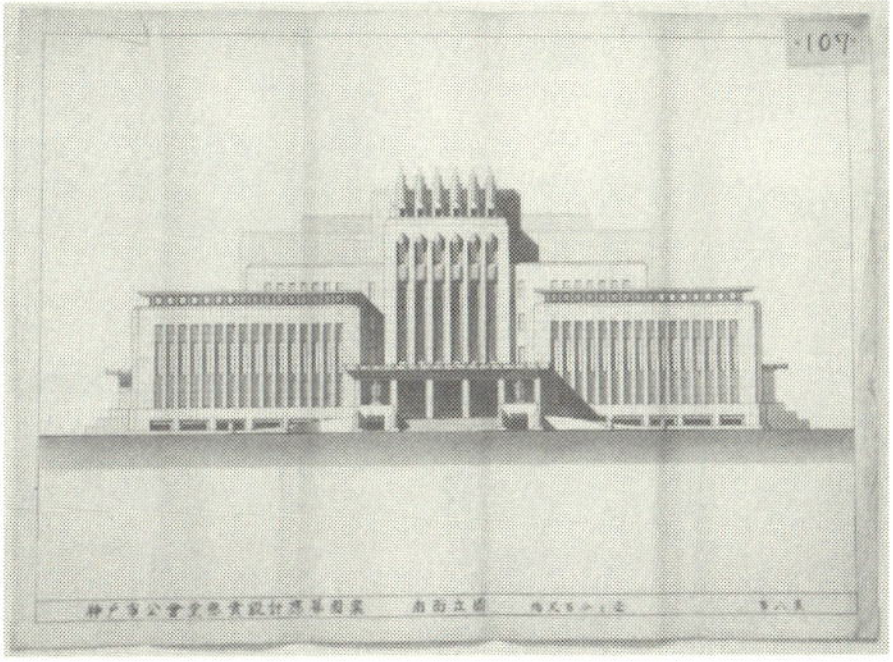
昭和10年建築コンペ１等当選図案
（神戸市文書館提供）

公會堂建設に決定
縣は議事堂中心の
市と妥協成らざる故獨立
で總費用二百万圓を投ず
目下設計書作製中
大演習記念帖
空中税關の皮切
日本で初めて行はる
難波、北川兩中尉に對し
税關吏が檢査する
淳宮殿下
東宮御召艦入港
黒死病船
神戸又新日報　大正9年3月20日
（神戸市文書館提供）

重要文化財を県民の知的資源とする

埼玉県立文書館

住　所　埼玉県さいたま市浦和区高砂四・三・一八
施　設　四階建て
開館時間　午前九時～午後五時
休館日　月曜日、毎月末、祝日、年末年始、
交通案内　JR浦和駅西口より徒歩一五分
その他　所蔵資料　行政文書約一八万三千冊、古文書約三九万冊、地図約七万四千点、県史編さん資料約四万六千点、複製資料約二万四千点、マイクロフィルム約八千二百本

JR浦和駅から徒歩一五分。埼玉県立文書館は、全国四番目に開館し、三年後には半世紀の歴史を重ねる古い文書館である。文書館のマスコット「もんじろう」に温かく迎えられた。

※

――ホームページを拝見するとメニューが豊富で、県民に親しまれている文書館というイメージがありますね。まずは開館までのお話しを伺います。

埼玉県立文書館　昭和四四（一九六九）年、この近くにありました県立図書館が増築され、その増築部分を文書館として開設したのが始まりです。ご存知のように当時埼玉県は都市化の波が進み、特に古文書は散逸の危機にありました。

――それまでの公文書はどこで保存されていたのでしょうか。

埼玉県立文書館　県庁の文書担当課の倉庫に保存されていました。その後、県議会の書庫を経て文書館へ移されました。文書館は後日、図書館と文書館の性格が異なるという理由から昭和五〇年に制定された埼玉県立文書館条例及び管理規則施行を機に独立した機関となりました。この場所に新館が建設され、開館したのは昭和五八年のことです。

――開館時、文書の移管等は順調にいきましたか。

埼玉県立文書館　当時、我々の先輩が地道に目録などを整備され、スムーズにいったと聞いています。

――それ以降、着実に実績を積み上げて来られたと思いますが、平成四（一九九二）年には地図センターを開設されましたね。

埼玉県立文書館　埼玉地理学会等を中心に古地図や、公文書に含まれる地図・図面資料、航空写真等を公開する施設を新たに建設してほしいという声があって誕生しました。収集した地図は整理・保存して、県民の皆様に利用していただいています。特に貴重な明治中期から昭和中期までの旧河川法による河川台帳は、順次デジタル化もされています。平成二二年二月には地図教室などの事業が評価され、地図センターが日本国際地図学会（現日本地図学会）の教育普及賞を受賞しました。現在約七万五千点の地図資料が収蔵されています。展示活動も行っており、今年は二月二八日まで「地図のひみつひみつの地図」と題して、江戸期の発禁図や世界図、戦時中の軍事秘密図などを「ひみつ」というキーワードを通じて紹介しました。

――　確か重要文化財に指定された行政文書もありますね？

埼玉県立文書館　明治初期から昭和二二年までの公文書、一二二五九点が指定されました。その中には戦後長い間、文書担当課の部屋に雑然と置かれていたものがあり、昭和三八年頃これらに対し廃棄する声があったのですが、当時いらした行政史の研究者の方が意見を述べ、また議会図書室担当の方の応援もあり、議会の書庫に移され、運よく廃棄を免れたものもあります。実は昭和二三年に県庁が火災に見舞われ、庁舎内の執務室にあった現用文書の多くが焼失しました。したがって昭和二〇年前後の公文書は残念ながら残っていないものがあるのです。

――　重要文化財に指定された理由は何でしょう？

埼玉県立文書館　年代・内容に隔たりが少なく、県の基本政策や行政機構を知るうえで貴重であり、地域社会が近代化する過程を具体的に知ることができること、近代史や地方行政史の研究に重要であり、これまで公開されてきたということで評価されました。

――　では管理方法などを教えてください。

埼玉県立文書館　平成一九年に電子公文書収集管理システムの運用を開始しました。これは全庁的な運用です。決裁情報がシステム上に残るという利便性があり、またシステムの中で文書館に移行できるようになっています。ただ紙と電子情報の整合性の確認や電子情報で収集されても公開などに対して未整理であったりと課題も残されています。しかし、管理委任される年間約五〇〇〇件の公文書のデータが電子化されているので便利です。したがって移管時の整理も非常にしやすくなりました。公文書そのものが電子化されれば運用ももっとしやすくなると思います。

――県庁から文書館へ公文書が渡るまでのフローを聞かせて下さい。

埼玉県立文書館　制度上、文書館に渡るものは第一種文書(十一年以上保存)が対象で、十一年目になると県文書課を通じて管理を委任され、永年保存文書として受け入れます。またそれとは別に保存期間一〇年以下の文書(第二～六種文書)は期限がきて廃棄決定されると、当館の職員が歴史的価値の有無を調査し選別して移管します。しかし平成二六年度からは県庁各課所で歴史公文書を決定するように決まり、それは第一種文書になるので、一一年目になると自動的に管理委任されてきます。

――歴史公文書の区分を明確に各課所に伝える必要がありますね。

埼玉県立文書館　そうです。埼玉県では、歴史公文書の区分の基本方針を定め、また第一種文書に区分する際のガイドラインとして対象文書別に判断基準を決めました。これらを参照して各課所の文書担当者に歴史公文書を保存するよう促しています。このように各課所の判断の下、自動的に管理委任される流れができたということです。

――デジタル化、マイクロフィルム化の状況、また検索システムについてお聞かせ下さい。

埼玉県立文書館　重要文化財を対象に進めています。明治期の公文書はマイクロフィルム化が進んでおり、多くの文書が紙焼きの複製で閲覧できます。現在、大正と昭和期の公文書のマイクロフィルム化を行っており、併せてPDF化も行っています。今年度は橋などの構造物の設計書類、図面などや蚕糸関連の文書をマイクロフィルム化し、これまでのマイクロフィルムと併せると一万一千点のうち約六〇％が終了しました。それ以外のものを含めれば約八千本のマイクロフィルムを所蔵しています。また埼玉全県の航空写真は順次デジタル化し、当館のホームページから閲覧できるようにしています。検索は館内でもホームページ上でもできる仕組みです。

――展示会などの活動も盛んですね。

埼玉県立文書館　平成二七年度は五回の展示会と古文書講座、子供向け体験教室などを実施しました。子供地図教室は野外を巡検したり、埼玉県の立体地図模型を厚紙とカッターナイフで作ったりしました。また一一月一四日は「県民の日・もんじょ館でアーカイブズ」を実施し、昨年はゴムを削ってオリジナルのハンコを作るイベントを開催しました。また六月九日から一〇月四日までは県内の在村医である「小室家文書展」を、一〇月三一日から一二月二〇日まで重要文化財公開コーナー展示「SAITAMA食べものヒストリー～行政文書が語る食文化～」をそれぞれ開催しました。

――年間の来館者はどのくらいですか。

埼玉県立文書館　年間約一万八千人ですので公文書館としては多い方ではないでしょうか。

――インターネットの閲覧利用は？

埼玉県立文書館　現在、登録件数は約一二五万件、年間二万から三万件増加しています。ホームページのアクセスは年間約七万五千件です。検索から利用票の印刷までを自宅に居ながらできますので便利です。

――さて県内市町村との連携は？

埼玉県立文書館　昭和四九年に埼玉県市町村史編さん連絡協議会（平成三年、埼玉県地域史料保存活用連絡協議会と改称）を設立し、各市町村の地域史料や公文書担当の方との定期的な研修会と情報交換をしています。また、これまでに地域文書館の設立に向けた七冊のブックレットも刊行しています。

――三年後には開館五〇年を迎えますね。何か目標は？

埼玉県立文書館　目標というよりは課題ですが、エレベーターなど施設の老朽化対策と保存スペース確保の問題ですね。耐震性には問題ありませんが、年月が経ち建物も古くなりましたので対策が必要です。

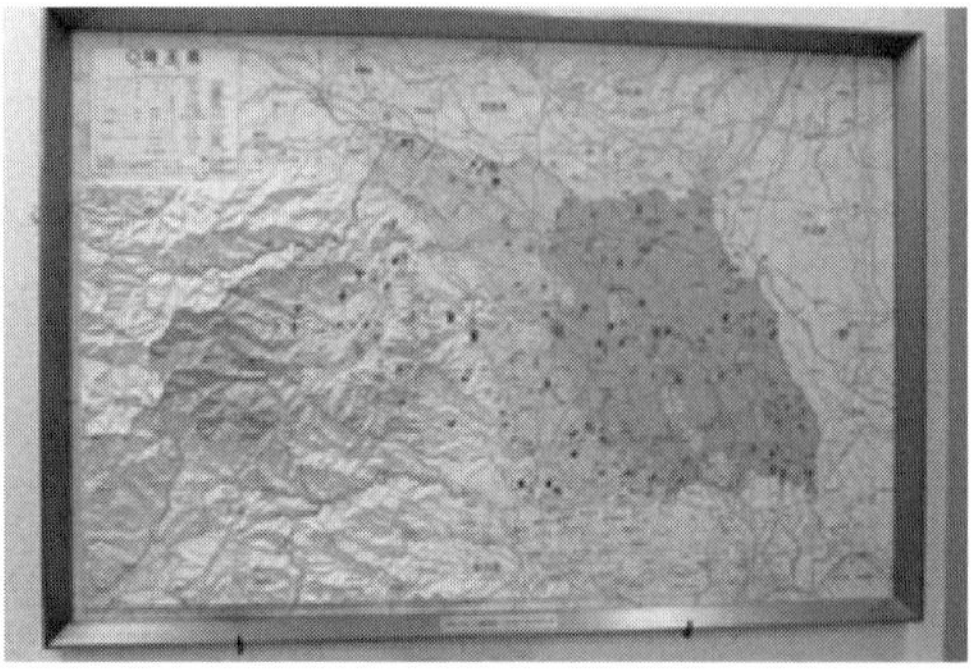

埼玉県のあらゆる地図が公開されている

戦後をテーマにした写真展示

◉インタビューを終えて

埼玉県立文書館の年間の利用者数一万八千名は沖縄県公文書館よりも四千名ほど多く、全国でも有数の来場者数を誇る。当館の職員の方々によって開催される企画展示会、子供向け教室、「県民アーカイブズの日」のイベント、また館内に珍しい地図センターといった全国でも類を見ない展示が功を奏した結果だといえる。

地図センターは県内の名家から寄贈された貴重な歴史的地図類を紹介し、地図に特化した展示機能である。文書館発行のパンフレットによると、たとえば粕谷氏収集の「新訂万国全図」は、一八一〇年、幕府が天文方・高橋景保に命じ作成させた世界地図である。また、海と河川は連続した航路ということから、海図同様の図として全国初で唯一の川の海図、河川航行情報図の「荒川」などがある。これは船舶が河川を安全に航行する上で必要な情報海図あるという。

埼玉県文書館がその充実度を維持する上で実施していることは、定例的な評価と分析である。過去の実績と年度ごとの目標値が設定されているのである。たとえば、県職員の公文書に対する啓発活動として行政文書の公開点数が評価として挙げられ、平成二七年度の目標は前年度より五千点アップの一六万五千点である。

また平成二六年度以降、歴史公文書の選定方法を変更した直後であるにも拘らず、職員への指導を文書館のミッションと課したのも特筆すべき点である。

その他、文書館の普及、連携、協力活動としての講座・講習会の他、意欲的な利用の促進の一つとしてのボランティア活動による古文書補修は、参加募集人数は減らしたが中身の濃い事業へと目標を変え、前年実績を鑑み目標を設定している。

公文書管理が「説明責任」という行政マネジメントを支える一つであるなら、このような評価の上に存在意義を表示し続けることも必要だろう。地方の一部の公文書館が事業仕分けの対象になっている話が聞こえるなか、この手法は参考になるはずである。

こうした努力の積み重ねの上に現在の埼玉県文書館は成り立っている。知的財産としての重要文化財約一万一千点を手に取って閲覧できる文書館は、埼玉県民自慢のアーカイブズといえよう。

旧地域資料を一元管理
城下町の歴史が蓄積された

松本市文書館

住　所　長野県松本市鎌田二・八・二五
施　設　二階建て
開館時間　午前九時〜午後五時
休館日　月曜日、祝日、年末年始
交通案内　JR松本駅より徒歩二〇分
松本電鉄上高地線渚駅より徒歩一〇分
その他　所蔵資料　公文書約七万六千冊、地域文書約五万冊

平成二八年五月、新緑が目に染みるような甲斐路を特急あずさで下り、北アルプスが望まれるJR松本駅に着いた。
松本市文書館は、上高地へ向かう松本電鉄上高地線の渚駅より徒歩一〇分ほどの所にある。

※

——完成して間もないのでしょうか。明るくてきれいな文書館ですね。

松本市文書館　平成二六（二〇一四）年九月に新文書館としてオープンしましたので、今年の九月で二年になります。

——建て替えられたのですか？

松本市文書館　それまでは旧芝沢支所（和田地区）の建物を利用しており、文書館としては平成一〇年一〇月に開館しています。

——他の自治体でも同じように文書館を設置されているのでしょうか。

松本市文書館　長野県には、すでに複合的な施設として県立歴史館がありましたので、当館は県内で二番目の施設です。当時、全国約三千の自治体の中、県内市町村では松本市が初めてで全国としては一六番目です。その一〇年後には長野市公文書館が開館し、さらに平成二五年四月に小布施町文書館が開館しました。この他にも県内では設置を検討している自治体があると聞いています。

——開館までの経緯、市史編さん事業などを含めて教えて下さい。

松本市文書館　平成元年四月一日、総務部に市史編さん室を設置し、松本市史編さん事業を開始しました。九年後に

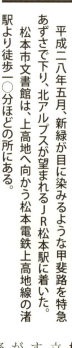

市制施行九〇周年を控え、その周年事業のひとつとして市史編さんを始めたわけです。当初から市史編さんで収集した資料は、編さん後も将来にわたって保存・活用できるようにするという基本方針がありました。「将来、市民のために伝えることができるように配慮する」というもので、これは五つの市史編さん大綱のひとつでした。

――具体的な編さん事業の内容を教えて下さい。

松本市文書館　まず、昭和の合併前の一五ケ所の旧役場文書の整理を始めました。一年間に五つの村の分ずつを燻蒸し、特別な選別はせずに、残されていた文書を一点ずつ文書袋に入れ、カード化しました。多い村では一万点もありました。結果として、すべての役場文書は約八万点以上になりました。その後、整理と選別を終えて平成一〇年三月に『松本市史』全五巻二一冊を刊行できました。それまでに収集した資料の保存、活用施設の運営、移転などの協議を何回も行い、最終的に市長の判断のもと、文書館を旧芝沢支所へ設置することになりました。

――そして一〇月に旧松本市文書館の開館ですね。

松本市文書館　平成一〇年三月三一日で市史編さん室は解散し、同年九月には議会で松本市文書館条例が議決され、一〇月の開館にあわせて施行されました。

――市史が刊行され、その後六ケ月後に開館とは、とても早いスピードですね。

松本市文書館　編さんに九年、開館まで六ケ月です。また、編さんのため旧家から借用した古文書などはマイクロフィルムに撮影後、紙焼きしました。約六万点あります。

――大がかりな事業でしたね。

松本市文書館　市制九〇周年の事業の節目として市史を刊行できました。編さん委員長は当時の助役が努め、議会でも市史編さんで利用した資料はどうするのか、という活用面の心配もされたということです。

――旧役場文書の保存状況はどうでしたか。

松本市文書館　役場ごとの事情によって保存状況はいろいろでした。実際、木造づくりの倒れそうな施設に野積みで保存されている文書もなかにはありました。

――開館時の目録作成は？　データベース化などされていましたか。

松本市文書館　編さん事業の時から開館のことを考え、収集文書は検索カード方式を採用し検索するようにしました。当時はデータベース化することは考えていませんでした。

――では新文書館建設についてお伺いします。きっかけは何ですか。

松本市文書館　ひとつには、建物の老朽化と収蔵スペースの不足です。また、平成の合併で五町村が松本市に加わり、これらの旧役場文書の受け入れも理由のひとつです。平成二三年度に文書館の移転新築について議会で了承され、平成二四年度にはプロポーザル（企画・提案）方式で実施設計、平成二六年九月に新文書館がオープンしました。同時に文書館収蔵資料検索システムも立ち上げました。新築ということもあり視察も多く、その対応をする中で、当館の運営などご理解いただいております。

――松本市は、これまで合併を多く繰り返してきたのですから貴重な資料は多いでしょうね。

松本市文書館　昭和の合併前の一五ケ所の旧村ごとに地域の記録をまとめた市史は、全国でも珍しいようです。また、平成に合併した旧町村（四賀村、安曇村、奈川村、梓川村、波田町）の記録は現在も整理しています。

――職員数は何名ですか。

松本市文書館　現在、常勤が六名です。その中に専門員が二名おり、歴史的な評価・選別を行っています。

――現用文書から非現用文書の保存の流れはどのようになっていますか。

松本市文書館　実は明確化されていません。本庁では保管スペースも少なくなり、外部倉庫も利用しています。分散化を防ぐため、ここの敷地内に現用文書の書庫の建設計画があります。資料の保存年限も、永年保存を見直すなどルールの策定を含めてこれからの検討課題です。

――文書管理システムの導入は？

松本市文書館　昨年導入し稼働していますが、電子決裁は実施していません。

――昨年、戦後七〇年をテーマにした展示会をされた文書館がありましたが、こちらでは？

松本市文書館　当館を所管する行政管理課が平和事業を実施しているため、開館当時からの平和資料コーナーがあります。今年、平和都市宣言三〇年が経過し、それを記念に講座を四回開催します。また、戦争体験者にインタビューをして、戦時中の話をまとめた『伝えたい私たちの戦争体験』の出版も行いました。

――聞くところによりますと、終戦直後に通達された「機密重要書類焼却の件」の公文書が唯一、松本市文書館に残されていると聞きましたが。

松本市文書館　その文書は、市史編さんの過程の中で見つけました。現在は当館でしか保存されておらず、各地でこの話題が紹介されています。大変貴重な記録のひとつです。

整理作業前の収蔵庫につまれた
文書（旧島立村）

整理前の旧役場資料書庫と現在の書庫。
当時の整理作業の苦労がしのばれる。

――市の行政チャンネルで文書館講座が放映されていると聞きましたが、どのような取り組みですか。

松本市文書館　本市の広報課が撮った毎月の文書館講座を地元のケーブルテレビを通じ、「松本市行政チャンネル」の中で放映するものです。今年度のテーマは「戦時下の松本」で、「歩兵第五十聯隊」、「満州移民」、「女性と子供たち」、「軍事工場疎開」などを放映します。

――豊富な歴史資料、公開に向けたデジタル化の取り組みはいかがですか。

松本市文書館　現在、外に向けた公開は意識していません。ただし、マイクロフィルム化は長期保存のために継続して行っています。

◉インタビューを終えて

取材で城下町を訪れたのは初めてである。「まるごと博物館」とも称される松本市。市全体が屋根のない博物館だ。以前この地では国連軍縮会議や平和首長会議国内加盟都市会議なども開催されたことがあり、文書館ではこうした平和行政の取り組みを「平和資料コーナー」で展示している。また、ケーブルテレビを利用した文書館講座を配信し、家庭でもレクチャーを受けられる画期的なサービスを展開するなど、他の事業との連携が文書館でうまく生きている。

市史編さんのベースになった一五ヶ所の旧村役場の記録がここに一元管理され、今後は平成合併期に収集した旧役場の記録が整理され、公開される予定だそうだ。以前、吸収合併された自治体の資料がないがしろにされていたり、歴史編さんで収集したにもかかわらず、散逸されてしまった話を聞いたことがある。この文書館では経験豊富な知見者である特別専門員を常時配置されているせいか、それぞれの地域の歴史がもれなく編さんされ、市民に公開されている。これは町村を吸収した松本市の責任であり、公文書館法の自治体の責務が果たされた見本でもある。これからは将来を見込んだ書庫の増築や外部書庫からの移管、中間書庫の設置、また発生から廃棄、歴史的な評価選別など公文書管理のフローの確立などの改革が待ち受けている。部局の文書管理システムの稼働や紙文書をマネジメントするファイリングシステムの有効利用も期待したい。

遅々として普及が進まず全国約七〇ヶ所しかない公文書館。松本市文書館の例で見られるように、空き施設を利用した市史編さん事業終了の着地点としての公文書館の開館は、その地域の歴史を保存・公開する考えに基づくものである。長野県内では今後数ヶ所で公文書館の設置を検討しているという。心待ちにしたい。尽きることのない松本市文書館活動だが、市民の知的資源という「お宝」を大事に活用すると共に、併せて市職員の行政利用の向上を期待している。

「機密重要書類焼却の件」

まず「機密重要書類焼却の件」とは、昭和二〇（一九四五）年八月一四日、ポツダム宣言を受諾後、日本の敗戦が決定し、連合国から戦争犯罪人の処罰などが決められた。それだけでなく、日本は戦争責任を回避するために戦争に関する機密書類の焼却が決定され、市町村にまでその指示が出された。事実、陸軍省、参謀本部など陸軍中枢機関があった市ヶ谷台では大量の秘密文書が焼却された。

しかし、その命令文書が存在しないケースが多く、松本市文書館に保存されているものが知られている。聞くところによると合併した旧今井村役場の「昭和二〇年庶務関係書類綴」から見つかった。

これは昭和二〇年八月一八日、㊙印付の各町村長宛の文書で、「各種機密書類、物動関係書類、其ノ他国力判定ノ基トナル如キ数字アル文書（統計印刷物等）並ニ之等台帳等ハ此際ト速ニ焼却シ特ニ保存アルモノハ所轄官庁ニ打合ノ上陰徳スル等適宜ノ措置ヲ講ゼラレ度尚本件ニ関シ貴管内中等学校、国民学校等ニモ適宜ノ方法ニ依リ周知セシタルト共ニ本文書ハ前記書類ト共ニ焼却スベキ度」と記されている。

「物動」とは、「物資動員」の略語で、軍需生産に集中するための施策で内需抑制、輸入制限などが採られた。これらに関する文書の他、戦争に関連する書類はすべて焼却の対象にされた。別の視点から見れば、戦争を歴史から消去しようとする軍と政府の行為は戦争犯罪を認めているようなものである。このような文書に遭遇できたのも、町村合併によって旧役場から移管された貴重な公文書を松本市文書館が根気よく、丁寧に将来に引き継ぐべき歴史を整理、調査をされたからである。

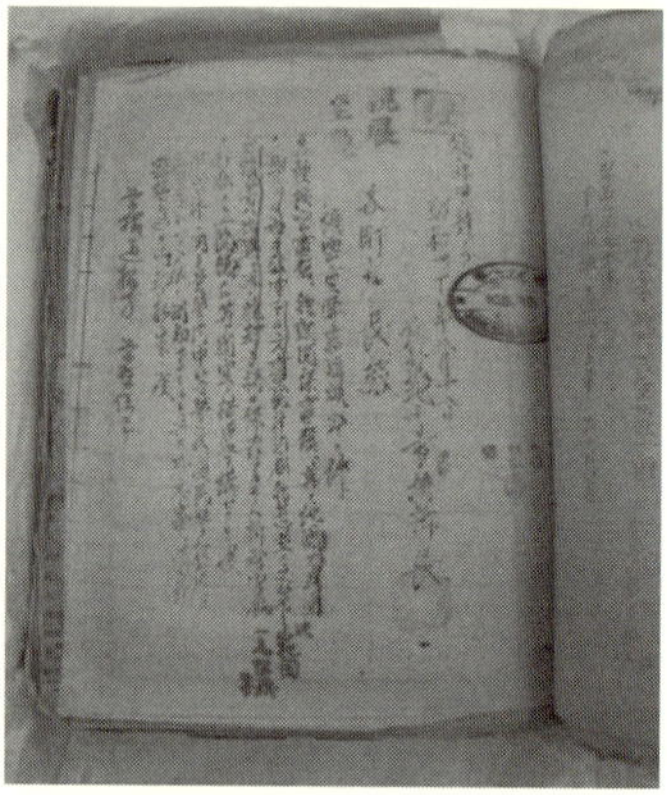
「機密重要書類焼却の件」
（松本市文書館所蔵）

苦難の県庁舎移転

明治四（一八七一）年七月一四日、明治政府は東京在住の知藩事を皇居に集めて廃藩置県を命じた。これは王政復古に次ぐ第二のクーデターともいわれている。その結果、信濃国は旧藩主時代の統治地域に合わせ飯山、須坂、上田、小諸、岩村田、松代、長野、伊那、松本、高遠、高島、飯田、木曽、高山の計一四県でスタートしたが、しばらく後に一三県が廃止され、さらに長野県と飛騨地方を含めた筑摩県の二県に再編成された。筑摩県の県庁所在地は松本であった。

その後、明治九年八月、飛騨地方が岐阜県に吸収され、残った筑摩県は長野県と合併して現在の長野県が生まれた。この二ケ月前、松本城二の丸にあった筑摩県庁舎から出火し全焼した事件は、放火の疑惑や筑摩・長野両県の統合にも関連しそうな出来事でもあった。

明治一三年には県会議員や有力者が集結し、筑摩県を復活させて県庁を松本に置く請願書を内務省に提出したこともあったという。その後明治二一年一一月、長野県会において「県庁移転之義ニ付建議書」が審議された。北に偏在する県庁を県の中心である松本か上田に移す議論は白熱したが、お互いの地域利益の追求のためか否決されてしまった。

その後、明治二二年、三〇代半ばの小里頼永（おりよりなが）、松尾千振、森本省一郎の三名の若手県会議員は、七郡一四〇ケ村を代表して「分県之建白」を元老院議長、大木喬任に提出した。元老院は分県を可決したが、区画の変更を認めない内務省が反対した結果、実現できなかった。

この建白書を要約すると、「我が信州は人口一〇六万人、面積は大きく、廃藩置県で一二県となり、筑摩県を置いたが、明治九年八月に筑摩県が廃止され、長野県の管轄になった。だから松本に県庁がなくなり無念さは止めることができない。政府は国庫支出を節約する政策もあるが、各県の県政を見ると、地勢がかけ離れ、経済が違っているものは分割して一県を置いている。県庁がある長野町は善光寺の仏地で近くても一日、遠距離からだと五日もかかる。課税に際にも南北の格差もある。別にもう一つの県を置いてもなんの難しいことがあるか」という松本に一県を設置する願いと共に信濃南北一覧表、地図、委任状を添えた。

その後、移庁賛成の二万余名が参加し、郡長や警察署長宅を襲撃した「松本騒擾事件」も起こったが、一連の分県運動は実現せず、逆に地方統治体制の確立を確実なものとしたという。

明治四〇年、松本市が誕生し、小里頼永が初代松本市長となり、三〇年間その職を務めた。この建白書は彼の家の土蔵から見つかったといわれている。

松本を中心に一県を設置できなかった無念さを晴らすかのように、旧制松本高等学校、歩兵第五十聯隊、日銀松本支店などを誘致、信州大学は長野、上田、伊那にキャンパスはあっても、本部は松本にある。まさに松本の「意地」を見せたわけである。

諦めない松本はその後も分県、移庁論者の熱い意志が引きつがれ、運動を展開していった。明治四一（一九〇八）年、大正一五（一九二六）年、昭和八年、昭和二三年、昭和三七年にも。結局、昭和三八年松本と諏訪地区が新産業都市に指定され移庁の決議案は見送られ、明治九年から九〇年近く続いた分県・移庁論争は鎮静化した。長野市は門前町で造られた町のイメージが強く、歴史的、文化的な遺産が多い城下町の松本市のほうが県庁所在市にふさわしいと思うのだが。

興味あるエピソードを紹介しよう。昭和二三年の県議会での分県問題の採決時に期せずして県歌が歌われた。この県民を一体化させた県歌「信濃の国」（明治三三年発表）には「長野」の文字はなく、歌詞から信州を一巡でき、南北の調和と県民一体化を求めているという。

余談であるが、信州出身の友人にこのことを話したら、「信濃の国」を歌ってくれた。小さい時からこの歌を覚え、結婚式でも親族揃って合唱するという県民に親しまれている歌であることにはびっくりした。

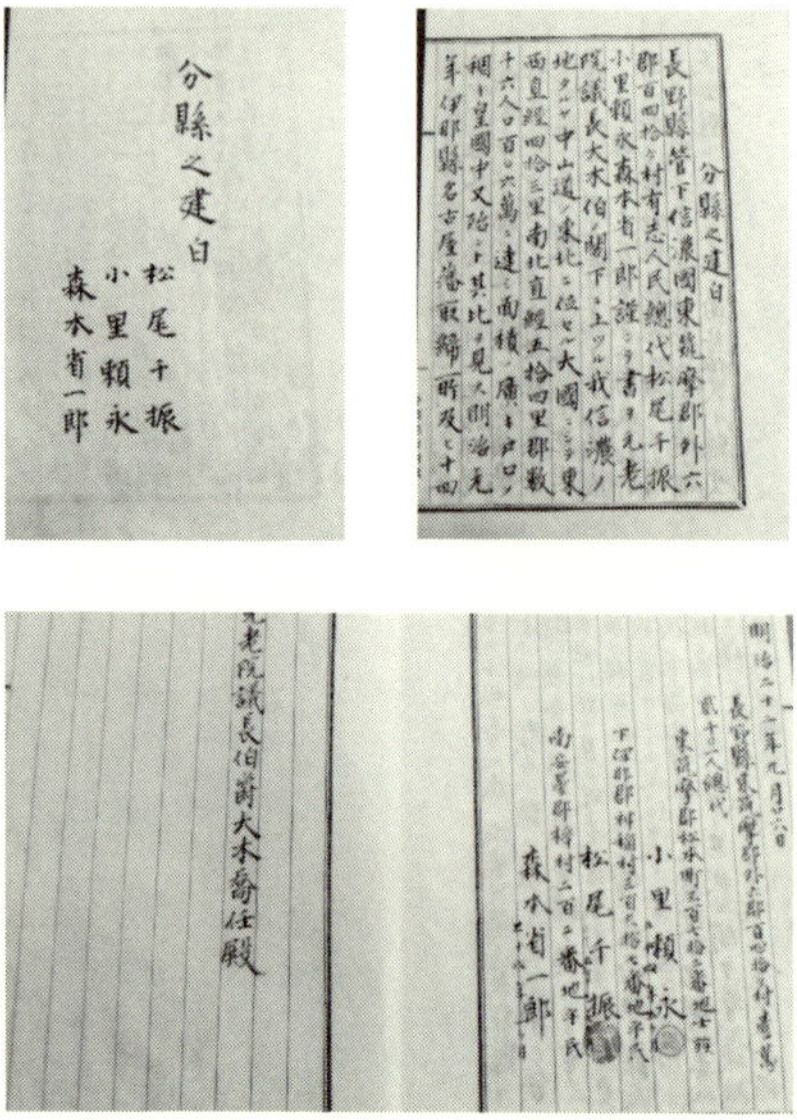
分縣之建白
松尾千振
小里頼永
森本省一郎

若手の三県会議員による分県の建白書
（松本市文書館所蔵）

市史編さん事業と
着実なファイリングで統合された

藤沢市文書館

住　　所　神奈川県藤沢市朝日町一二・六
開館時間　午前八時半～午後五時
休 館 日　土・日曜日、祝日、年末年始
交通案内　藤沢駅より徒歩一〇分
そ の 他　所蔵資料　地域歴史資料約一七万冊、歴史選定行政文書約五万冊、永年保存文書約七千冊、市政、郷土資料など約四万五千点

江の島で有名なさわやかな海辺のイメージのある湘南。その中心に位置する藤沢市は、主婦が幸せに暮らせる街全国一位になったこともある。ＪＲ藤沢駅から徒歩一〇分。市庁舎にも近く利便性の良い藤沢市文書館にお話しを伺った。

※

――開館は昭和四九（一九七四）年と伺っています。神奈川県では公文書館オープンの第一号ですね。

藤沢市文書館　昭和四九年七月の開館で全国では六番目です。当時、市町村立では下関市立長府図書館の附属施設である下関文書館（昭和四二年開館）だけで、単独館としては藤沢市が初めてです。その後、神奈川県では昭和五九年に川崎市、平成五（一九九三）年神奈川県、平成一八年寒川町、平成二六年に相模原市が相次いで開館しました。

――この建屋は当初から建設されたものですか。

藤沢市文書館　ここはかつて横浜地方法務局藤沢出張所（登記所）でした。昭和四九年に藤沢市に移管され、文書館としてリニューアル、その裏に書庫を設置しました。その年の六月には「藤沢市文書館条例」が可決され、七月一日にオープンしました。その後旧登記所施設を解体し、昭和六〇年二月に今の建屋となりました。

――館設置のきっかけは何でしたか。

藤沢市文書館　昭和四一年から市史編さん事業が開始され、旧家などから歴史文書・資料の収集を行いました。ところが事業が終了した後、収集した資料類が散逸するケースが多く見受けられたのです。せっかく収集した歴史文書の散逸は全国的にあったようですが、これは避けなければならないという意見が市史編さん委員会や旧家の方々からも出て、保管施設が検討されました。市史編さん委員長をされた学習院大学名誉教授の故児玉幸多先生からも金子小一郎市長（当時）に強く文書館設置の要望をされたと聞

いています。児玉先生は文書館運営委員会初代委員長も務められ、書いていただいた直筆の表札は今でも大事に保存しています。

――編さん事業はその後どうなりましたか。

藤沢市文書館 昭和五六年に終了し、全七巻と年表一冊を刊行しました。閲覧室で市民の皆様にみていただくことができます。

――市史編さん事業で収集された資料はどのくらいありましたか。

藤沢市文書館 古文書が約一六万点、行政文書は約四万点ありました。旧家などから借用した文書類は一部をマイクロフィルムにした後、紙焼きをしました。寄託または寄贈文書も多くありました。

――開館前から編さん作業をされていたということは当然、役場には多くの公文書があったのですね。

藤沢市文書館 文書館の開館前は、当市の文書課が永年文書を保管していました。編さん作業にはその中から必要な文書を取集していきました。

――都市部は戦災で公文書が消滅しています。こちらでは戦災には遭わなかったのでしょうか?

藤沢市文書館 幸いにも大きな空襲を免れました。そのため公文書だけでなく、旧家の記録資料が多く残されています。藤沢市は明治八年からの公文書も保存しています。もちろん合併前の役場の文書も一部引き継いでいます。

――公文書の発生から廃棄、歴史的公文書評価などの流れはどうなっていますか。

藤沢市文書館 各課で起案、作成された文書(保存期間は一、三、五、一〇、永年)のうち、三年保存以上の文書は作成後二年経過すると文書館に移管されます。その後、期間満了時に担当課へ廃棄するか延長するかの問い合わせをします。廃棄予定文書は選別基準に則って評価・判断し文書館で保存します。永年文書は二〇年経過で見直され、不要であれば廃棄対象となります。評価・選別の基準は神奈川県を参考にしています。

――毎年の移管量はどのくらいですか?

藤沢市文書館　文書箱約二二〇〇箱が移管されます。

――現用文書と文書管理システムとの連携はどのようになっていますか。

藤沢市文書館　市では文書管理システムにより、起案の段階で文書のレコードスケジュールが決定し、その文書件名などのデータは文書館にも引き継がれます。原本との照合も楽です。電子決裁方式を推進していますが、紙ベースの起案・決裁がほとんどです。公文書の場合、電子起案では目に見えにくい部分もあるのでどうしても紙文書が中心となっています。

――藤沢市文書目録の検索システムがホームページ上に公開されていますね。

藤沢市文書館　平成一三年以降藤沢市が作成した行政文書目録がフォルダ名や文書件名から、また各課のファイル基準表に基づき検索できます。平成一二年以前の行政文書目録(永年保存文書)も市のホームページ上に公開しています。

――ファイリングシステムの導入はされていますか。

藤沢市文書館　昭和五六年度から三年かけて全庁に導入しました。このシステムがベースになっているからこそ文書のスムーズな移管が行われています。

――ファイリングシステムは文書管理の基礎ですね。保存スペースは足りていますか。

藤沢市文書館　館内書庫では古文書や歴史文書、昭和五六年までの永年保存文書(簿冊)などを保存し限界ですね。庁舎の地下二階にも書庫がありますが、ここも一杯で一部外部倉庫に委託しています。法律の改正に伴って文書の保存期間が延長される場合もありますから、決して文書は減ることはありません。今、新庁舎を建設中で、小さな書庫も新設される予定です。将来的には他の地区へ移転する計画もありますがまだだいぶ先の話です。

――保存・公開のためのデジタル化やマイクロフィルム化の取り組みをお聞かせ下さい。

藤沢市文書館　スキャナを館内に設備し、市内の写真や

「江の島」の絵ハガキなどを中心にデジタル化をしています。文書館ホームページの「資料マップ」では資料を検索し、地図上でクリックすれば画像で見ることができます。すでに約二六〇〇点をホームページで公開しています。マイクロフィルム化はデジタル化と併せて継続的に実施しています。

——こうした業務は何名の体制で行っていますか。

藤沢市文書館　現在、正職員四名、嘱託職員一名、非常勤職員九名でさまざまな業務に対応しています。

——二年前に開館四〇年を迎えられたそうですが、何か記念イベントなどは企画されましたか。

藤沢市文書館　特に大きなイベントではありませんでしたが、藤沢市史講座「藤沢の歴史を編む」を開催しました。平成二七年は長後、御所見、遠藤の市内北部地域の合併から六〇年の節目を迎え、合併の経緯を表す資料や都市計画に関する展示会を一一月に開催しました。当時の金子小一郎市長宅に保存されて、その後寄託された資料も展示しました。

——「東京オリンピックとふじさわ」の企画展示も開催したと聞いていますが。

藤沢市文書館　藤沢市は東京オリンピック時にヨット会場になってから五〇年経過し、それに関連した展示会を企画しました。当時中学生だった現鈴木恒夫市長は聖火隊の一員で、ご本人の写っている写真を展示しました。文書館は一般の方々に馴染みが薄いので、少しでも多く興味を持ってもらえるように藤沢の歴史を伝える地道な活動を続けています。

市民資料室

◉インタビューを終えて

調べてみると、藤沢市文書館の設置当初の計画では「教育センター機能」を備えた複合施設だったそうだが、その後この文言が削除され「歴史及び行政に関する文書資料を収集、保存し、その公開を図る」となったそうだ。おそらく教育機能を備えれば担当部門は教育委員会となり、編さん事業や古文書の収集に軸を置くことになるが、昭和三〇年代に多くの公文書が廃棄された反省から公文書管理に焦点が合わせられたと考えられる。やはり「公文書館」は政策決定のプロセスを物語る公文書の、しかも選別された歴史的公文書を最終保存し公開する地でもなければならない。

藤沢市ではスムーズな文書管理の流れと情報共有化などのルールを求めて、開館の七年後にファイリングシステムを導入している。明治期から昭和五六年までの公文書は簿冊単位での保存だが、その後フォルダ方式で保存されていることからその変遷がわかる。この導入が公文書の散逸を逃さないばかりか、クオリティの高い文書館発展の要因になったと推察できる。特にホームページから閲覧できる豊富な材料を利用したデジタル郷土資料写真検索システムは充実している。

これまで各地公文書館を取材し、中にはファイリングシステム未導入の自治体もあったが、そのケースでは現用・非現用文書の管理フローが上手く運用されていないと感じていた。そう考えると、公文書館の機能と役割の確立に全庁的なファイリングシステムの導入は欠かせないのかもしれない。

シャウプ勧告と町村合併

藤沢市文書館を取材させていただいた際に、昭和の大合併の話を聞いた。さかのぼれば平成一七年に平成の大合併で市町村数が約三〇〇〇から約一七〇〇に減った。この当時、一時的に新聞紙上では「湘南市構想」も話題として浮上したことを思いだす。しかし、昭和の大合併前にも寒川町長から茅ヶ崎市を含めた大湘南構想も提案されたこともあったそうだ。

今から六〇年以上前の昭和の大合併は、ＧＨＱ（連合国軍最高司令官総司令部）の招聘によって来日した米国経済学者など七名が昭和二四年、約四ケ月にわたって調査された報告書、「シャウプ勧告」（カール・S・シャウプ、コロンビア大学教授）が基本になっていたとは今回の取材で初めて知った。

彼らは「世界で最も優れた税制制度を日本で構築する」という理想を掲げ、複雑な税制度を簡素化し、運用上、不公平の是正などを検討した。今では考えられないと思われる「家単位」で合算して所得税を決定する徴収方法を改めることなど戦後の日本の税制に大きな影響を与えたといわれている。ちなみに青色申告制度も勧告の一つである。それは記帳の慣習がなかった時代に帳簿記録の正確性と保存を普及させるものであった。

その報告書の中で、地方税制の確立の見地から、行政責任の明確化・能率化・市町村優先の原則を明示し、地方行財政の整理を提案している。現状の町村規模では財政基盤が弱いと判断した政府は、自治体の適正人口規模を八千人と算出し、昭和二八年、九月一日「町村合併促進法」（法律第二五八号）が施行された。

その目的は「町村が町村合併によりその組織及び運営を合理的且つ能率的にし、住民の福祉を増進するように規模の適正化を図ることを積極的に促進し、もって町村における地方自治の本旨の充分な実現に資すること」としている。

「市政施行後の市域変遷図」
（藤沢市文書館所蔵）

町村規模についても「町村はおおむね八千人以上の住民を有する規模」と定め、適正化の相互協力、その他「町村合併促進協議会」の設置などを求めている。そればかりか合併の促進のために、合併後も従来通りの国からの交付金支給の特例や議員任期の調整なども盛り込み、また町村同士ではなくても、「市の区域の一部及び町村の区域の全部または一部を人口五万未満の市に編入すること、あるいは町村合併促進協議会の意見を聞き、地方自治法の勧告に基づけば町村の区域の全部または一部を一〇万未満の市に編入すること」と定められ、政府の強い取り組み意欲が感じられる。さらに具体的に数字を掲げ、全国人口八千人未満の町村八二四五を合併計画完了後、三三七三町村に減らそうというものである。そして昭和三五年には三四七二町村になり目標を大きくクリアした。

昭和の大合併に関連してさらに詳しく記述すれば、昭和二八年一〇月には町村合併促進基本計画が閣議決定され、「昭和三一年九月末日までに小規模町村(人口八千人未満)を合併し、町村数を約三分の一に減少することを目途として、おおむね左の要項により町村合併を促進するものとする」とし、要項の中で各都道府県は同年一一月一日までに町村合併促進審議会を設置し、昭和二九(一九五四)年三月末日までに神奈川県町村合併計画作成を義務付けた。

神奈川県では昭和二八年九月、神奈川県町村合併計画と町村合併促進についての啓発、宣伝、勧奨、斡旋を行う町村合併促進審議会を置くこととした。翌年三月には県専門員会の鵜飼信成東大教授による「鵜飼合併試案」が提示された。実際、試案通りに合併が実現できないケースもあったが、試案の提言は住民に具体的なイメージを与えたメリットはあったともいえる。この鵜飼案では藤沢市に合併を促してはいない。結局、神奈川県では八市一〇八町村から一三市二六町村に再編成された。

大藤沢市構想

昭和二九年二月一二日、当時の金子小一郎藤沢市長は御所見村、小泉修三郎村長に合併申し入れ書を提示した。その内容は「貴村と本市とは従来地勢、交通、産業等を含め日常一般の経済取引に於いても相互依存と密接不離の関係にありますことは今更申し上げるまでもない所でありますが這般(「しゃはん」筆者注:「この度」と同義)町村合併促進法の制定を見ましたことは両者の地理的乃至経済的基盤の一体性を更に行政の面にも実現なし得る絶好の機会が到来したもの思料いたすものであります。つきましては仝（この）法に基く合併に関しましては両者将来の発展と関係住民の福祉のために貴村に於いても為と御考慮下さいますよう茲（ここ）に申し入れ致す次第であります」であり、最後に「隣接、渋谷町、綾瀬町、小出村に対しても仝様の申し入れをする」と書かれ広域的な合併を求めた。その他寒川町や有馬村も打診し調査を依頼したこともあったが、三地域に絞り込んだ。合併を必要とする主な理由は、財政強化によるインフラ整備、規模の増大は安定度と対外的信用を増す、有能な人材の確保、経済活動が広まり住民の収入が増加なども説明した。

具体的には御所見村、小出村大字遠藤、渋谷町の長後、高倉（大字福田、上和田、下和田、本蓼川を除く、これらの地区はその後、渋谷村となった）を藤沢市に編入すること神奈川県知事に申請することが藤沢市議会で議決された。それに伴って合併による教育委員と農業委員の定数や任期特例など、また合併に伴う財産処分に関する協議もされた。

渋谷町が二つに割れた理由は当初、論議されずに井上金貞町長の私案の形で合併の意向を広報紙に掲載されたために公式見解となり、農民を中心とする反対運動につながった。さらに警官が出動する騒ぎにまで発展し、町長や町議が一時的に逃走したこともあったという。地域の対立も激化し、住民投票も中止になった結果、神奈川県の仲裁で解決したという。

別の見方をすれば、大が小を飲み込むような行政の一方的な線引きで合併が不成功に終わった例かもしれない。この場合、町長の強引な進め方にも問題があるが、境界となる山や川もなく、商店街を取り巻く住民の生活圏と農業生活圏の視点からの分割だった。この出来事から住民、行政がその当時何を考え、どのような結論に至ったかを知ることができるのも藤沢市文書館の存在である。

実際、この館には昭和二九年度に発行された合併の経緯が見られる公文書が多く保存されている。例えば、「藤沢市が渋谷町との合併を希望する理由」、「渋谷町中北部住民は何是合併に反対してゐるか？（原文のまま）」、「親愛なる中北部の皆様え（原文のまま）」、「合併申請書」などである。

新しく人口一〇万都市に躍進した藤沢市について金子市長は「どうぞ旧市域の皆さん、この新市域の新しい友、新しい兄弟を、双手を挙げて迎えてください。そしてお互い仲良く大藤沢市建設にご協力ください。我々はこの歴史的事実を銘記いたしましょう」と語り、さらに「今や、三月一日現在の全国合併（消滅）町村は三五三八になりました。この歴史的、革命的事実を、将来、花と咲かせ、実とみのらせるのは、われわれの努力と精進による責務と思われます」と「広報ふじさわ」で新たな決意を述べている。

　廃町村式の翌日、昭和三〇年五月五日、合併祝賀式が行われた。同紙（同年五月二五日発行）によると、「午前一〇時より参加者三百数十名の列席を得て、湘南高校講堂で盛大に挙行されました。祝賀式は重田助役の開会の言葉に始まり、市長、市議会代表、新編成地区代表の挨拶があり、続いて県知事より、合併に伴う廃止町村の長、及び議会議長に感謝状ならびに記念品が贈られた」と書かれている。

　このように施策決定のプロセスを語る様々な公文書を確実に保存してきた藤沢市文書館は、平成二七年一一月には「合併六〇年藤沢北部の発展」をテーマに収蔵資料展を開催した。しっかりした記録保存があったからこそ資料展が開催でき、三町村がなぜ合併を選択し、その歴史的意義を考える機会の提供と説明責任を果たすことによって、歴史的公文書の保存からどのようにして今住んでいる町が誕生したかが理解できる。

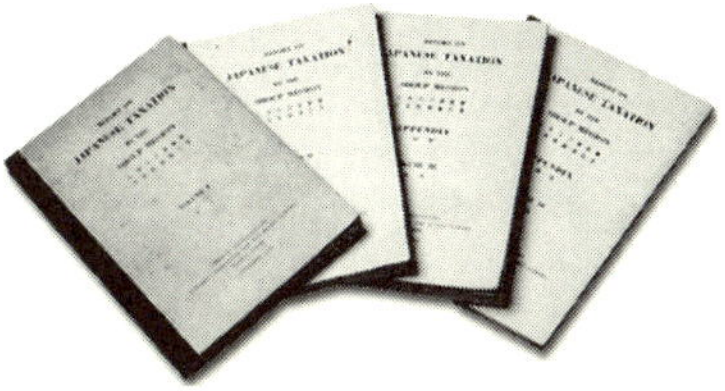

シャウプ勧告書
（国税庁ホームページから）

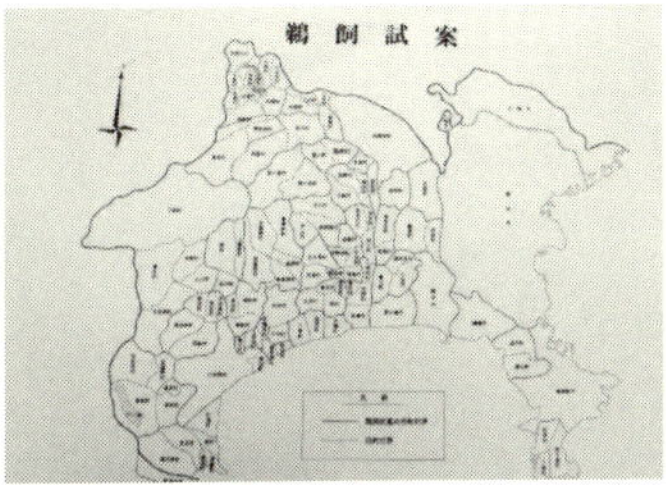

「鵜飼試案」
（藤沢市文書館所蔵）

「広報ふじさわ」昭和30年4月10日
（藤沢市文書館所蔵）

ＧＨＱからの文書保存指導

藤沢市立藤沢高等女学校は昭和二六年県に移管され、県立藤沢高校（現在、藤沢清流高校）と改称し、新制高校として以来共学となったが、なぜか不思議と女子高校の姿を続け、一〇年程前に男子が入学し共学化されたユニークな歴史を持つ学校である。この学校から平成四年に神奈川県立文化資料館（神奈川県立公文書館の前身）に移管したのが「連合軍関係書類」『昭和二〇から二三年』である。

その中に存在していたのが「日本政府ニ対スル覚書終戦連絡事務局経由、官庁公文書及記録ニ関スル件」という公文書で、昭和二一年一月三日に達せられたものである。その内容は戦争中に公文書、記録綴じ込み公文書、その他文書を正常の公式保存所以外の場所に移動し焼失しているが、それについて四つの指令をしたものである。

一．正常の公式保存場所に返還すること
二．公式保存場所が破壊され、代替場所が不適切であれば適当な保存場所を選定設置し、当司令部までに連絡すること
三．焼失した文書は写しを確保するが、写しもないなら表を作成して当司令部に提出すること
四．元の保存場所や代用保存場所に返還したなら当司令部に通知すること、正常の公式保存場所からの移動の理由や日時、場所の情報も提供すること
五．諸省や官庁機関のすべての職員に正常の公式保存場所に返還する指令を遂行するに必要な命令を発すること

などを最高司令官に替わって参謀副官部陸軍大佐Ｈ・Ｗ・アレン名で通達した。

文中の「正常の公式保存所」とは例えば、文書が発生した場所の書庫や集中保存していた場所の書庫などを指すのだろう。当時の日本政府による文書規程には指定された保存場所などは記載されるはずもなかろう。日本政府はポツダム宣言後、公文書の焼却を勧告していたが、逆に戦勝国は証拠確保に努める指示をしていた訳である。

別の文書であるが、この覚書に対して、昭和二一年一月二八日、内政部長名で中学校長宛に「官庁公文書及び記録復帰に関する件」として、公文書及び記録を疎開した時、疎開先から現状復帰した時、未だに何もしないので直ちに措置した時、別に保存場所を設置したらその保管した時の年月日を報告する旨の通達もした。かなり厳しい要求を公文書保存に関する報告義務を突き付けた。

その根底にあるのは日米記録保存の考え方の違いであろう。明らかな例として挙げれば、米国政府の省庁や機関は各自で資料を保管することになっていたが、紛失や破損防止のために連邦政府の記録と保存を一本化するために

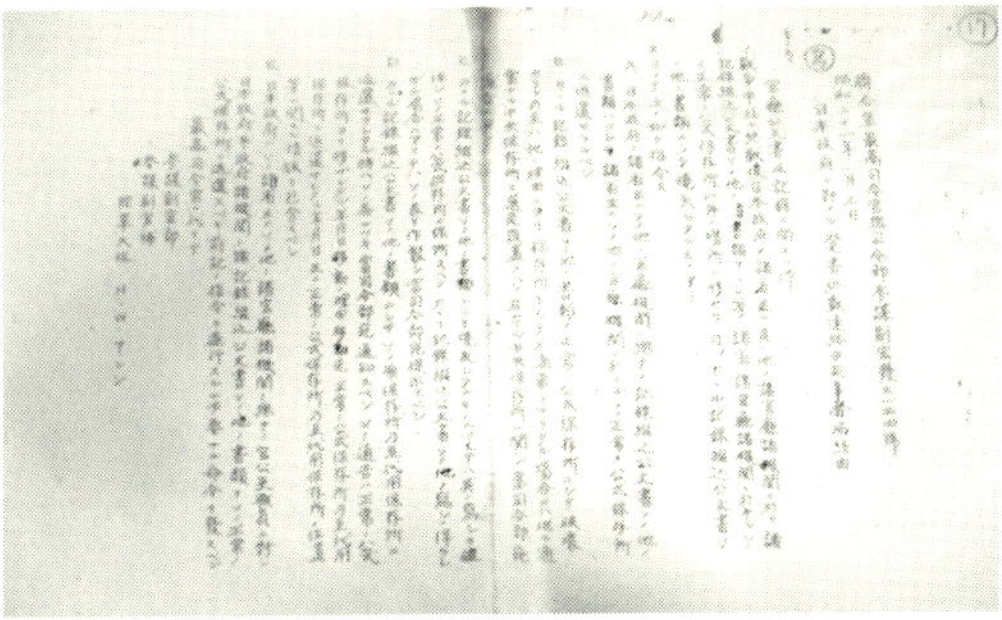

「官庁公文書及記録ニ関スル件」
（神奈川県立文書館所蔵）

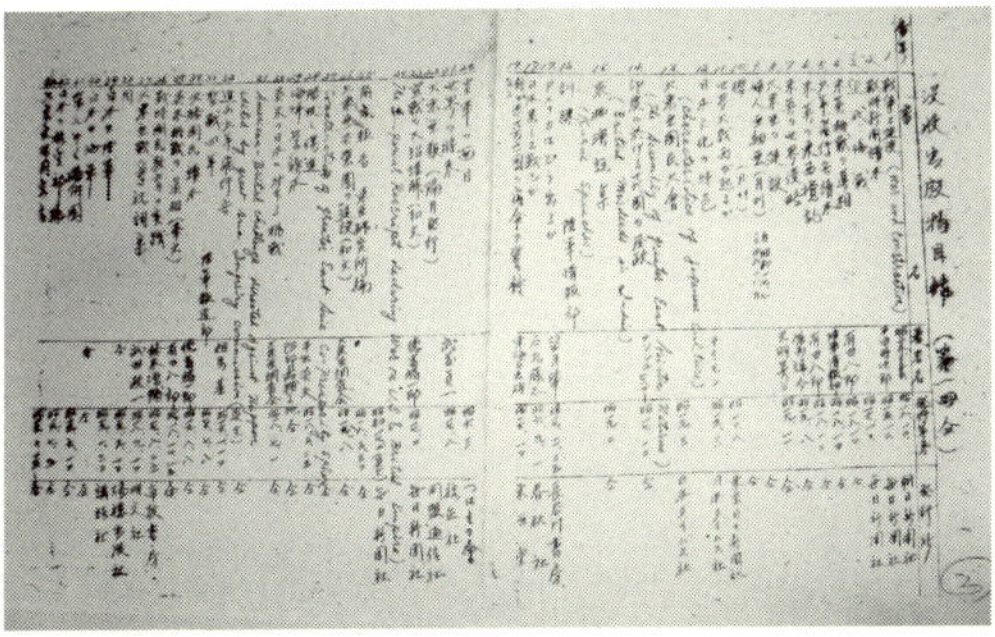

「出版物没収物目録（第一回分）」
（神奈川県立文書館所蔵）

早くも昭和九年に米国国立公文書館（National Archives and Records Administration 通称ＮＡＲＡ）が開館したことである。したがって、ＧＨＱからこのような通達が出るのは自然であり、記録が無ければ説明責任を果たせないというコンセプトは今に始まったことではないことも明らかである。

公文書を焼却して戦争責任から逃れるのか、しっかり記録を保存し裁判で対抗しうるのか。もし日本でこの時代から公文書や記録保存の意識が芽生え、法制度化があれば国民を震撼させた社保庁の不祥事、いわゆる「消えた年金問題」も起こらなかっただろう。戦後間もない頃、ＧＨＱの通達文書から日米記録保存に関する認識の格差が始まっていたことが垣間見られるのも興味深い。

ＧＨＱ占領下における焚書坑儒

この綴りの中にファイルされた昭和二二年五月三〇日、神奈川県の教育民生部長から藤沢高等女学校長に通達した「出版物没収に関する件」を紹介したい。この文書の冒頭「標記の件に就いては本年三月二七日及び五月六日付で内務省警保局から既に通牒があったが図書館（学校、会社の施設を含む）所蔵別紙記載の印刷物に付いては左記により取扱うこととなったから速やかに処理の上、万遺憾なきをきせられたい」という内容である。

内務省警保局とは昭和二二年にＧＨＱによって解体されるまで大きな権力を持ち、同局にある図書課はあらゆる出版物を検閲し、取り締まっていた。その取扱いについて次の三点を指示した。「一．同一出版物が二部以上ある場合は一部を残し、他を提出すること、二．着信の日より一ケ月以内に没収図書の現品に同一目録三通を添え県教育課社会教育係りに提出すること、三．没収図書の処置については今後指令のあった都度その目録を通知するから今回に準じて行うこと」とした。

そして没収出版物目録（第一回分）に六一点の出版物を掲載した。昭和一五年から一九年にかけて出版されたもので、その中から数点ピックアップすると、『戦争と建設』（朝日新聞、昭和一八年一二月）、『米英の東亜攪乱』（同社、昭和一八年一二月）、『米英の世界侵略』（同社昭和一九年八月）、『勝抜く僕達』（同社昭和一八年三月）、『必勝国民の読本』（同社昭和一九年八月）、『アメリカはどう出るか』（長谷川書房、昭和一七年一二月）、『陸軍少年飛行兵』（朝日新聞社、昭和一九年二月）などである。国立国会図書館の所蔵データベースから検索したら上記の内二冊を除いてヒットした。

昭和二一年三月から昭和二三年七月までに七七六九点の没収指定リストに基づいて三万八千冊を取集したという。しかし、それ以降も没収が全国展開されたので実際にはもっと多いはずだそうだ。結局、没収された出版物はＧＨＱの検閲を経てメリーランド大学またはワシントン文書センター（ＷＤＣ）に運ばれた。その後、ＷＤＣに移管されたものは米議会図書館に移管され書籍と雑誌二七万点の大規模なものだったという。

戦前戦中を通じて日本人が何を、どのように考えていたかを証にした書物を占領軍の横暴な出版物没収という暴力で潰された事実がこの焚書坑儒である。本当に日本民族がここまで裁かれる必要があったのだろうか。

豊富な歴史公文書を学校教材に活かす
三〇周年を迎えた

栃木県立文書館

住　　所　栃木県宇都宮市塙田一・一・二〇（栃木県庁南館二階）
開館時間　午前九時〜午後五時
休 館 日　土・日曜日、祝日、指定日
交通案内　JR宇都宮駅よりバス「県庁前」または「栃木県庁舎前」
そ の 他　所蔵資料　古文書約三〇万冊、マイクロフィルム約四千巻、公文書約四万八千冊、行政刊行物約八千冊

都心から新幹線で約一時間半、広々とした敷地にある栃木県本庁舎の南側に県民の歴史的公文書財産を保存・公開する栃木県立文書館があった。

※

――今年で開館三〇周年を迎えたと伺いました。設立までの経緯を教えてください。

栃木県立文書館　当文書館の設立は県史編さん事業構想の中で生まれました。県史編さん事業は明治百年記念事業の一つとして、昭和四三年（一九六八）四月から昭和五九年三月まで行われました。文書館の設立は編さん委員会から幾度となく要望の声があったそうです。昭和四四年三月の第五回専門委員会で栃木県史編さん委員会副会長の宝月圭吾先生からは「史料の悉皆（しっかい）調査は古文書館設立を主目的としたもの」という発言がありました。そうして文書館設置の機運も高まり、昭和五三年一二月第一六六回県議会で当時の船田譲知事が文書館設置を検討することを表明しました。昭和五五年には新長期総合計画改訂計画に基づき、文書館の基本構想を策定する「県立文書館基本構想策定委員会」が設置され、昭和五八年七月には県庁舎東側に設置すると知事が公表しました。昭和六一年三月に栃木県立文書館条例を制定し、その年の一〇月一日に全国都道府県公文書館では一二番目の公文書館として開館しました。

――昭和四三年の編さん事業からスタートし、その後知事の理解が得られ、新長期総合計画改訂計画にも盛り込まれるなど、文書館開館まで大変スムーズに行われたようですね。

栃木県立文書館　特に問題もなく実現の運びとなりました。

――編さん事業で多くの史料を収集されたと思い

ますが、それまで県史関連資料はどこで保存していましたか？

栃木県立文書館　教育委員会の県史係で管理していました。館設立の準備期間中は文書館開設準備班で保存していました。

――どのくらいありましたか？

栃木県立文書館　基本構想の中で所蔵計画ができ、当時は古文書四万冊、県行政文書一万一千冊、マイクロフィルム一三〇〇巻です。県史編さん事業からマイクロフィルム化を実施し、開館後も利用しています。現在の所蔵は約三〇万点です。

――ホームページを拝見すると、こうした資料を学校の授業に利用できるユニークな授業支援を行っていますね。

栃木県立文書館　各学校からの依頼で出向きます。授業は学校の先生が行いますが、我々は「チーム・ティーチング」としてお手伝いしています。実物の史料の問い合わせなど先生からの要望に応えて用意し、十分な打合せをしたのち学校に出向きます。昨年は七校に行きました。

――実物の史料を見る生徒の反応はいかがですか？

栃木県立文書館　皆さんビックリしますね。なかには直に触ってもよいものもあり、好評です。地元に関する史料も使うので、崩し字でも子供たちには読める地名もあり、面白いようです。昨年実施した例を話しますと、那須高校では「経済制度の改革」の学習に「地券」を使用し、日光小学校では「江戸時代の農民の生活」の中で「慶安の御触書写（幕府が農民統制のために発した文書）」などを利用しました。史料保存の大切さや文書館の役割についての理解が深まる機会にもなります。

――逆に見学や実習の受け入れも多く見られますが。

栃木県立文書館　昨年一二件の受け入れをしました。小学生から大学生までの体験学習やインターンシップの受け入れなどです。また教材開発ワークショップも実施しています。これ以外にもある小学校の先生は文書館にある七千点以上の田村家文書の中から史料を選んで教材開発を試み、郷土の偉人といわれる田村律之助のについて学習会を開催しました。

――江戸時代の文書に関する展示会も開催されたそうですが、興味がありますね。

栃木県立文書館　昨年一一月三日から約一ケ月間、企画展を実施しました。「文書とともに生きる下野の人々　村における文書の管理・保存・引継ぎ」をテーマに古文書等を展示しました。

――江戸時代も文書を管理し引き継ぎをしたということでしょうか。

栃木県立文書館　江戸時代、村をまとめていたのは村役人と呼ばれる名主、組頭、百姓代でした。村の文書は名主が管理し、名主が交代する際に後任者に引き継がれたようです。引継目録が作成され、そこには検地帳や年貢割付状などが記載されています。また、保存用の箪笥や箱も引き継がれていますね。

――そこまできちんと文書管理した理由はなんだったのでしょうか。

栃木県立文書館　たとえば土地境界の訴訟の際、証拠として必要になったからです。これらの文書は、名主の家や土蔵で保管していたようです。この文書の引き継ぎは明治期になっても同様に行われています。文書に対する地域の人の思いや保存してきた人の努力にも目を向けることも大切ですね。

――どの時代でも組織運営には記録、文書管理が基盤になっていることが理解できますね。ところで県内市町を対象にした協議会はありますか？

栃木県立文書館　協議会はありませんが県内市町の文書保存担当者を対象に講習会を開催しています。参加者は文書主管課、教育委員会、図書館、博物館等に所属する方々です。年一回の開催で、当館職員による古文書や行政文書の保存方法の講習と外部の方を招いて他県等の文書管理の取り組みや公文書管理条例について講演会を実施しました。毎年、参加者のアンケート結果を参考にして講習内容を企画しています。

――県内二五市町ありますが芳賀町、小山市の他に公文書館がありません。他の地域で新設の動きはないのでしょうか。町村合併などで保存・公開すべき歴史的公文書は多いと思われますが。

栃木県立文書館　新たな市史編さん事業に着手した自治体があるようですが、残念ながら新設の動きはないようです。

――さて開館三〇周年を迎えられてどのような企画をされていますか。

栃木県立文書館　一一月五日にはシンポジウムを開催しました。テーマは「災害を乗り越えた下野の人々」で講演やパネルディスカッションを実施しました。併せて隣接している昭和館では記念企画展（一二月一一日まで）を開催中です。「五十（いか）里湖の形成と決壊」、「浅間山の噴火と飢饉」、「関東大震災と東京への支援」などのテーマで古文書や写真を展示しています。日光市にある五十里湖は山が崩れ、川が堰き止められてできたものですが、大雨で決壊して宇都宮まで流れ込み多くの死傷者を出しました。当時の地域の人々が災害をどう克服したか、防災・減災を改めて考える機会にしたいと思っています。

――それは楽しみな企画ですね。貴館の年間利用者はどのくらいですか。

栃木県立文書館　昨年は、三千人を超えました。このほか、昭和館で開催している展示の見学者は一万五千人を超えています。

――閲覧用に古文書などのデジタル化の取り組みはされていますか。

栃木県立文書館　弊館のホームページでは「デジタル史料室」を開設しており、特に古文書で学校の授業に使える材料を提供しています。現在、中世（戦国から安土桃山時代）の「宇都宮国綱書状」、近世（江戸時代）では「老中水野忠邦、下野に来る」、近代（明治時代以降）では「栃木県の成立の歴史を考える」など七点を公開しています。

――この文書館が公文書の最終移管先だと思いますが、保管の流れをお話しいただけませんか。県本庁舎に隣接している公文書館は多くはありませんから職員の利用も多いのではないでしょうか。

栃木県立文書館　毎年、保存年限が到来する公文書を対象に、現用文書を担当する経営管理部の文書学事課からその「廃棄予定一覧リスト」をもらいます。そこから文書館の選別基準に合わせた収集の希望を出します。最終的には主管課と文書館で調整を行い、毎年秋頃に簿冊単位で移管されます。移管された後は、簿冊の整理・目録作成・整理番号の付与などを行い収蔵します。ここ数年は毎年約八〇〇冊が移管されています。統計はとっていませんが、職員の行政利用は年々増えているのではないでしょうか。

――現在の保存簿冊数はどのくらいですか。

栃木県立文書館　明治期から現在まで約三万冊です。書庫も手狭になってきました。

――今後の課題は？

栃木県立文書館　デジタル化をもっと促進したいですね。インターネット検索ができる時代、当館は時代遅れの少数派になったようです。今後は、ホームページ上での目録検索を検討しつつ、デジタル史料の掲載を充実させたいと思います。

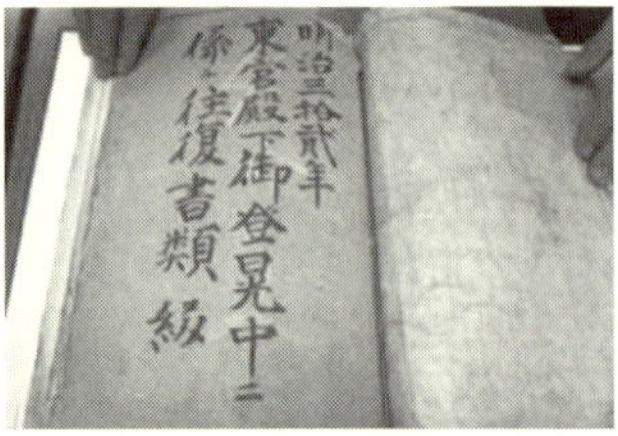

明治期の公文書
（栃木県立文書館所蔵）

企画展の模様

◉インタビューを終えて
庁舎の火災と公文書

ＪＲ宇都宮駅からバスで一〇分。公園の様な広いスペースに栃木県本庁舎（五代目庁舎）がそびえ、その一五階は展望ロビーとなっている。地方都市の中でもひときわ目立つ建物である。正面玄関の右側に昭和一三年から六五年にわたり県民に親しまれた旧庁舎（別名、「四代目庁舎」）の正面部分だけを移築し、平成二〇（二〇〇八）年に開館した「昭和館」が見える。県民が建築の文化的価値を認め、保存を願った声が届いたという。

その昭和館では一階の展示室には「四代目県庁舎と佐藤功一（県庁舎設計者）」が紹介されている。栃木県出身の佐藤は早稲田大学の大隈記念講堂や日比谷公会堂をも手掛けた地元出身の建築家である。「四代目」が命名されているので気になって「二代目」から「三代目」を調べてみた。

明治四（一八七一）年に栃木県が誕生し、今の栃木市に完成した庁舎が「一代目庁舎」。明治一七年、栃木県が今の宇都宮市に移転した時が「二代目庁舎」で明治二一年一月の火災で焼失した。明治二三年三月に新たに「三代目庁舎」が落成したが、昭和一一年三月にまたしても焼失した。歴代県庁舎をこのように「〇〇代目」の呼称を使うのは珍しい。それだけ各庁舎に県民の思いや伝えたい歴史が刻まれているのだろう。

明治二一年の火災で当時の公文書はどうなったのか気になっていた。たまたま買い求めた研究紀要（第一六号二〇一二）から文書課が火元であることを知った。調査研究された栃木県立文書館の丸茂博氏は、その中で公文書の復元概要を明らかにしている。

それによると当時のことを「膨大な焼失文書のすべてを復元する余裕はなく、何より優先されたことは、遅滞、中断なく行政処理を執行するために必要となる文書をまず手中に取り戻すことだった」、たとえば県提出文書が処分未済文書を再提出させたことである。また「文書の徴集に当たっては緊急性・現用性の度合いに応じた優先順位が決められ、処理されたものと考えられる」と当時の対応が記されている。

特に明治二〇年以前の文書には県布達を手掛かりに復元されたという。具体的には「県としては保存すべき各郡役所から謄本を徴集し、簿冊の体裁に編冊された。また明治二四年の文書保存規定により永年保存文書として位置づけられたことも影響し、令達については欠号を補塡する事業が明治二〇年代後半にかけて継続されていった」と記され、確実な対応と組織ぐるみの地道な復元作業、また新たな文書規程を基に貴重な公文書を今に伝えることができる。

公文書を学校教育に活かす

今回インタビューの中から感じられたのは、三〇万点を超える豊富な歴史資料を教育材料に積極的に利用するプログラムをもつ文書館活動であり、特に教材開発について「文書館だより」（第五五号平成二六年三月三一日発行）に掲載されていたので紹介したい。

インタビューにも登場した栃木市大平町に生まれた「ビール麦の父」田村律之助を郷土の偉人として、まずは教師とボランティアが共に学ぶ学習会を開催した。そして地域の郷土史家、元校長、市教委学芸員から様々な地域の歴史や学校の歴史と田村律之助の関わりのひもを解き、教材化のヒントを得た。その後、文書館の先生方が授業支援を行い、子供たちの学習意欲も高まり、その成果を図書館や公民館で発表し、地域の方々にとっても歴史の再発見の機会にもなったという。

そして発表会を見学した方は「子供たちが地域の歴史を学び、学んだことを自分の言葉で表現している学習の仕方も素晴らしいと思いました」と話している。そして、この学校が平成二五年度、一二〇周年を迎えた記念に「田村律之助の生涯」を語りで表現する活動や展示会を実施するまでになった。最後に、指導された先生は「子供たちの調べ活動や表現活動が地域を元気にし、地域の方々が今まで気が付かなかった郷土の良さの再発見にもつながった」と子供たちが自ら発表する機会の成果を述べ、「まさに、古文書は過去と現在、そして未来をつなぐ絆である」と結んでいる。これは文書館活用の教育的なミッションそのものであると感じた。

言い換えれば、これは地域の歴史に埋もれていた偉人の歴史を保存し、紹介する文書館と学習熱心な子供たち、ボランティアの方々、コーディネーター役の先生の熱心な活動の成果である。文書館があるからこそ実現したことであるが、それだけでなく四名の教員が文書館職員として活躍されていることも見逃せなく、学校教育にも軸足を置いた方針が栃木県立文書館の存在価値をより一層高めている。

また広報活動では興味あるテーマを選び、歴史文書からわかりやすく歴史をも紹介する「文書館だより」は第五八号、調査研究を目的とする「研究紀要」は二〇号を刊行し、また学校教材史料集も平成一七年度から年一回発行しており、開館以来連綿とつながっている活動を記録している。今後は利用者のアクセスを容易にする歴史資料のデジタル化の促進と長期保存の劣化対策が望まれる。

災害を乗り越えた下野の人々

小春日和の平成二八年一一月五日、栃木県庁に出かけ、「開館三〇周年記念シンポジウム―災害を乗り越えた下野の人々―」を聴講させていただき、二つの災害を古文書から読み解いた内容を左に記す。

栃木県川治温泉の上流に位置する五十里湖は天和三（一六八三）年の地震で山崩れが生じ、男鹿川がせき止められて湖となった。村民は移転を余儀なくされたが、逆に湖水を利用して生きてきた。しかし四〇年後の大雨で決壊し鬼怒川流域に被害が及び、宇都宮以南までおよそ八〇キロメートル以上の広範囲に及んだ。宇都宮藩、幕府の支援、村々の相互救済によって立ち直っただけでなく被災の経験が記憶となって継承されていることを古文書から読みとれる。それから六〇年後、下野を襲った大規模な災害があった。それは天明三（一七八三）年七月、浅間山の噴火のよる火山灰などの周辺の被害だけでなく、気候に影響を与え天明の飢饉につながった。このような悲惨な記憶をとどめた古文書が存在するだけでなく、それ以前から飢饉、災害対策の教訓書が広まっていたことや忘れた頃にやってくる災害から当時の下野の人々が危機管理などを学んでいたことが公文書の解説から伝わった。

歴史から減災の手法を学べる機会は多くの防災活動に生かされる。先人達が遺した歴史を保存する栃木県立文書館の役割は大きく、今後は子供たちへの減災教育の教材をも提供することになろう。

三重県総合博物館

ミエゾウの全身復元骨格

博物館でアーカイブズ

　平成二八（二〇一六）年一一月、全国歴史資料保存利用機関連絡協議会主催による「博物館でアーカイブズ」をテーマに第四二回全国大会が開催されたのを機会に三重県総合博物館を訪問した。

　近鉄名古屋駅から特急で約五〇分、津駅で下車しバスで五分の地にある。三重県立博物館は、博物館法施行の二年後、昭和二八（一九五三）年に設立された東海地方初の歴史ある博物館である。平成一九年度には施設の耐震化対策などを含めたリニューアル化が検討された。

　新館建設にあたり、公募で選ばれた「ＭｉｅＭｕ（みえむ）」が愛称となって平成二六年四月に新たにオープンした。三重の自然と歴史、文化を交流創造エリア、展示エリア、ミュージアムフィールドの三つのエリアで構成している。開館以来六〇万人以上（平成二八年三月三一日現在）の来館者を記録した。この「ＭｉｅＭｕ」のコンセプトは①三重を中心に一級の標本資料、公文書を一堂に集め、大切に保存継承すること②調査研究を通じて三重の豊かな自然、歴史、文化のすばらしさを究めること③三重のすばらしさを県民のみなさまと共有するとともに、広く全国に、そして全世界に発信することである。

　そのテーマは「三重が持つ多様性の力」で「ともに考え、活動し、成長する博物館」を理念にしている。だから県民、利用者との「協創」、多様な主体との「連携」をめざしている。

たとえば、「連携」では、鈴鹿市にあるＩＣＤＡホールディングスは多額の寄付をされ事業運営を応援している。この寄付金は博物館の活動の他、スポーツ推進、中小企業の振興に活用されている。このような博物館への協賛企業が約八〇社あるというから驚く。

さて、公文書館機能は平成五年、「公文書館設立に関する検討―第二次報告―」が出されたが、その後ハコ物建設抑制方針が打ち出され計画が白紙となった。平成二〇年に「新県立博物館基本構想」に示す考え方に基づき、同年一二月に「新博物館基本計画」が策定され、その中で新博物館と公文書館の一体化に整備、閲覧、レファレンス機能を取り入れることになった。

したがって三重県総合博物館条例において、第二条四項「公文書館法の趣旨にのっとり、県が保有していた歴史資料として重要な公文書その他の記録を博物館資料として保存し、展示し、及び一般の利用に供するとともに、これに関連する調査研究を行うこと」と博物館と公文書館の二つの機能が定められていることが良くわかる。

具体的な作業としては、①公文書の引き継ぎから選別、保存、公開までの流れの点検　②歴史的公文書に関する法令（規定や条例）整備　③歴史的公文書の引き継ぎ・評価選別・移管作業　④歴史的公文書の保存整理　⑤歴史的公文書の閲覧の実施　⑥県指定文化財の行政刊行物等行政資料の公開作業　⑦閲覧のための情報検索システムの運営などである。特に閲覧については、明治期を中心とした県公文書や絵図、地図約一万二千点、公文書約三千簿冊を対象としている。

総合博物館での公文書館機能といわれるものは、

①県の歴史的公文書はまず期限満了五年以上の公文書を対象に、文化振興課で選別後、博物館に移管される　②行政刊行物の収集　③古文書などの収集・保存・閲覧・展示・調査研究とその発信　④レファレンスへの対応　⑤学習会、講演会、講習会の開催　⑥歴史的公文書等の保存・活用のための市町村等との連携である。

企画展も活発に行われ、平成二八年二月から国立公文書館との共催展「明治の日本と三重～近代日本の幕開けと鹿鳴館時代～」を開催し、約四〇日間で約五千名の来館者があったというから大成功であった。

この企画展では「公文書にみる明治前期の日本」、「鹿鳴館時代の三重」、「県庁に残された明治時代の公文書と絵図」、「こうして三重県と町や村ができた」、「全国展開した三重のできごと」の五章に仕立て、「写真にみる明治」をプロローグ、「明治時代の服装・歴史的公文書ってどんなもの」をエピローグとして、歴史的公文書（公文書館機能）を来場者に身近に感じてもらう演出だった。

取材訪問した日は「ＴｈｅＮＩＮＪＡ〜忍者ってナンジャ？〜」が開催中だった。この展示会、伊賀流忍者の本場で体験しながら忍者のことが学べ、子供から大人まで楽しめるという。たとえば子供向け忍者衣装体験は当日受付可能なイベントで人気なコーナーであろう。この展示による集客が資料閲覧室にまで足を運んでくれることを期待している。次回の企画展は一世を風靡し、地元出身の人気俳優「植木等と昭和の時代」である。言い換えれば「博物館で昭和のエンターテイナーを偲ぶ」であろうか。

その他、歴史的・文化的資産に関する研修会や講習会の実施、歴史資料の継続的な調査とその活用、災害時等緊急時における文化財レスキューにも取り組んでいる。また、県内市町と連携し、歴史的・文化的資産保存活用連携のネットワーク化活動も充実している。

当日事前予約もなく三階の学習交流スペースにお邪魔した。まずは、三重で発見された化石「ミエゾウ」の全身復元骨格がひときわ目を惹く。「三重の実物図鑑」という展示会場では、三重を代表する標本や古文書などの資料を自然分野と人文分野、それぞれの特徴を際立せて展示している。これはまさに「博物館で公文書館」である。三重は歴史資料が豊富にある県なので、公文書とセットで展示できる機会は多いはずだ。

同フロアの資料閲覧室が公文書館の一部でもある。書棚には明治期以降の公文書の複製本がテーマ別に約五三〇冊置かれていた。その一冊から明治一一（一八七八）年九月、津公園（偕楽公園）で開催された内国勧業博覧会に関する公文書を拝見したので紹介したい。

内国博覧会は明治政府が殖産興業の一つとして実施した事業で第一回博覧会は東京上野公園で開催され、その後地方に展開された。京都、大阪、愛知に次いで三重県博覧会として開催された。博物館に行く途中、津駅から徒歩五分の偕楽公園を訪れたが、小高い丘のスペースから博覧会が開催されたとは想像できなかった。以前はもっと広い公園だったのだろうか。

明治九年、内務卿大久保利通に定められた内国勧業博覧会規則（内国博覧会書類　勧業課）と博覧会を祝う物産出展台帳（第二回内国勧業博覧会本目録　三重県　第五区一類〜第六区一類）から鰹節とテングサの出展記録の書かれた複製本を

「三重の実物図鑑」の展示会場

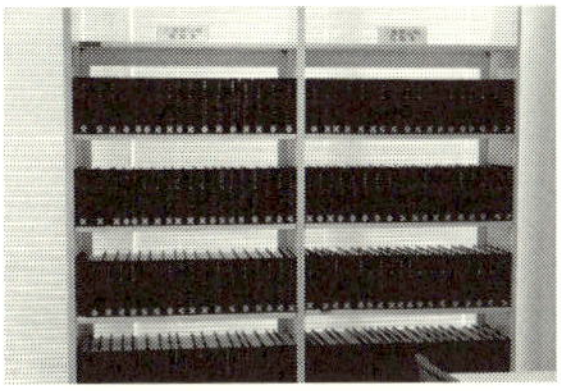
明治期以降の公文書

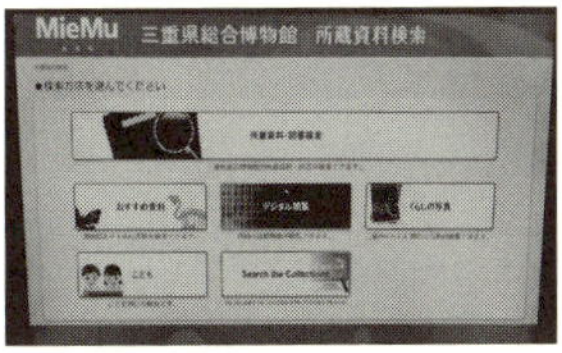

所蔵資料検索システムの画面

明るいレファレンスコーナー

見せていただいた。原本をマイクロフィルム化し、紙焼き製本したものである。規則は県が主催者として実施するにあたり心得るものであろう。また出展は県内の農水産業に従事する方の記録であり、当時の博覧会の様子がうかがえる。その他、手続き書類などが多く保存されている。

全国で八番目となる都道府県有形文化財に指定された三重県行政文書は約一万一千点（明治期以降の県公文書と絵図・地図）、平成六年以降選別された歴史的公文書は約三千簿冊あり、いずれも公開している。その他、行政資料・刊行物、目録データ公開は約三万五千点ある。特に地租改正反対の一揆関係文書は地租が三％から二・五％に改正される契機となった明治九年当時の反対一揆であり、当時の被害状況や鎮圧の動向も記されているとのことだ。

閲覧室の隣に一〇畳ほどの和室があったので、「お茶室かな？」と思っていたら「この部屋では大きな絵地図や陶磁器、掛け軸などをご覧いただくために設けた部屋です」と説明された。

このように三重県総合博物館は博物館機能での歴史的現物と公文書館機能での歴史的公文書の展示が融合し、これからももっと来場者を楽しませてくれるだろう。三重県の子供たちへの絶好の学習場所であり、博物館がますます面白くなってきた。

全国自治体に博物館は多くある。このように複合施設として公文書館機能を追加すれば、充実した展示会も企画できるばかりか、歴史的公文書の評価・選別も併せて行なえるメリットは多いはずであり、ぜひ参考にしたい事例である。

共通基盤で県市町村の歴史を
アーカイブズ

福岡共同公文書館

住　所　福岡県筑紫野市上古賀一・三・一
施　設　文書保存庫二五一六㎡、三階建て
開館時間　午前九時〜午後五時
休　館　日　月・祝・年末年始・整理日
交通案内　JR鹿児島本線二日市駅より徒歩一三分
そ　の　他　所蔵資料　歴史公文書約五万五千冊、行政資料約二万五千点

鹿児島本線二日市駅から徒歩一五分。全面ガラスに覆われた明るい正面玄関の建屋が見えた。ここには福岡県立公文書館と福岡県市町村公文書館の二つの施設が一体化した全国初めての県単位による共同公文書館がある。館内紹介ビデオを見たのち、お話しを伺った。

※

――平成二四（二〇一二）年に開館し、今年で四年目を迎えたと聞きました。まずは公文書館設置の経緯をお伺いします。

福岡共同公文書館　昭和六〇（一九八五）年に福岡県情報公開審議会から「文書館」設置を検討するよう提言がありましたが、厳しい財政環境の中、すぐには具体化しませんでした。平成一七年に有識者である九州大学の先生などから福岡県に、また翌年には県市長会と県町村会に公文書館設置の要望書が出されました。県と市町村を一体化させる案は単独より共同で運営する方が経費面で削減できるとも考えたからです。そこには県が昭和六一年から歴史的価値ある公文書の選別保存を開始していたことも追い風になったのではないでしょうか。

――県内の自治体との共同の公文書館ということですが、それまで福岡県内には公文書館はなかったのですか。

福岡共同公文書館　いえ、政令市の北九州市では平成元年に開館した単独館があり、福岡市は平成八年、総合図書館の中に公文書館機能を加えましたので、県内の自治体にはすでに二館ありました。

――平成一七年に町村合併がありましたが、それも共同館構想の理由だったですか。

福岡共同公文書館　公文書館がないのは県内五八市町村でしたが、やはり町村合併それ以前の昭和の合併で旧町村の公文書が紛失したことがあったのも公文書館設置への理

由です。

――そこで基本計画に参加するなど五八自治体の首長の足並みが揃ったのですね。

福岡共同公文書館　当然、市長会、町村会に事前の根回しもあり、各会長には積極的に協力いただきました。

――平成二一年に市町村公文書館の運営を福岡県自治振興組合に決めていますが、この組織は公文書館設置のために設立されたのですか。

福岡共同公文書館　元々は市町村職員研修のために設立した組合で、昭和五七年三月、当時九七自治体が参加して設立した一部事務組合です。事業内容は市町村職員の研修、採用試験の共同実施、市町村の振興に関する調査研究と資料取集などでしたが、平成二一年度からは福岡市、北九州市を除く五八市町村の歴史公文書等の保存・供用、公文書館の設置・管理運営に係る事務を行っています。まさに格好の受け皿だったわけです。

――公文書館の建設費は五八市町村で分担されたのですか。

福岡共同公文書館　実は宝くじの益金を活用しています。福岡県自治振興組合は福岡県市町村振興協会から一〇〇%の助成をいただきました。この協会は各市町村へ益金を再配分する組織です。宝くじの益金の一部が福岡県を通じて市町村振興協会に入ってきます。そこで施設の利用面積を按分して、六割は福岡県自治振興組合、四割を福岡県が負担し共同公文書館は実現しました。市町村は一切負担していません。

――では文書庫もその割合で?

福岡共同公文書館　文書保存庫は全部で七つありますが、二つは県、五つは福岡県自治振興組合の持ち分となっています。

――維持費はどうされていますか。

福岡共同公文書館　年間の維持費は県と組合で五〇%ずつ折半します。いったん県が全額負担し、年度末に精算して組合から県に支払います。維持費も五八市町村は全く負担のない仕組みができたので公文書館建設はスムーズにスタートできました。

――なるほどそうして開館したわけですね。昨年、建築賞を受賞したと聞いていますが。

福岡共同公文書館　一般社団法人公共建築協会から「地域特別賞」を平成二八年六月に受賞しました。これは当館が優れた建築物に加え、県と市町村が共同で設置・運営を行う全国に類を見ない公文書館として機能している点などが評価されました。

――さて話は変わりますが、五八の市町村から公文書が移管されるについて何かルール化しましたか。

福岡共同公文書館　当館では明治期以降の公文書を対象としています。それ以前の古文書などは各自治体の専門施設や歴史編さんの部門で保存されているようです。特に複雑なルールはなく、市町村側で一次選別をしてからここへの移管をお願いしています。

――共同公文書館が開館した後、各自治体では文書管理方法に変化がみられましたか。

福岡共同公文書館　各市町村では公文書館への移管を文書管理規程に入れました。また国や県では一般的に保存年限は最長三〇年が主流になっていますが、県内では未だに保存満了期限に永年があります。そこで永年保存文書は一〇年毎に見直して、現用から非現用文書にして当館に移管いただくことをお願いしています。福岡県では三〇年を超えたら公文書館へ移管するルールがありますが、市町村でこのルールを適用しているところは少ないですね。

――ということは自治体側にも公文書管理の見直しが必要で、研修などが必要になりますね。

福岡共同公文書館　今では年に二回当館への移管についての説明をしています。市町村の担当者も代わるので、毎年五月に担当者向け研修、二月には文書担当課長（総務課など）研修を実施しています。

――市町村からの移管のスケジュールはどのようになっていますか。一般的には六～七月頃と聞きますが。

福岡共同公文書館　福岡県の場合、移管公文書数が多いので移管時期は決まっています。また保存期限三〇年文書とそれ以外の文書が年二回搬入されます。一方、市町村からは不定期で移管されます。各市町村の総務課は仕事量も多いので決まった時期に作業ができません。したがって年間を通じて不定期になるようです。

――毎年市町村から移管される量はどのくらいですか。

福岡共同公文書館　毎年三千から四千冊です。移管のリストも添付されています。選別基準マニュアルがあっても実際に一次選別が難しい、また作業時間もないという市町村もありますのでこの場合、選別に迷ったらとにかく移管することをお願いしています。しかし移管の実績数は当初の予測に比べて少ない状況です。毎年必ず廃棄があるはずなので移管されても良いのですが。このようなケースの場合、現地へ廃棄文書の選別の指導も行っています。

――きめ細かい配慮ですね。

福岡共同公文書館　市町村では「何かあったら困るので」という理由で手元に置きたいという気持ちがあります。当館は一部事務組合という別組織であることも理由ですが、距離的に遠い場合もあり、直ちに取りに行けないなどの理由により移管が進まないという課題もあります。

――三〇年間で八〇万冊の受け入れ可能な施設と聞いていますが。

福岡共同公文書館　現在は約八万冊を保存しています。そのうち、約五万五千冊が歴史公文書、残りは行政資料です。

――公文書の検索システムについてお話し下さい。館内紹介ビデオにもありましたように、バーコード技術を上手く利活用されていますね。

福岡共同公文書館　移管された公文書は一点ずつ新たに公文書館のデータベースに入力しています。バーコード利用は当初からシステム開発されました。文書保存庫の仕切りをせずに順次文書箱を入れ込むメリットがあります。市町村ごとに場所を設定したら非効率です。したがって公文書、文書箱、書庫棚にバーコードが貼付されています。

――公文書の劣化対策はどうされていますか。

福岡共同公文書館　マイクロフィルム化を実施し、専用フィルム保管庫で管理しています。また撮影業務はカメラを持ち込む委託業務で継続的に進めています。特に感熱紙など劣化の進む公文書を中心に撮影しています。またデジタル画像化にも取り組んでいます。二年間で約五千コマのデジタル化した歴史公文書を公開しています。

――展示会も定期的に開催されていますね。

福岡共同公文書館　まず当館の存在を知ってもらうための展示会を考えています。常設展では「公文書にみる福岡一四〇年のあゆみ～福岡県誕生と市町村合併」を開催中です。平成二七年七月には「百道松風園～終戦と子供たち」をテーマに終戦後の引揚孤児収容施設の設立から孤児等の保護活動の記録、資料（名簿、日誌など）を紹介しました。博多港は引揚げ港だったのでこのような施設がありました。当時の職員だった方も来館され感慨深く見られていました。平成二七年度の来館者数は三千名を超えました。

――最後になりますが今後の課題は。

福岡共同公文書館　課題は三点あります。まず受け入れ先の拡充です。知事部局からの公文書は移管されていますが、人事委員会、労働委員会などからの移管・受け入れを、また移管が進んでいない自治体に対して公文書管理に取り組むように現地に出向き、移管のお願いをしないといけません。二点目は保存公文書のデジタル・アーカイブを促進し、ホームページで公開したいですね。当館を知っていただき、来場者を増やしたいと思います。三点目は人材育成です。開館四年目なので調査研究することはかなりあります。評価選別や利用普及の調査などを全員でやっていこうと考え、国立公文書館の研修などに積極的に参加しています。

移管された文書は評価選別室へ

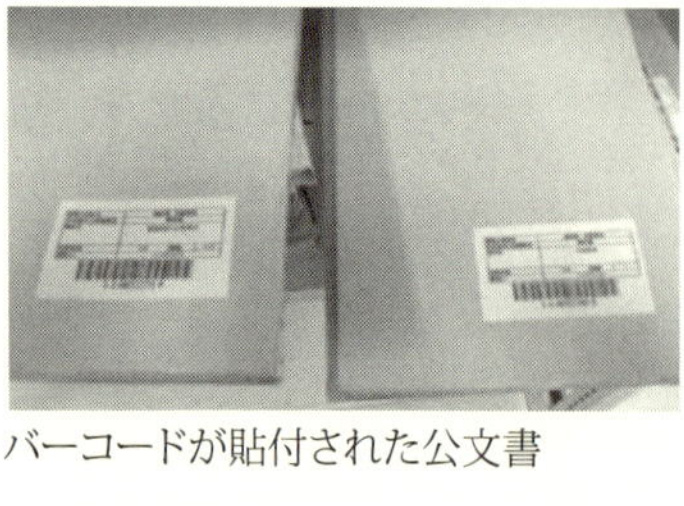

バーコードが貼付された公文書

●インタビューを終えて

今回、県単位のオール市町村をアーカイブズできる共同公文書館は初めての取材であった。伺う前に公文書館の建設資金や運営費がどのように工面したか興味を持っていたが、聞きなれない「福岡県自治振興組合」が建設から運営まで支援していたとは知らなかった。

こうした組合はそもそも地方自治法第二八四条に「地方公共団体の組合は、一部事務組合及び広域連合とする」として相互に関連する事務を共同で処理するためものである。たとえば広域清掃や電算システムの共同開発利用、最近ではクラウド利用を一部事務組合で調製している自治体も見受けられる。

実際、福岡県自治振興組合規約第一条において、市町村職員研修の他に「歴史資料として重要な市町村の公文書等の保存及び供用並びに市町村の振興に寄与する事業を行うこと」が追記され、施設の実施設計が着手された平成二一（二〇〇九）年度に規約を改正した。

規約第一五条の収入には、公営競技収益金均てん化拠出金、市町村振興宝くじ収益金、関係市町村負担金などと定められ、安定した収入が確保されていることがわかる。したがって税収入の増減によって公文書館が事業仕分けされることはないだろう。公文書館未設置の府県にとって、このような一部事務組合と宝くじ収益金を利用した手法は参考になるはずである。

各市町村の共通の課題としての「文書庫の狭隘化」、「災害時対策」、「老朽化による庁舎建替え」などを解決するために共同公文書館が利用される範囲は多いと思われる。だからこそ開館から四年目を迎え、市町村担当者への定期的な研修や未だ公文書館を理解いただいていない市町村に出向いての指導などきめ細かなサービスを実施している。

特に平成二八年四月に発生した熊本地震を契機に共同公文書館の利用が促進された市町村もあるだろう。確かな行政マネジメントには公文書による説明責任は不可欠で、そのために共同文書庫の利用需要は必ずあると思われる。したがって自治行政経営という大きな視点で利用促進の説明も大切である。

それに関連して、この館の基本構想検討委員会委員長を務めた大濱徹也筑波大学名誉教授は「公文書館に移管される記録資料を『非現用』という言説で把握してきた旧来の評価選別論に対して、公文書館に移管後も行政運営に資するものとして活用される『半現用』であることを示唆しております。廃棄された『非現用』文書を収集するだけの蔵であるかぎり公文書館等に明日を期待できないのではないでしょうか」（福岡共同公文書館だより第一号　平成二五年三月）と述べ、公文書館のあり方並びに公文書に対する住民と行政の利活用を示している。

今後は一般利用者の増加のために、魅力ある展示会と五八市町村が利便性を感じる行政利用、たとえば移管された後の公文書のサポートも大事で、必要に応じてデジタル化による迅速な送信などのスキャンニングサービスも考えられるかもしれない。また、〇周年を記念した市町村のイベント企画や展示会の支援も必要になるだろう。夢のある、またやりがいのある課題も多く、これからが楽しみな福岡共同公文書館である。

広報紙「館のだより」に、市町村から移管された公文書の選別会議実施状況が記載されている。平成二七年度は二〇市町、平成二八年二月から七月までが一二市町と報告されていた。この記事は館職員の第二次評価・選別の熱意が伝わる一方、今後市町村数が増えていくのも楽しみな報告である。いずれにせよ五八市町村が福岡共同公文書館利用のメリットを感じるにはもう少し時間が必要かもしれない。

地域性に富み趣向を凝らした展示

公文書館から見えてきたこと

公文書館が面白くなってきた

いきなり「文書館でルーツを探そう」といってもよくわからないが、「アーカイブズで先祖―ファミリーヒストリーのススメ―」のテーマで平成二八（二〇一六）年一〇月三〇日、一〇周年記念シンポジウムを開催したのは神奈川県寒川文書館である。当日参加できなかったので後日資料をいただいた。

「日本のアーカイブズで家系調査は可能か」、「江戸時代寒川町域の苗字について」などの講演だけでなく、文書館利用者からの「私の先祖調べ実践レポート」もあり、とかく文書館では堅苦しい講演会が多いが、今回は身近なテーマの楽しい講演会だったと想像する。このアイディアが文書館と町民の距離をぐっと縮めている。ここには収集した高野山・高室院文書の歴史資料が多くあり、そこから苗字の歴史探しもできるらしい。

千葉県の記憶を初めて写真に収めたのは、明治七（一八七四）年に写真館を開業した豊田尚一である。彼を紹介しながら写真師たちの撮った「写真に見る、明治時代の千葉県」は平成二八年一〇月から千葉県文書館で紹介されていた。今の町と比較するのも楽しいものである。そして長期間の確実な記録はアナログ写真に勝る媒体はないことも感じた企画展である。明治期の模範村といわれた源村を初めて知り、興味をもって調査のきっかけを頂いたのは、ここ千葉県文書館である。

明治五年の銀座大火の後、道路を拡張し、勝手な再建を許可せず、「銀座赤煉瓦計画」を推進した人がいる。明治維新後、「五箇条の御誓文」の草案や明治政府初の紙幣「太政官札」発行にも関わり、明治四年七月、東京府四代目知事となった由利公正（ゆりきみまさ）とその時代のことを紹介したのは平成二八年一一月の東京都公文書館である。福井藩の財政再建から知事になった由利の足跡を知るのも面白い。結局、英国ロンドンのリージェント通りをモデルとした銀座赤煉瓦街は関東大震災で壊滅してしまった。

話は前後するが、平成二七年一〇月、「サツマイモとお茶」など埼玉の食べ物の歴史が見られる展示会があった。題して、「ＳＡＩＴＡＭＡ食べものヒストリー～行政文書が語る食文化～」である。その中には大正時代に県の奨励品種となった「川越イモ」や明治二二年、来日した米国グランド大統領に献上した静岡県と品質を競い合っていた「狭山茶」の紹介もあった。しかし、戦後の食糧事情の悪化によって茶畑からサツマイモ畑に変身した事実も見逃せない。その他、埼玉新報に掲載された明治三九年のクリスマスケーキ販売広告も県民の食の洋風化を紹介した。このようなテーマも埼玉県立文書館だからこそ企画できた。できれば、同時に川越イモの試食会も欲しかった。このように豊富な材料のある公文書館の展示会には味がある。

話は公文書館からそれるが、平成二八年一一月開催の「江戸からたどるマンガの旅」は約二三〇年の旅をしながら今に至るマンガの歴史に興味をそそられて東京都日比谷図書文化館を訪れた。マンガは江戸時代の戯画から出発したという。鳥羽絵から明治期の錦絵に至る表現技法は味わいがある。ここには「千代田に見る都市の成立と展開」も常設展示され、豊富な歴史素材で千代田の古代から今を伝えている。千代田区には公文書館はないので、公文書館機能を付設すればいいと思うのだが。

そういえば「文京むかしむかし黎明編」を開催した「ふるさと歴史館」の文京区や市立博物館で文化財が語る地域の歴史、「ふるさとのたからものみつけた！」の入間市にも公文書館がないのは残念である。

たとえば、こんな話もある。文京区では数年前の区史編さん委員会の中で、「文京区には公文書館のような施設があるのか」の質問に対し、「きわめて重要な資料については永久保存しているが、（保存）一〇年程度で廃棄してしまっているものが多い。昭和四〇年代以前のものについては少し力を入れて探していく必要がある」と担当課長が反省気味に答弁している。

せっかく歴史館があるのだから行政文書の保存と公開に力を入れ、ここを有効利用する必要があると思うが。結局、良く見られるケースだが公文書管理担当の総務部門と歴史文書保存担当の教育委員会がそれぞれ縦割り組織の弊害

展示会開催案内チラシ
（約６０枚も貼ってある）

かもしれない。

　上図は各地のアーカイブズから東京府中市の「ふるさと府中歴史館」に送られ、掲示板に貼られた展示会開催案内チラシである。様々なテーマがあるものだと感心しながら眺めていた。約六〇点の案内には「公文書館」の開催は見つからず、歴史ミュージアム、資料館、博物館などの主催によるものだった。

　このような施設に公文書館の機能を追加すれば、さらなる公文書館普及への一歩にならないだろうか。そうなれば暮らしの中から公文書を通じてもっと面白いものが見つけられるかもしれない。

公文書館とまちづくり
望まれるアーキビストの資格制度

バラマキの交付金―商品券

平成二六（二〇一四）年度補正予算で四二〇〇億円の交付金が全国自治体に配布され、その結果、独自の発想に乏しく「金太郎あめ的なばらまき」でもある「プレミアム付き商品券」が全国的に企画販売された。たとえば神奈川県の場合、一万円券を五千円で購入できる旅行券が平成二七年七月三日に販売され、わずか開始二分で一万五千枚が完売になった。「地方創生の基本案」が報じられた時、読売新聞の社説（平成二七年七月五日付三面）では「自治体が自ら活性化策に知恵を絞る。政府はこれを吟味し後押しをする。両者が緊密かつ実効性ある連携が求められる」とし、さらに「地域の実情に応じた移住先の拠点作りを効果的に支援するため、交付金の制度設計に工夫をこらすことが大切である。（中略）新型交付金を、こうした従来の交付金の『焼き直し』にしてはなるまい。政府は、新型交付金の趣旨をきちんと説明し、自治体の意識改革を図るべきだ」と提言している。

言い換えると「実効性確保を可能にし、自立性、将来性、地域性、直接性、結果重視の原則を満足する地方創生戦略」の基本を自治体の首長は理解しなければならない。そして将来的な介護体制を改善する「日本版ＣＣＲＣ」構想、人口減少対策、企業や政府機関の地方移転などの具体的な施策を練り、目標設定と実績検証を重ねながら地方の雇用と活性化をめざすことを目的としている。

読売新聞への投書と地方創生へのシナリオ

いくつかの公文書館を取材するなか、「地方創生」のアイディアの一つに「公文書館の設置」が雇用創出やまちづくりに寄与できないかと考えるようになった。そのことを平成二七年七月二二日付読売新聞に投書として掲載していただいた。タイトル「公文書館で地方創生」で一八〇〇字からわずか三〇〇字程に上手くまとめてくれた文章を紹介したい。

「政府が、二〇一六年度から自治体への新型交付金を創設することを柱とする地方創生の基本方針を決定した。そこで、地方創生事業の一つとして、各地域の歴史的公文書を保存・公開する公文書館の設置を提案したい。こうした施設があれば、公文書のデータベース化や資料の老朽化防止に役立つばかりでなく、デジタル技術を応用した設備投資や施設管理のために、多くの雇用を創出することができるのではないだろうか。廃校舎や古い施設を利用すれば、費用は安く抑えられるだろう。まち・ひと・しごと創生法の基本理念の一つは国・地方公共団体・事業者の相互連携と協力だ。三者の協力によって、地域住民の共有の知的財産である歴史的公文書を未来に引き継ぐことを期待している」と主張し、とりあえず自らの発想だけは全国紙から発信できた。

では筆者の描いたシナリオを具体的に説明しよう。たとえば、平成一七年、「平成の合併」に伴って収集した公文書などが手つかずにそのまま保管の自治体が少なくないと聞く。そこに整備に改善の余地があり、それだけでなく通常発生した公文書を対象に保存期間満了後の整理・評価・選別作業や作業後の保存整備、歴史的公文書のデータベース化、公開のためのデジタル化などの作業には人手が必要となり、地域に雇用を創出する。そして保存された歴史的公文書は学習教材や地域住民の学習機会だけでなく行政の説明責任と職員の利活用の向上、結果的には行政マネジメントの基盤形成につながるはずである。そして作業場所や保存施設として公文書館（歴史資料館、歴史ミュージアム、アーカイブズなど呼称は様々だが）の設置が必要になり、この施設が完成すれば街の歴史を記憶できる永続的な事業が可能になる。

この考えに関連して、日本図書館協会は平成二八（二〇一六）年八月に全国一〇四九の自治体から得たアンケート調査の回答によると、少なくとも四九七の自治体にある公共図書館で地域振興や街づくりを目的とした事業を実施していることがわかった。図書館が独自に創意工夫をして、その魅力や連携と活用方法を伝えている。たとえば図書館が農家と消費者の交流事業や農業に関するデータベース化、育児中の女性向け就業相談会、シニア世代向け起業やボランティアに関するセミナーなど多種に及ぶ。同協会の森茜理事長は「文化は地域の活性化なしでは育たず、地域経済も文化なしでは活性化しないことに自治体と図書館の双方が気づきつつある」と語っている。（平成二九年一月一六日付　産経新聞）

この発想を公文書館に置き替えてみれば、筆者の論ずる「公文書館と地域が連携する地方創生戦略」に少しは現実味が帯びてこないだろうか。公文書館数約七〇の少ない今だからこそ戦略モデルを構築したいと思う。

観光資源と提携した公文書館

地方の持つソフトとハードの歴史遺産の保存・公開の組合せで何かできないだろうかと考えた。ハードは地域のある歴史的遺跡や建築物などのアピールと観光化であるが、ソフトは残された古文書や歴史的公文書の保存・公開、セミナー、各種講座を企画し、住民の知的財産を守ることである。そうであれば保存・公開する施設としての公文書館が豊かな歴史のある地方を活性させる拠点になれないだろうか。またすでに郷土資料館が存在していればその一部を歴史観光地近くに移設し、ハード事業と連携できないだろうか。

とかく観光事業ばかりに目が向くが、それを支える歴史情報施設はその街の変遷を伝える必要もある。したがって公文書館の設置論だけでは地域は盛り上がりようがない。観光資源との抱き合わせが地方創生の提案に必要である。つまり公文書館設置と地方創生ムーブメントを考えた時、情報拠点を作り、複合的に観光事業と連携しなければ雇用創造やインパクトのある地域経済の活性化にならないことがわかった。

地方創生加速化交付金の対象事業と活用事例

平成二八年三月、内閣府は「地方創生加速化交付金対象事業の決定について」という文書を発行し、一億総活躍社会の実現に向けて緊急に実施すべき対策として、先進的な取組の円滑な実施を支援することを趣旨に、「しごと創生」、「地方への人の流れ」、「働き方改革」、「まちづくり」の四分野について総額九〇六億円、約二〇〇〇件の事業を決定したと報じた。

行政にとって創意工夫がしやすく、使い勝手の良い補助金の様だが、日頃から企画力を磨いておかないと乗り遅れる危険性もある。市町村に申請依頼が来ても締め切りまでの時間は十分あるとはいえず見送ってしまう自治体も出てくる。以前活用された緊急雇用交付金制度は、利用する事業が創造できず担当者は頭を痛めていたことを思いだした。「該当なし」でパスが多かったという。今回もその二の舞にならねばいいかと思い調べてみた。

内閣府地方創生推進室が平成二八年三月発表した「地方創生加速化交付金の交付対象事業における特徴的な取り組み事例」では「ローカルイノベーション」、「農林水産業の成長産業化」、「観光振興」、「地方移住・人材育成」、「生涯活躍のまちの推進」、「働き方改革」、「まちづくり」、「小さな拠点」が主要なテーマでまさに地方創生キーワードのデパートだ。

事業の期待される効果は「地方における安定した雇用創出、地方への新しい人の流れ、まちの活性化など目に見える地方創生の実現に寄与」としている。したがって一億総活躍社会においても「希望を生み出す強い経済」を目標とするので多角的な政策が必要となる。そして今回の上限が一〇〇〇億円なので余った九四億円は不採択になった自治体などに第二次分として交付予定であると報じられた。一市町村あたり最大八〇〇〇万円とし、ソフトが中心でハード事業はその五〇％以内とし、地方自治体の人口減対策が基盤になっている。

たとえば三重県は全体で一八億円（事業数七二）、県単独でも七億円にのぼり、知恵を絞った結果が交付金対象事業に認められた。その中で「忍者のマーケティング・セールス推進事業」は県以外に伊賀市、小田原市、長野県、上田市など一〇団体とのコラボで一億二五〇〇万円も獲得した。忍者ゆかりの地の連携による訪日旅行客の更なる誘客に向けた観光振興を狙いとして「日本忍者協議会」が主体となって忍者地の訪問マップ作成やオリジナルグッズ開発など企画している。このような企画で失敗するケースが多いのは、一〇自治体が責任のなすり合いで機能しなくなった時である。または当該協会がリスクを恐れて丸投げもあるかもしれない。外注加工費としてのパンフレット作成費だけでもおいしいビジネスかもしれない。しかしどうも全体のイメージがつかめない。

考えてみれば、訪日客の全員が忍者を好むわけでもないし、また円安になれば勢いがなくなる海外観光客だけに日本人観光客も対象にしないと長続きしないだろう。いっそのこと廃校舎を忍者屋敷に改築し、忍者の格好で鬼ごっこのような遊びをして、それをチーム別に参加させ、全国大会規模に盛り上げる手法もありそうだ。一億円を超す予算の使い道を知りたいが、忍者だけに「煙に巻かれること」なく、対投資効果をも期待している。

別の事例を紹介しよう。神奈川県松田町は「松田スタイル」の確立に向けて、暮らしのイメージを掲げた。それは基本目標の実現のために「松田創造プロモーション」として「地域・暮らしのプロモーション」、「創成活動のプロモーション」が支援する構図ができている。

大まかな基本目標は、独自性もなくどこにでもあるものだ。たとえば「住んでみたいまち」、「子育て支援の充実したまち」、「クリーンで賑わいのあるまち」、「生きがいと観光と雇用創出のまち」など町の将来像を描いているがどうも具体性に乏しい。その町の交付金を獲得した事業は「愛犬との共生が癒しと賑わいを創出する里づくりプロジェクト」であり、五か月間で交付金七七〇〇万円を利用し、その五〇%を使って愛犬家に喜ばれる施設のリニューアル、言い換えれば町内にある特定インフラの再整備が目的のようで、この町の基本目標に直接的に合致しているように思えない。町内で地方創生フォーラムなどを開催、論議して、町民参加型の拠点づくりをめざした事業であって欲しい。

この事業、具体的には「愛犬家も幸せになれるようなオンリーワン産業を松田町の寄（やどりき）地区に誕生させることで、（中略）やどりき癒しの里を創出する」が目的で公募型プロポーザルを経て選ばれた企業に実現を託すことになる。

犬が事業の柱なので「オンリーワン」は洒落のようだ。平成二九（二〇一七）年度以降のランニングコストはどうなるか心配だ。そのためには、できれば利用者が地元に落とすお金で運営費が賄えられるような仕組みが必要だ。選ばれた委託先企業は将来的には町の年間運営予算がイコール「売り上げ」と予測するが。

このようにいくつかの事例を見てみたが、地域に密着した観光を軸にし、歴史的財産（施設、古文書、公文書など）を活用しての地方創生事業は提案できないのだろうか。歴史文書を保存・公開する施設としての公文書館の設置は、組合せによっては的はずれな事業とは思われない。プレゼンがしっかりしていれば交付金獲得にパスできそうな感じもするが。

地域レガシーの活用と公文書館

そこで街の歴史や文化をテーマにした観光事業で交付金を得た事業がないかと調べた。新潟県上越市は地方創生加速化交付金を利用して「城下町高田の歴史・文化をいかした『街の再生』―コンパクトシティによるまちづくり」を計画した。その事業費約四九〇〇万円（交付金約四二〇〇万円）であり、「城下町高田街なか居住促進や景観づくり推進事業」、「街なか回遊促進事業」で構成され、その他に「歴史・文化遺産の活用方策、中核となる歴史的建築物や拠点エリアの整備構想などを取りまとめた事業推進計画などの策定（企画調整費）」として約九九九万円（交付金約四九九万円）の事業費を平成二八年六月議会で提案した。この「歴史・文化遺産の活用方策」に交付金が利用できるなら、方策の一つとして公文書館設置にも利用できるはずである。

すでに上越市には公文書センターがあり、資料整理ボランティアに支えられて高田藩記録や指定文化財となっている福永家文書などホームページ記載の目録だけでも約七万以上の貴重な歴史文書を保存している。おそらく一〇万点を超える歴史公文書類があるに違いない。街なか回遊地域内に、これらの貴重な文書を一部移設し、公開するミニ展示館ができないだろうか。あるいは施設をリニューアルするための交付金が利用できそうなので既設公文書センターの改築も実現できそうだ。

その他、観光ルートに関連付けられる歴史文書を紹介するなどスタンプラリー押しも含め企画してみてはどうか。たとえば明治期建築の記念すべき建屋があれば、それを改装して歴史文書の展示館としてもいいだろう。つまり交付金を利用するなら公文書館設置にこだわらず公文書から街の歴史を紹介する取組みの方が理解されるはずだ。

そこで公文書館もしくはその機能を有する施設（歴史資料館、歴史ミュージアムなど）が設置されたらどんな雇用が生まれるのだろうか。改めて歴史文書の収集と公開をめざすとすれば、以下の業務が考えられる。

・資料整理、公文書目録整備及びデータベース作業

・劣化資料の補修及び修復作業

・文書、資料のデジタル化作業や長期保存のマイクロフィルム化

・学習教材の提供や展示会、各種講座の開催
・将来的には歴史的公文書の評価・選別者（アーキビストなど専門職）の育成

公文書館を設置するには、既設施設や廃校舎などの再利用は不可欠であり、また既設の図書館や歴史資料館に公文書管理用のスペース増改築も考えられる。

廃校舎利用の場合、五年間の事業計画で一文書館あたり予算規模約五千万から一億円と試算した。展示室と保存書庫などの工事、外部からの運営指導などが含まれる。雇用者は三名から五名とし全国三〇〇ヶ所位はどうだろうか。まち・ひと・しごと創生法案の基本理念にある「国・地方公共団体・事業者が相互に連携を図りながら協力」するよう努めれば決して不可能ではない。地方創生事業で地域住民の共有知的財産である歴史的公文書を未来に引き継がなければならない。

第二次補正予算と平成二九年度予算

内閣府が担当する関連事業に安心して働ける政策実現の事業として「地方創生推進に関する知的基盤の整備」がある。これは平成二八年一〇月、第二次補正予算において、地方版総合戦略に基づいて地方自治体が地域の施設整備などを行うための地方創生拠点整備交付金九〇〇億円を含む約二六四五億円が決まったことによる。

実はこの「知的基盤の整備」の主体は地域の歴史が学習できる公文書館ではないか。また厚労省が担当する「地域活性化雇用創造プロジェクト」は、この事業を支える人々が安心して働ける雇用の創造の場をも提供する企画ではないだろうか。

全額補助金ではなく、総事業費五〇％の交付金であるが歴史的文書の保存に取り組みたい地方の首長にとってみれば朗報である。また全体で事業費の二〇％までなら効果促進事業としてソフト面での投資にも利用できるのはありがたい。

内閣官房の発表では、事業概要と目的は地方の事情を尊重しながら施設整備等の取り組みを推進するための交付金の創設であるとし、ローカルアベノミクス、地方への人材還流、小さな拠点形成などに資する未来への投資の実現につながる先導的な施設整備を支援し、従来の縦割り事業を超えた取り組みをめざすものである。事業の具体例の中で、日常的な活動の場として機能する基幹的な拠点施設の整備の中に廃校舎や旧役場の改修も含まれ、廃校舎利用の公文書館建設も当てはまりそうだ。しかし、五〇％の補助金なので、地域の歴史保存と公文書を対象とした知的拠点づくりを検討している地方公共団体が総事業費の半分の予算獲得するように頑張ってほしいものである。

福岡県福智町に完成した図書館・歴史資料館の事例―「地方創生」と「ふるさと納税」「ふくちアーカイブズ」をめざして

福岡県の東北部にある田川郡福智町は平成一八年三月にかつては財政再建団体に指定された赤池町、金田町、方城町が合併して誕生した。人口約二万四千人の自然豊かな環境に恵まれている。ここに「まちづくりの拠点となる図書館・歴史資料館」が平成二九年三月に小規模自治体のモデルとして完成した。今まで町に図書館はなく、旧赤池町庁舎の跡地利用として複合的な機能をもたせた施設である。

ここ数年、図書館の機能や役割が教育、文化だけでなくまちづくりをもサポートするケースが多くみられるが、福智町の場合は歴史資料館も併設した「交流拠点化」をめざす施設としている点が注目された。交流拠点とは町民がお互いに尊重しあい、町を支える主体者を育てる場でもあるかもしれない。

建築段階から町内の三つの中学校の生徒会を中心に図書館、歴史資料館づくりプロジェクトに関与することを決め、建築家、デザイナー、アドバイザーと合同で愛される施設をめざし、合宿まで行ったというから驚く。町民参加とはまさにこのことだ。これは施設づくりだけでなく、町の未来づくりでもある。

施設を担当した建築家・大西麻貴氏は「中学生がすごいのは、自分たち若者のことだけでなく町全体のことを考えているところ」と語っている。完成に向けたキーワードは「町民参加」、「リノベーション」、「若手設計者の起用」

と町では言っているが、「地方創生」も不可欠なキーワードではないだろうか。

福智町の平成二七年度交付金による地方創生事業は八件で総額約八五〇〇万円、今回の交付金における事業名称は「多世代交流・多機能型拠点（小さな拠点）整備事業」である。ここに七二〇万円が投入され、館長の公募やワークショップの実施などソフト基盤整備に利用されたようだ。今後も充実をめざし追加交付金も期待しているらしい。

では建設費はどうしたのだろう。実はふるさと納税でなんと約五万件で一億円を超える額が寄付された。当初、町は目標一千万円だったのでまさにサプライズ税収だ。しかも前年比五〇〇倍という伸びを示した。山に囲まれても町の魚市場に玄海灘から上がった鮮魚類が直送される仕組みがあるのが心強く、町の知名度がなくても町内生産者は創意工夫の結果、品質にこだわり福智町産ブランドを一五〇種類も用意したというから凄い。おそらく集まった税の一部で「交流拠点」施設を誕生させたにちがいない。

ここでお願いしたいのは、おそらく三町合併でこれまで集積された町の古文書、行政文書の保存状況調査である。かつては三菱方城炭鉱のある炭坑町を含む地域だが、財政難の時代が続いていた地域である。明治二二年の町村制が導入されても、どこかの村に歴史文書は保存されているはずである。たとえば、かつて炭鉱産業で賑やかだった町、閉山で元気を失くした町などを語る公文書があるだろう。ぜひ歴史資料館でそれらを保存・公開し、併せて新生・福智町になってから一〇年経過したので一〇年保存文書も見直し、発生から歴史的公文書保存までを改めてルール化し、ここに公文書館機能を備えて欲しい。たとえば永年保存文書は三〇年保存に変更するなど思いきった施策も可能だ。図書館・歴史資料館と「ふくちアーカイブズ」で完璧な多機能拠点の完成だ。

この館内では歴史的公文書の整備・修復作業、目録づくりからでデジタル化、展示会など各種業務を用意し、町の施策に記載された基本目標「福智町にしごとをつくり、安心して働けるようにする」に見合った雇用数値目標五年間で一〇〇名と五年間で五事業所創業の達成を

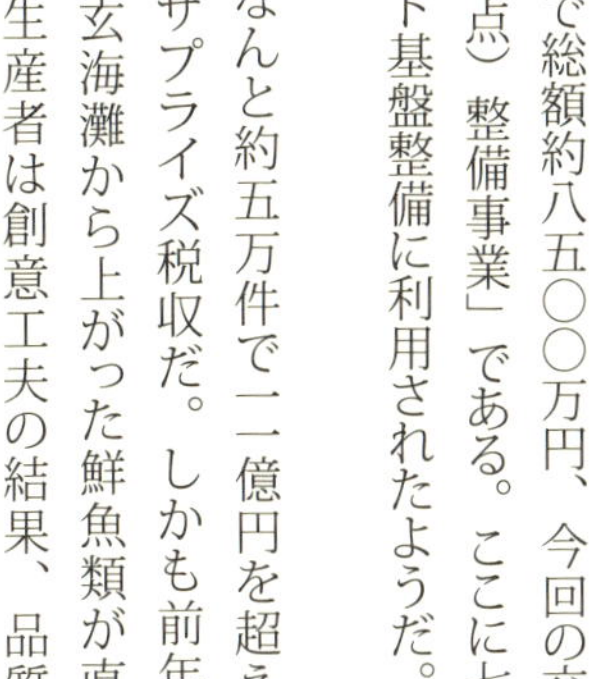

福智町本庁舎

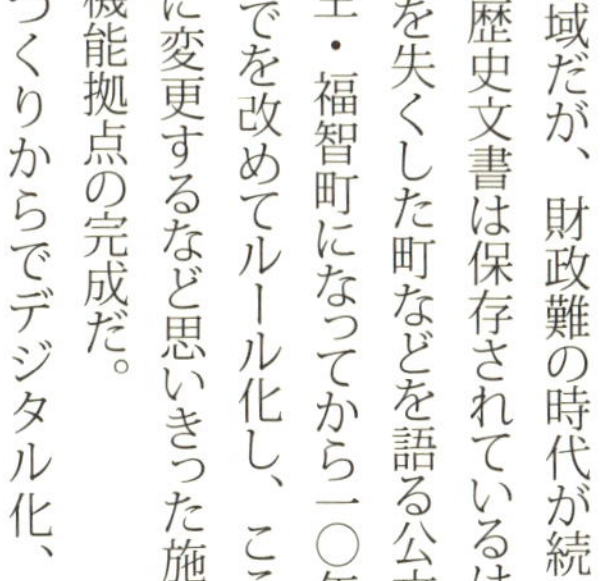

図書館・歴史資料館になった旧赤池庁舎

めざそう。

そうなれば過去から未来が見え、みんなが足を運ぶ素晴らしい交流拠点が完成する。町のこと、学校のこと、家のこと、友達のことなどの歴史がここから見られ、実現できれば全国的にクローズアップされるだろう。福岡県には共同公文書館があるが、福智町に限っては独自にこの事業を創造していただきたい。

静岡県藤枝市、図書館とシネコンが同居
リース会社が仕掛ける官民連携で地域アーカイブズをめざそう！

大和ハウスグループの大和リースは静岡県藤枝市と連携し、移転した市民病院跡地を利用して図書館と映画館、店舗を同居させ、市民のにぎわい拠点づくりをめざした。この事業は国から「戦略的中心市街地商業等活性化支援事業」の認定を受け、経費の一部を補助金から得た。

総事業費四〇億円、大和リースが土地を二〇年契約で借り受け、地代を払い、藤枝市は同社に賃借料を支払う仕組みで平成二一年二月、「Ｂｉｖｉ藤枝」をオープンした。図書館は三三〇〇㎡のスペースに蔵書三〇万冊を擁する規模である。まとまった広さがある跡地利用にショッピングモール構想はどこでも聞くが、シネコンと図書館のコラボは珍しい。たとえば、図書館で映画の時代背景などを調べてから観るのも悪くはない。

来館者は人口約一五万人の町だが、年間一六〇万人が来場し、内図書館に四四万人、来館者のおおよそ四人に一人が図書館に足を運んだことになる。藤枝市には郷土博物館・文学館があるが、公文書機能はないようである。この図書館に公文書館機能として「藤枝アーカイブズ」を設置してみてはどうだろうか。磐田市に続いて市町村で二番目の静岡県内の公文書館をめざそう。

公文書館の施設建設に苦労しているが地方自治体が多いが、国からの補助金にアイディアを注入すれば公文書館の機能だけでも実現できるはずである。アーカイブズ設置の第一歩は利便性の良い場所で歴史的公文書を通じて町の歴史を学べることを提供することである。いずれにせよ藤枝市の事例はベクトルと夢を同じくする官民の連携である。

「明治一五〇年」、歴史関連施策の検討とアーカイブズ

平成二八年一〇月七日、菅官房長官は二年後に明治元年から一五〇周年を迎えることを記念し、「関連施策を検討するように関係閣僚に要請した」という報道があった。この記事は歴史文書のデジタル化に関連し、ビジネスチャンスへの追い風にならないだろうか。

事実、これは安倍首相が一〇月六日に「『明治一五〇年』関連施策推進室の設置に関する規則」を決定したことに関連したものであった。そして内閣官房は「明治期の資料収集や記念行事の支援策」などを検討するという。今後、この施策が地方にまで展開すれば、明治期の資料収集を契機に歴史的公文書の再整備や明治期の建設施設の再発見に弾みがつくだろう。

その後一一月四日に第一回各省府庁連絡会議が開催され、山内昌之東京大学名誉教授が明治維新の歴史的意義と歴史的遺産、女性・若者、外国人・国際交流、スポーツ関連の記念プロジェクトの例をレクチャーされた。まずは具体的な施策への明治期の認識と情報共有を目的とした会議だったようだ。

そして一二月一日に第二回各省府庁連絡会議が開催された。一回目の内容を踏まえ、筒井清忠帝京大学文学部長が「明治一五〇年」を記念する意義などの説明を行った。その中でアーカイブに関して「全国の産業遺産について、アーカイブの視点から光を当て、関係する資料を整理すると近代日本の姿が見えてくるのではないか。また、地方のデジタル・アーカイブ化の取り組みには濃淡があるが、熱心なところをモデルにして、横展開すると良いのではないか」などと考えを述べている。

もちろん対象は記録文書だけでなく産業遺産、建築物、美術、活躍した人物など幅広い。特に各地域には明治期に功績を遺した人が必ずいるもので、各自治体は今から調査するなど準備する必要がある。いきなり「予算つけます、申請ください」と政府から言われても迅速に対応できるようにしておくことだ。

一二月二六日にまとめた第三回「明治一五〇年」関連施策各府省庁連絡会議資料によると「明治以降の歩みを次世代に遺す施策として、近代化の歩みが記録された歴史的遺産を再認識し、後世に遺すと共に、次世代にこれからの日本の在り方を考えてもらう契機となる施策を推進する。たとえば、明治期に関する文書、写真等の資料の収集・整理、デジタルアー

カイブズ化の推進などが考えられる」とあり、イメージ情報業界ビジネスへの期待を膨らませる。

デジタルアーカイブズへの期待

そこで政府系だけでなく、実現に向けた交付金や補助金制度を含めた全国地方自治体も取り組める施策であって欲しい。財政難の地方自治体にとって、このような「明治一五〇年」の機会だからこそ予算化を要求すべきだ。それによって、たとえば地域の歴史と共に明治期の資料や文書を既に整備済みの自治体はデジタル化と公開を、未整備の自治体であれば調査等の具体策を講じることができる。

これまで筆者は多くの公文書館を取材した。明治期以降の価値ある歴史的公文書はどの公文書館でも保存量は多い。たとえば千葉県文書館では明治期に模範村といわれた旧源村役場（現在の東金市、山武市）文書だけでも約四五万コマのマイクロフィルムが保存されている。これだけの村役場の歴史公文書が保存されているのは珍しく、貴重な研究資料となっており、デジタル・アーカイブ化は課題になっていることだろう。

この他千葉県文書館には明治一二（一八七九）年の県達によって作成された県内神社明細書（祭神、由緒など）、明治五（一八七二）年以降の郡役所文書、明治二一（一八八八）年以来の県報など豊富に保存され、千葉県民に歴史の学習資料を提供している。このような歴史的公文書や資料を見直す時が「明治一五〇年」を迎える平成三〇（二〇一八）年にやって来る。まさに明治期のレガシー総点検の時だ。そういえば、群馬県中之条町にある明治一八（一八八五）年に建設された小学校が群馬県指定文化財となり、今では歴史と民俗の博物館「ミュゼ」に衣替えしたことを思い出した。「明治レガシーでの博物館」は外観だけでなく、過去にタイムスリップしたように内部の展示からも古き歴史を感じられる絶好の施設である。

今回の政府発表は、このような貴重な明治期以降の歴史のデジタル・アーカイブズ化推進の他にある企画展などの構想が浮かんでくる。そのためには地方創生と連携させ、その予算を明治一五〇年イベントに投じることもできないだろうか。

今の日本を支えている明治の精神を再認識し、次世代にも伝えることができる画期的なイベントが全国に展開されることを期待したい。そのためには資料整備からデジタル化技術を有するＪＩＩＭＡ会員の協力も欠かせない。

望まれるアーキビストの資格制度

新聞の見出し『公文書整理のプロ資格化』――『アーキビスト』政府検討」、これは公文書館の利活用促進を狙いとして「政府が公文書の保存や整理にたけた専門家を認証する公的資格制度を創設する方向で検討に入った。（中略）平成二八年度内に業務内容や必要な能力を定めた職務基準書をまとめる方針である」（平成二八年一二月三一日付読売新聞）という記事である。

この新制度は新国立公文書館の完成をめざした考えでもあるが、公文書管理法の五年見直し研究集会の中で各方面から指摘があった「アーキビストの育成」であり、そのための公的な認証制度プランである。将来的には国家公務員資格も視野に入れているという。めざすは、認証されたアーキビストが国の文書管理局から各省庁に派遣されているフランスのような体制も選択の一つかもしれない。また国の各省庁だけでなく、全国自治体にも派遣できれば理想的である。

事実、公文書管理法施行に伴い、参議院附帯決議に「職員の公文書管理に関する意識改革及び能力向上のための研修並びに専門職員の育成を計画的に実施するとともに、専門職員の資格制度の確立について検討を行う」と適切な措置を講ずることを指摘してきた。

また、内閣府が実施した平成二七年の公文書館に関する自治体調査によると、「公文書館設置を検討している自治体の重要条件」の中に「人的体制の整備」と「専門職の確保」が上位に挙がっている。逆の言い方をすれば、人の「体制整備」と「確保」の二点が用意できなければ公文書館の設置が進まないわけである。

これから本格的なアーキビスト育成に政府が力を入れてくれるなら、職業としてのステータスも上がり、資格を取得する魅力も増えるだろう。そうなればアーキビストの受け入れ先の確保のためにも、政府は公文書館未設置の自治体に早期設置の働きかけをする必要がある。新たにアーキビストの仕事がファイリング領域まで拡張すれば、受入れ先は公文書館だけでなく自治体も対象候補になり、雇用範囲はぐっと広がる。

たとえば、公務員の三、四年間の仕事ローテーションによって、公文書の引継ぎ業務が滞り、腰の据わった文書管理ができない自治体にとって、専門の文書管理担当者は必要なはずである。さらに現用公文書管理や基本的なファイリングが起点となって、公文書館が存在することも再認識される。

そうなると、いくつかの公文書館取材の時に聞いたインターシップ制度の導入や地元大学との連携を実施している公文書館にとっても、この資格制度は受入れる学生に意欲をかきたてる追い風にもなるし、彼らが将来アーキビストをめざす候補生につながらないだろうか。

例をあげるなら、大学卒業後、地元の雇用促進策として、地域デザインや地元と連携した調査研究に関する学部を設置している宇都宮大学、佐賀大学、高知大学では地域の強みや特色を生かした公的な機関で、文書・記録管理に携わる人材育成を新たなテーマにもできないか。高知県にはないが、栃木県、佐賀県には学習研修できる公文書館がある。そう考えれば、地元就職の機会と地方創生の視点からもメリットが多いはずだ。できれば授業に現用文書を対象としたファイリングや記録管理、公文書管理などのカリキュラムに入れていただけるとありがたい。

この記事の中で関係者よる「民間機関による認証制度はすでにあるが、認証時に求められる能力と実務がマッチしていない」という指摘は、古文書だけを扱っている文書館などにみられる近世・近代史などの歴史を研究したアーキビストではなく、現用文書までもサポートするために必要な行政学、法学、自治政治、記録管理などを習得した新しいアーキビスト像が浮かんでくるようだ。

また、現行の人材育成の基礎となる国立公文書館の公文書管理研修とアーカイブズ研修は、他機関（他の公文書館や文書・記録情報の団体など）と連携しながら相互補完できる研修や検定協力も必要になるだろう。いずれにせよ、様々な連携と協力を取りながら、どのような認証制度になるか楽しみである。

公文書管理から見えた自治体とファイリング
保存文書管理システムを考える

自治体とファイリングの歴史

取材訪問した公文書館の方々に「全庁的にファイリングシステムを導入していますか」と質問したところ二、三の自治体を除いて導入済の回答を得た。その中には三〇数年前から導入し、今でも職員研修を毎年実施している自治体もあった。そこでファイリングと公文書管理の関わり合いを調べてみることにした。

そもそも文書とは「人の意思を文字その他の記号や信号でアナログ記録メディア（紙、フィルム、写真、ビデオ、録音テープ等）やデジタル記録メディア（磁気テープ、磁気ディスク、光ディスク、光磁気ディスク、半導体メモリ等）に記録したもの」（ＪＩＩＭＡ刊『ｅ文書法 電子化早わかり』から）と定義され、公の組織において、作成、取得、利用するものが公文書となる。

一般的に自治体における文書管理規程では「職員が職務上作成し、または取得した文書、図面、写真、フィルム及び電磁的記録（電子的方式、磁気的方式その他の知覚によっては認識することができない方式で作られた記録をいう）であって、職員が組織的に用いるものとし、本自治体が保有しているものをいう」と定めている。「本自治体」が「県市町名」に替わるだけで、ほぼ全国的にこのような文言である。

だから公務員には業務上の意思決定や事務・事業プロセスで文書を作成し組織的に用いるために、客観的に閲覧や判断できるように、保存年限を決めるなどのルールで文書を保存する必要があるわけだ。そして文書によって情報公開、説明責任、法令順守を果すために、それらを的確に体系的に保管、保存する必要がある。

もう少し具体的に述べるなら職員が事務や事業を結果として検証するためには文書を作成し、取得した時からの記録を残し、公開、保管、保存、廃棄、移管に至るまで組織的に、体系的にマネジメントする必要がある。説明責任を果たすためには文書を基盤とするしかない。ここにファイリングシステム導入の原点がある。

つまり公文書管理法の第四条（文書の作成）、第五条（整理）、第六条（保存）、第七条（行政文書ファイル管理簿）、第八条（移管または廃棄）に相当する作業を繰り返すことになる。だから年一回の庁内各課から文書担当課（総務課、文書課、文書法制課、行政文書課など呼称は様々である）への文書引継ぎ業務は公文書管理の大切なファイリングの一歩となる。

話は古くなるが日本のファイリングシステムの歴史は戦後、三沢仁著『ファイリングシステム』（昭和二五（一九五〇）年日本能率協会）からスタートしたといえる。三沢氏の師匠として『文書整理の理論と実際』（昭和七年同文館）を著した淵時智氏（一八七八―一九五二）、また「日本の能率の父」といわれ、産業能率短期大学学長を務めた上野陽一氏（一八八三―一九五七）の二人はファイリングシステムの先駆者である。

淵氏は外務省時代にハーバード大学に学び退官後、事務管理の指導に携わった。一方、上野氏もテーラーの科学的管理法の動作研究者でマネジメント・コンサルタントのギルブレスを知って、ビジネスにおける能率の世界に入り、戦後ＧＨＱの要請で人事院に入り人事官をも務めた。ファイリングシステムの発想は事務や作業の能率から生まれた。

戦後、三沢氏は人事院を受験し、受験者二千人の内、一七番で合格し採用され、ここで上野氏の知己を得た。三沢氏の職場の上司である米国人は、軍のサービス部門用マニュアルである「帳票の標準化」を渡したという。そしてファイリングシステムを勉強させられ、対応に困っていると上野氏から淵氏を紹介され指導を受けた。

淵氏からいただいた資料の中で「欧米事務所は秩序整然として我が国事務所は混雑と不整頓である。この根本的欠陥は事務所のファイリングシステムが確立していないことは、何人も疑わないところであろう」とファイリングと事務効率の関連と日米の格差を早くも指摘していた。

三沢氏は自著の中で「ファイリングは書類、カード、書籍、その他の記録類を必要に応じ、すぐに取り出せるように系統的に配列して保管すること」と定義し、「系統的」とはシステマチックにということが大切である、と説いている。

また同書の中で「日本にファイリングシステムが発達しなかったか」の事柄について次の七点を挙げている。（1）経営管理の未発達（2）事務のテクニックの未発達（3）個人プレイの多いこと（4）国民性（5）ツツガナク精神（新しいことはやらない）（6）文書整理の仕事をバカにしている（7）業者の努力も足りない、と昭和二〇年代の企業体制、組織、低い事務スキルなどを悔やんでいるが、七〇年以上経った今でも見うけられる点もあるようだ。最後の「業者の努力が足りない」の指摘は、その後にやって来るファイリング・コンサルサービスを示唆している。

その後、三沢氏は効果的な文書分類方式として運用に有利な「積み上げ方式」（下から上へ分類体系を積み上げて現場にあった分類表を作成し、最終的に一元化する方法）を推奨し、今では主流になっている。結局、三沢氏は初版から改版を重ね、平成九（一九九七）年に『五訂ファイリングシステム』を発刊した。

我が国のファイリングシステム

自治体においてファイリングシステムの導入とは、まずキャビネットの購入から始まるであろう。沖縄県公文書館設立のきっかけを作った大城立裕氏は琉球政府職員時代、キャビネットのことを前述の『光源を求めて』の中で次のように話している。

「それをはじめて見たのは、一九六〇年ごろ、長期経済計画のため沖縄民政府に二ケ月ほど出向していた時である。スチール製のファイリングキャビネットを見て、そのよく滑るのに感心した。書類の出し入れの便利さに感服した。書類ごとにカバーノート（かがみ）を色変わりにして、行き先を分類しているのに感嘆した。アメリカの事務態勢はすごい！まずはそのキャビネットを普及させようではないかと文書課長に相談した。（中略）ただの書類箱でないと説明するのが難しかった。諦めているうちに、翌年だったか本土からイトーキだとかクロガネだとか、メーカーがデモンストレーションに来て、その結果すぐに採り入れられた（原文のまま）」、この回顧話、キャビネットはもしかしたら「黒船」をイメージし、キャビネットによる米軍の行政圧力がオフィスの「能率」をもたらすようにも感じる。

自治体でファイリングシステムをいち早く導入した香川県庁では昭和五九年にファイリングキャビネットが導入され、翌昭和六〇年には兵庫県西脇市がファイリングシステムを導入した。

西脇市の場合、その導入目標は「市民のための真の奉仕者として脱皮するためには、市民サービスの向上、親しめる市役所づくりなどを目標とした市役所内部の事務の改善をはかる」ことであり、そのために具体的な改善目標の一つとして、回答文書・自発的発案文書のすべてを文書課に集中管理する方法を自治体として初めて採用した。これは三沢氏が、かねがね提唱していた文書課に集中構想の実現でもある。

国内事務機器メーカーはハードだけでなくファイリングサービス事業にも意欲的に進出した。ハード商品市の売り込みを狙って、無償でサービスを提供した会社もあるという。

ある事務機器メーカーによれば、ファイリングシステムとは「レコードマネジメントのプロセスのなかで、すでに発生し存在している記録情報を整理し、体系的に管理しようとする手法」とし、その目的は「記録情報の共有」、「知的生産性の向上」、「オフィス環境の改善」、「紙情報とデジタル情報の融合」などであり、最近では「働き方やワークスタイル変革」も挙げられている。

そのためには文書管理規程に準じた公文書の保存期限を確認し、ファイル基準表への登録、保存期限別に色分けされたラベル作成、ファイリング（オープン、バーチカル、ボックスなどのファイリングツール）への収納、文書分類（割り付け、積み上げ）、置き換え、移管など発生から廃棄までの効率よいルールの仕組みを構築する必要がある。さらに公文書管理法を適用すれば非現用文書から歴史的公文書の評価、選別が加えられる。これらの基本的なファイリングルールが崩れてきた自治体は最近多く見受けられ、このような状況下で文書管理システムを導入しても、起案・決裁機能だけのグループ・ウエアの装備でしかない。

民間企業では情報は経営資源の一つであるが、自治体にとっても情報は行政マネジメントには欠かすことができないものであり、特に公文書は住民などへの説明責任を果たすものであることが理解できる。それを支えるのは組織内に徹底された文書管理に対する公務員としての意識や志の持ち方であろう。

ファイリングコンサルタントとの会話

全国一〇〇ヶ所以上の自治体にファイリング指導を手がけ、今でもその一〇%の自治体に継続的な職員研修や巡回指導をビジネスとしている「くろがね工作所」は、かつて三沢氏と連携したことがあった。

同社に約三〇年間在籍し、全国自治体にファイリングシステムのコンサル活動をしていた高校時代の友人を訪ね、話を聞いた。彼が入社した昭和五五年頃、すでに首都圏内のいくつかの自治体などはクライアントだったという。

――御社はファイリングビジネスの先駆者と聞いているが。

実は昭和二五年、三沢先生の『ファイリングシステム』が発刊された頃、スチール製のオフィスディスクの生産を開始し、翌年には人事院からキャビネット比較テストで一位になったことがあった。それから三年後にはキャビネットの量産が始まり、その後ファイリングシステムに必要なフォルダー、バインダーなどの商品を販売した。

――自ら手がけた自治体の数は。

年間四、五〇の自治体をコンサルした時代もあった。

――ところでなぜ自治体はファイリングのコンサルを必要とするのか。

当時はルールがあってもやっていない自治体が多かった。基本的にはファイリングに関心を示す自治体は少ない。だから「ファイリングシステムとは何か」から話す必要があった。ルールもこちらから提案して作成した。役人はプライドが高いから外部の意見は聞く。でも同じ指導を展開しても自治体によっては庁内普及への温度差はあった。組織ごとにブロックを組み、整理の仕方からの研修を開始しても、自治体担当者とコンサルタントとの相性で結果が違ってきた。

――具体的には。

文書が多すぎてどこにあるかわからない、またどういう文書があるのか職員がわからないケースもあった。自治体からの要望は紙を減らして欲しい、オフィスをきれいにして欲しいという単純な依頼もあった。ある東北地方の自治体では信じられないが、貨物車両が文書庫だった。ここには二年間ファイリング指導で通った。

――文書管理システムの導入が当たり前になっていたが。

庁舎内の九〇％以上は紙文書なのでシステムではペーパーレスは実現できない。職員からの提案でこのシステムを導入したケースは少ないだろう。近隣自治体の話を首長が聞いてトップダウンで導入したケースの方が多いかもしれない。しかし、文書管理システムを導入したからファイリングシステムの職員研修を断られたことはなかった。役所には三、四年の職場ローテーションがあるからファイリングシステムの研修や職場巡回指導は必要になるはずだ。

――ファイリングシステムと公文書館はどのように連携するか。

保存期限満了後、スムーズに公文書館に移管している自治体には必ずファイリングシステムが定着しているはずだ。文書館や歴史資料館でなく公文書館だからこそファイリングがシステムとして最後に生きてくる。それと文書管理を担当する総務部門は仕事の種類が多く、どこでも手が足りない。なぜ専門の文書管理センターができないか不思議だ。やはりファイリングはプライオリティーの低い業務だ。行政マネジメントを支えるのはファイリングだと思うのだが。最近ＣＩＯ（情報担当役員）を設ける自治体があるが、ＩＴ分野だけではなくファイリングシステムにも関わって欲しい。

この話を聞いて、保存年限の満了した公文書がスムーズに公文書館へ移管するためには全庁的なファイリングシステムが機能することが必要であるといえる。言い換えれば、ファイリングシステム導入がされている自治体は公文書館への移行ルールが作りやすいといえるだろう。

そのためには「保管」と「保存」の区別を理解しないといけない。「保管」から「保存」へ移行するには、件名、分類名などのファイル基準表の確認、不要や重複文書の廃棄などの棚卸作業を経なければならない。そしてオフィス内の年度完結型による「保管」から書庫内での「保存」となる。その先にあるのが歴史的公文書を保存する公文書館である。

たとえば取材訪問した埼玉県久喜市公文書館では、インタビューの中で「本市は特にファイリングシステムに積極的でしたので、その延長線上にある公文書館法の考え方は馴染みやすかったかもしれません」のコメントがそれを立証している。

総務省の求める文書管理システムはワークフロー的な起案・決裁機能

そもそも文書管理システムは一〇年程前に総務省から発信された「ペーパレス（電子化）に対応した文書管理規制等の整備施策」が原点ではないだろうか。その評価は、「安全性が高く安心して利用できるＬＡＮシステムを整備し行政情報化を推進するも、事務処理方法・手順の見直しや制度改正、法令改正等新たなルール作りを要する事務（文書）への対応が必要」としている。

ここでいう制度改正の一つに単式簿記会計方式から複式簿記・発生主義会計への変更などがある。また、ＬＡＮシステムとは、電子メール、電子掲示板、スケジュール管理、施設管理、会議室予約、電子決済、文書管理他などの機能を有するものである。そしてＩＴ関連企業が一斉に文書管理システムの開発、販売を開始した。

データとしては古いが、平成二四年三月発行された「地方自治情報管理概要」によるとＬＡＮにおける「文書管理機能」の導入率は全体で八九・四％、政令指定都市では一〇〇％、その他の市では五五・九％となっている。

しかしながら、当時は「電子決裁機能」の導入率は同じ数字とならず、上記対象順に八三％、九四・七％、三四・四％となり、文書管理機能と決裁機能は別で使い分けをしている現状は興味深い。今では起案決裁機能を重視している自治体が多いと聞く。

余談であるが、かつてある自治体の首長は、メディア会社による全国ＩＴ化自治体ランキングで上位ランクを狙ったために、ポイントを稼げる「文書管理システム導入」をいきなりトップダウンで導入したという。しかし、そのシステムの利活用が職員に不評の内にリース料を払い続け、五年が経過した。これは税金の無駄遣いで、住民がこの事実を知ったら怒るだろう。

一般的に導入・実施された「文書管理システム」は、調査内容から見られるような「ＬＡＮ機能」の一部としての「文書管理システム」である。そのため現用・非現用文書を管理する発想がシステムに反映されないのか、装備されていても決裁に伴う添付紙文書があれば、それらを電子化せねばならず悩ましい現状も生じている。

また文書管理システムは、前述の改正に伴う新財務会計システム、電子決裁、職員、グループ・ウエアなど一括業務改善をめざした豊富な機能とセットになっているケースも多いようだ。したがって公文書管理法を重視するなら、紙保存文書を管理するシステムの導入が必要になる。その解決に取組んだある自治体の例を紹介する。

文書管理システムを導入した自治体の実態

政府の「ＩＴ政策パッケージ二〇〇五」施策が公表された当時、「行政文書を統合文書管理システムで一元管理することにより事務処理の簡素化、効率化、迅速化」を目的に導入した人口二五万人の自治体の例である。

その事業の概要は「情報の共有化とペーパーレス化を図るため、文書発生から廃棄に至るまでを電子的に管理することを推進」としている。こうして導入された文書管理システムは年間予算約一〇〇〇万円（ハード、ソフトをリース契約）でスタートした。併せて「省資源の推進」を目標に掲げて、省エネルギー政策も含めたからこそ新規予算が獲得できた。庁内プリンタ用紙使用量の一％削減もめざしたが、当時の紙使用量は七・三％増加という皮肉な結果となり、慌てて用紙購入の予算を追加したようだ。

システム導入後、活動目標として文書保存箱引継数の削減が掲げられたが、これも目標とは大きくかけ離れ、わずか約一二〇箱の削減にとどまった。また、電子決裁文書数は目標数値五五％を下回った。これらの理由は、年度事業シートによれば、「非常に高い目標数値の設定により進捗度が遅れたことによるとされ、導入時の目標には到達しなかった」と正直に言い訳した。

当時、議会での論争がなかったのも不思議だ。この自治体は文書管理システムを導入すればペーパレスオフィスが実現できると考え、売り込み会社のセールス話に乗じた結果だと想像できよう。

大事なのは文書管理システムよりも保存文書管理

前述の自治体のことを例にとって掘り下げてみよう。当該自治体には当時の保存文書箱数は約四〇〇〇箱（約二〇万件）あり、庁舎内と外部倉庫に置かれていた。文書管理規定によると「マイクロフィルム化後、文書は廃棄可能」とあり、昭和六四年から約一〇年間永年保存文書のマイクロフィルム化により廃棄した箱数は約六〇〇箱となったが、あまり効果は上がらず文書庫の狭隘化は進む一方であった。

そこで文書箱保管の業務改善と効率化が課題となり、現状問題を抽出、分析する必要に迫られた。文書管理システム導入後の問題点は、

①年一回の各課からの文書引継ぎ業務に当該システムが利用されず、引継ぎ業務改善が進んでいない。
②引継ぎ用文書目録（ファイル基準表）に記載されているが、当該システムに登録されない文書もあり、システムの使用ルールなどに問題がある。
③文書箱内文書と目録が不一致の状況や貸出後の返却が停止のままの状況の問題をどう解決するか。
④どの文書がどこの書庫にあるのか正確な検索ができない。

これらの問題点は、文書管理システム導入の検討時にＩＴ技術で解決してくれそうな期待感が蔓延し、システム導入企画時には議論の余地もなかったという。結果、事業目的と程遠く、唯一、電子起案・決裁と一部の発生文書の電子的な登録に利用されていたにすぎず、紙文書による旧態依然の業務が続いた。つまりパッケージ製品では実現したいことに対応できないことが判明したという。

バーコード利用の新たな保存文書管理システムの構築

そこでこの自治体は、三大理由である　①利用者にやさしくない　②紙文書の管理ができない　③私物化容認意識を払拭できない、とされていた文書管理システムを見直した。

まずは過去発生した公文書所在の「見える化」に取り組み、文書箱がどこに移動しても所在管理が可能なバーコードを活用した保存文書管理システムの再構築を紹介したい。その適正化への要件と文書箱整理の手順は以下通りである。

①記録文書の原点である約五万頁（約二〇万件）の過去発生のファイル基準表をデータ入力し、データベース化すること。
②約四〇〇〇文書箱内の文書とデータ化した目録と照合すること。
③保存箱の文書庫内の所在をデータに反映すること。
④文書目録データを基盤に発生年度、文書名、課名、保存年限などの検索、所在管理、文書引継サポート、保存延長、

廃棄管理、文書番号発番、ファイルラベル作成、バーコード発行などが可能なシステムを開発すること。
⑤一フォルダ単位と一文書箱にバーコード票を貼付すること。
⑥配架する文書棚にもバーコード票を貼付し、データベースに反映すること。
⑦文書庫の保存棚のレイアウト表示画面から一文書箱をクリックすると当該文書箱内の保存文書内容が表示されること。
⑧公文書などの貸出・返却機能をシステムに搭載すること。
これらの要求項目を満足できる市販ソフトウエアはなく、すべて委託開発で行い、併せて①から③の文書庫の作業も外部委託した。作業中に様々な問題が露呈された。たとえば、（ア）データ化した目録と原本の不一致、このケースは所在不明のフラグを立て後日調査することとした。（イ）原文書名と目録に記載された文書名の不一致、このケースは、原文書に合わせて修正した。
⑨貸出・返却管理記録の不整合を是正すること。
追跡調査を行い、文書庫に返却を各課に要請した結果、すべて返却され指定の文書箱に戻すことができた。

このような作業を二回に分けて行い、第一回目の作業はファイルと文書箱のバーコード貼付作業を三ケ月かけて実施し、第二回目の作業で点検作業を行い、データ修正またはバーコード修正し、再貼付作業など六ケ月を要し、特に点検作業に多くの時間をかけ精度を高めた。

その結果、既設文書管理システムは、職員の起案、決裁に限定された。新たな文書保存管理システムは、当面スタンドアロン型で稼働しているが、将来的には庁内ネットワーク対応、電子化された画像表示・印刷の機能、既設文書管理システムとの統合、各種集計機能、過去作成されたマイクロフィルムと電子画像との一元化などが今後の課題である。

しかし、ここで紹介した自治体には残念ながら保存期間満了後の公文書移管のルールや仕組みもなく、ましてや公文書館設置検討の話すら聞かれない。一時期、博物館の職員が廃棄予定の公文書を点検しているようだと聞いた。そこで、職員がここまで努力されたので、当該自治体の首長に公文書館設置のお願いを文書にて提案したが未だに回答はいただけない。

ちなみにバーコード化を導入して公文書保存を効率よく運用している公文書館は、取材した中で福岡共同公文書館などであった。この手法はもっと普及していいはずである。

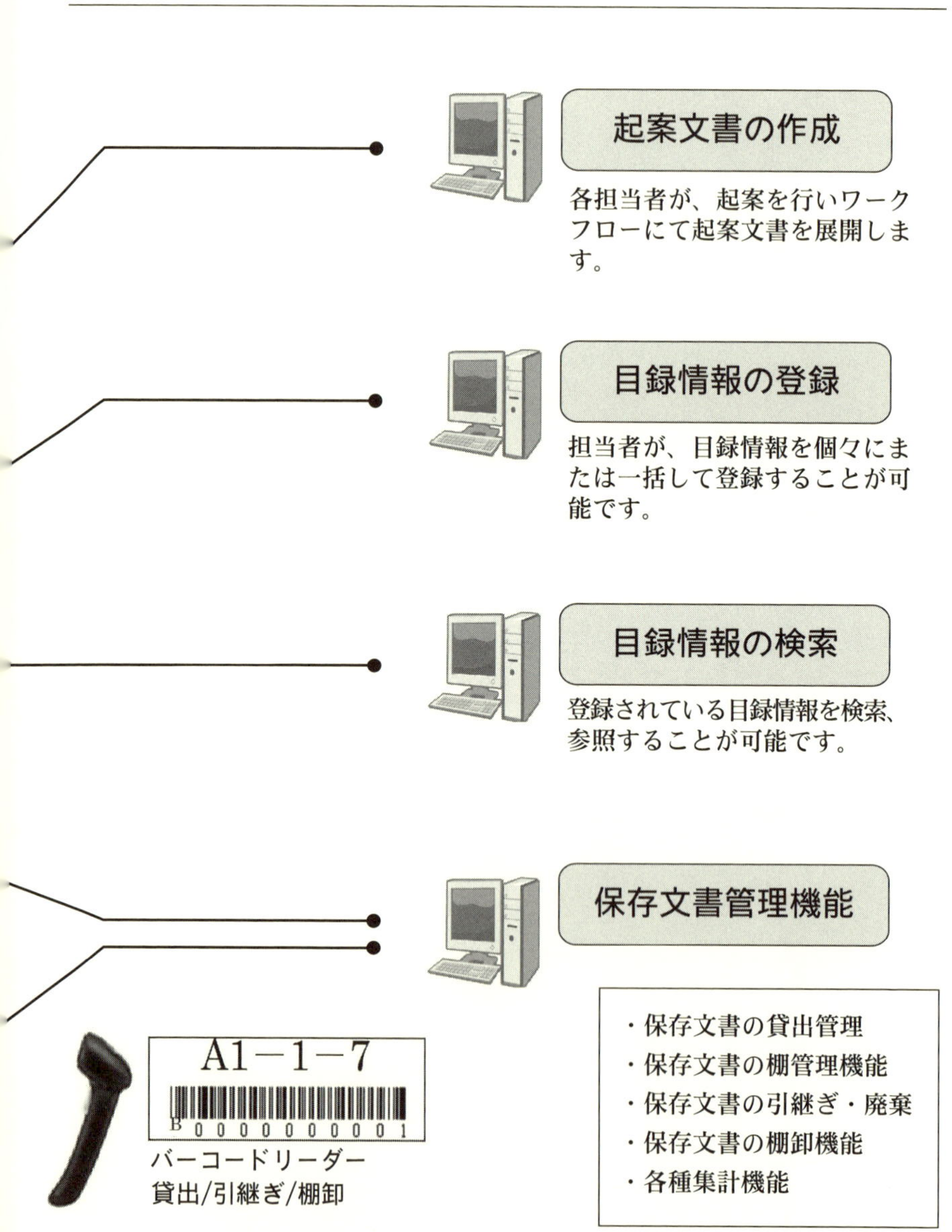
起案文書の作成
各担当者が、起案を行いワークフローにて起案文書を展開します。
目録情報の登録
担当者が、目録情報を個々にまたは一括して登録することが可能です。
目録情報の検索
登録されている目録情報を検索、参照することが可能です。
保存文書管理機能
・保存文書の貸出管理
・保存文書の棚管理機能
・保存文書の引継ぎ・廃棄
・保存文書の棚卸機能
・各種集計機能
A1－1－7
B 000000000001
バーコードリーダー
貸出/引継ぎ/棚卸

提供及び問合せ先：（株）横浜マイクロシステム　TEL:045(242)0695

実践的保存文書管理システム

発生から廃棄、歴史的公文書の利活用をサポートする理想的な
レコードマネジメントシステムです。豊富な機能で公文書管理を支えます。

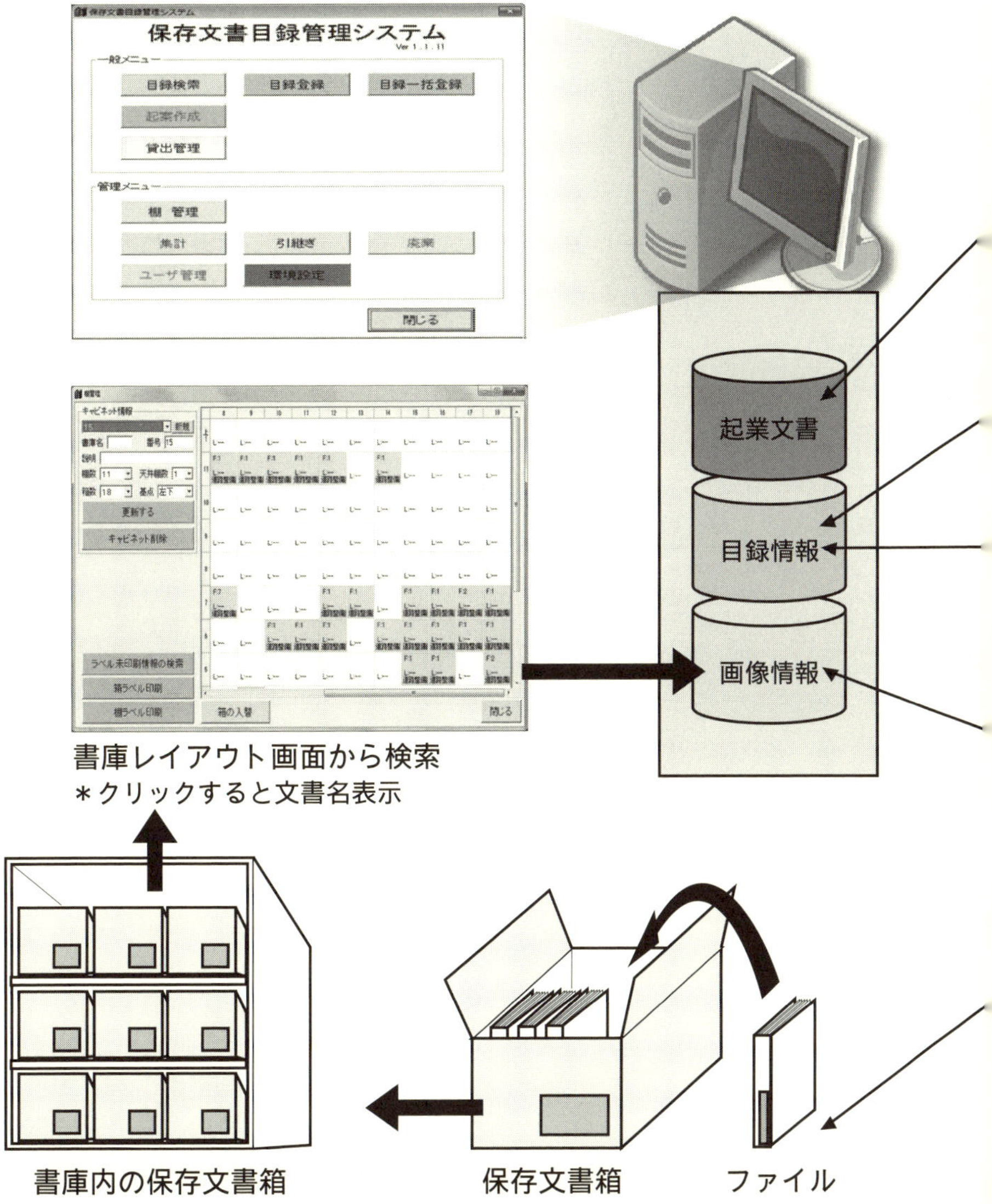

デジタルデータの長期保存
ＪＩＳ規格が高めた光ディスクの信頼性

約二万四千点のデジタル画像「ＴＯＫＹＯアーカイブズ」を公開している東京都立中央図書館は、デジタル化に取り組み一五年が経過したが、平成二五（二〇一三）年にデジタルデータの長期保存をめざす上での検証作業を実施した。そこで七年間にわたって作成されたＣＤ－ＲとＤＶＤ－Ｒを二〇枚抽出し、専門会社に検査を依頼した。その結果、三枚は良好、一七枚は「即座に対策を要する」となった。保存環境が最適な環境より温度が多少高かったことが原因のようだが定かではない。そこで担当者はマイグレーション（複製）を実施し、長期保存用ＤＶＤ－Ｒ（寿命三〇年以上）にエラーが訂正されたデータを移すことができた。これは即座に対応した結果であるという。

そこで長期保存用光ディスクとは何かを説明する必要がある。長期保存用光ディスクとは、長期保存用途として特別に設計され、厳しい管理水準で選別された高品位な記録型光ディスクで、適正なドライブにより良好な初期記録品質が得られていれば、室温保存で三〇年以上の推定寿命を持つ記録型光ディスクである。

平成一八年に制定された「電子化文書の長期保存方法」ＪＩＳ Ｚ 六〇一七では、記録型ＣＤ／ＤＶＤが対象媒体となっていたが、紙文書の電子化が進むにつれ、大容量媒体への対応が必要となり、日本文書情報マネジメント協会（ＪＩＩＭＡ）は平成二四年、記録型ＢＤにも対応した「電子化文書長期保存のための Blu－ray Disc™ 検査基準及び取扱いに関するガイドライン」を公開した。このなかで、光ディスクは三〇年以上の歴史があり、ＣＤ、ＤＶＤやＢＤディスクの期待寿命推定法（ISO/IEC16963,ISO/IEC10995）の標準化がなされており、ＪＩＩＭＡにおいても電子化文書の長期保存方法（JIS Z 六〇一七）の標準化の作業を行い、平成二五年に、記録型BDを加えた形でJIS Z 六〇一七が改正された。詳しくはJIIMAホームページから入手していただきたい。

メーカーはJIIMAの定めるアーカイブ用光ディスク製品認証制度によって自社製品のより一層の信頼性が高まり、既に複数のドライブと光ディスクのメーカーの製品が認定を受けている。

東京都立中央図書館は上記の品質規格を満たしたDVD－Rにマイグレーション（複製）したが、その後はJIS Z 六〇一七に定められた定期的な品質検査を実施する予定だという。それは光ディスクの五年程度の抜き取り検査によってデジタルデータエラーを測定するものである。数値の結果から「速やかな対策」や「即時対策」が必要になってくる場合もある。

具体的にはどういうことだろうか。光ディスクアーカイブソリューションを手掛けるアルメディオ の酒井健男部長に話を聞いた。

――御社は一般に市販されている光ディスクの買い上げ試験を実施していると聞いたが。

月間三〇〇枚買い上げ試験をしています。平成一四年頃の市販の海外と国内生産品を併せたDVD－Rの七五％、現在でも四〇％弱がJIS Z 六〇一七に明記した長期保存用の性能がありません。これはコンシューマー向けで価格重視だからでしょう。

――では初期の品質試験にさえ合格したら長期保存が期待できるのか。

実は初期特性が良くても、一般に市販されている記録ドライブと光ディスクの組合せでは長期保存は求められません。アーカイブ用のドライブで記録すれば経年劣化を抑え、安心して大切なデータを守られます。つまり長期保存記録ドライブなら長期保存光ディスクのパフォーマンスが最大限に引き出せます。弊社ではベストの組合せとして、三菱化学メディア製長期保存用BD－R 50GB「ASBS25 RDJP」／長期保存用ＤＶＤ－Ｒ「ANDDERS50NJJ」とパイオニア製長期保存用ドライブ「BDR－PR1MC－U」の組合せを推奨しています。BDR－PR1MC－Uにはデジタルデータエラー計測機能も付いていますので、この1台でＪＩＳ Ｚ 六〇一七に準拠した電子化文書の長期保存が可能です。

――ところでなぜ長期保存用光ディスクか。

保存中に通電が不要だからです。保存環境も通常のオフィスで十分ですし、特別な空調は要りません。通電状態が必要なバックアップサーバーの場合、二酸化炭素排出量に影響します。その点、光ディスクは、保存コストと環境面で優れています。また媒体寿命が長く堅牢であり、非改ざん性にも優れており、永続的な再生環境が期待できるからです。

――「みちのく震録伝」のデータ保存に光ディスクが選ばれた理由は。

長期保存に一番いいのは石や和紙。なかでも手すきの和紙は一〇〇〇年前に書かれたものでも健在します。かといって、デジタルデータを石や和紙に保存するわけにはいかず、検討の結果、「みちのく震録伝」では長期保存用光ディスクを使用することに決まりました。デジタルの世界では、通常数年に一度バージョンが上がっていき、数世代前のバージョンがサポートされなくなり、その都度データを移管する作業が発生する上に、寿命も短いという欠点があります。その点、光ディスクはあまりバージョンが変わらず、劣化しにくいため長期保存用として使用できる媒体であると判断されたためです。

この話を聞いて、デジタルデータの長期保存には関連する規格を満足するために光ディスク、ドライブ、品質検査の三位一体の組合せが必要だと理解した。また指定された機器を利用した場合の検査結果の記録管理も不可欠だと感じた。そのためメーカーは検査に関するマニュアルや記録フォーマットなどのサービスも提供しているという。

光ディスクの優位性について、ＪＩＩＭＡ認証審査委員会の委員長を務められた大阪産業大学・入江満教授は「電子文書としての四つの保存義務要件、見読性・安全性・機密性・検索性を検討した結果、安全性に関しては、情報の消失・書換えを回避するだけでなく、非改ざん性も重要な要件であり、記録データの消去ができない光ディスクのライトワンス記録を用いれば、この要件を容易に満足させることができます」（月刊ＩＭ二〇一五ー一月号）と論じ、前述の組合せによる永続的なアーカイブマネジメントを推奨している。

問題は光ディスクの再生環境である。下位互換されているとしても、どうにもならない場合もある。たとえば二年前ＭＯドライブを探しに秋葉原を奔走したことを思い出した。そういえばカセットテープを聴くデッキが最近貴重になってきた話を聞いたが、将来にわたって標準化されたＪＩＩＭＡ認証の長期保存光ディスクなら読み取り機器もメーカーが将来的に対応してくれるはずだ。

パイオニア製
BDR–PR1MC–U

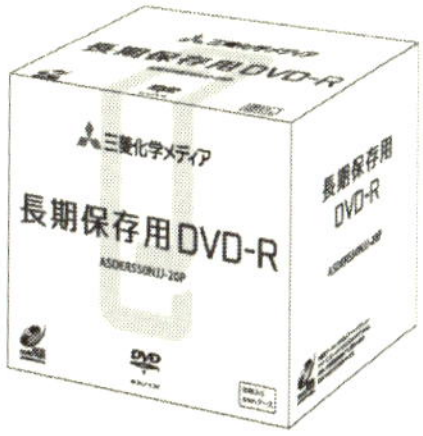

三菱化学メディア製
長期保存用 BD–R

公文書の長期保存、マイクロフィルムを考える

新たな機器による期待寿命五〇〇年の記録媒体

朝日新聞に掲載されたマイクロフィルムの記事

公文書の劣化対策や自治体の歴史編さんのために古文書を各所から借用・収集した後、マイクロフィルムに撮影し複製本にするなど、マイクロフィルムが多く利用されている。なかには公文書の撮影後、廃棄できる規定を設け、マイクロフィルムの真正性と証拠性を評価している自治体もある。

調査してみると、取材した三、四の公文書館の中でマイクロフィルムは未採用であったが、それ以外の公文書館で保有しているマイクロフィルムは一館平均約四千本（沖縄県公文書館除く）であった。その内、マイクロフィルム化事業が今後一〇年間継続する公文書館もある。

全国約七〇公文書館の七〇％がマイクロフィルム化を実施していると考えれば、全国の総数は約二〇万本となり、三五ミリマイクロフィルムで約一億コマ相当にのぼる。さらに公共図書館でもマイクロフィルムが保存・活用されているので全国の総保有量は見当がつかない。期待寿命五〇〇年の記録媒体を使用して、膨大で貴重な各地の歴史資料が守られていることは事実であり、長期保存には最良の保存媒体であることを証明している。

ところが一時期、マイクロフィルムのビネガーシンドローム現象（お酢の匂いがしてワカメ状に歪んでしまう）が新聞紙上

を賑わしたこともあった。平成二三（二〇一一）年一月二〇日、朝日新聞夕刊に報じられた記事の見出しは「白い粉、酢酸臭……まるで『酢コンブ』　図書館資料ピンチ」とし、マイクロフィルムの劣化状況が報道され、その信頼性が崩れ、品質持続の脆弱性が露呈された。

これを受けて日本文書情報マネジメント協会（ＪＩＩＭＡ）は、「同様の記事は二〇年以上前に公表され、すでに対策が実施されたＴＡＣ（トリアセテート）ベースのマイクロフィルムを取り上げたもので、既成の事実の列挙にすぎない」と苦言を呈した。

同協会発行の「マイクロフィルム保存の手引き」によれば「昭和二六（一九五一）年以降生産のＴＡＣベースのマイクロフィルムは加水分解によって劣化が生じることがわかり、昭和四八年頃からＰＥＴ（ポリエスタル）ベースのマイクロフィルムが登場、平成五年以降はすべてＰＥＴベースのフィルムに切り替わっている」と説明されている。

本来、新聞記事は劣化したマイクロフィルムの再生を行うサービス会社の紹介を取り上げるものだったらしい。ＪＩＩＭＡへの問い合わせで、マイクロフィルムの保存に関して説明したにもかかわらず「マイクロフィルムの劣化」だけを大きくクローズアップしたようだ。

これを機会にＪＩＩＭＡは、マイクロフィルムが期待寿命五〇〇年の長期保存に最適な記録媒体であることを改めて訴求し、そのために適正な環境と容器などで保存と定期的な検査と処理を説明した。その後、保管されているマイクロフィルムを点検し、水洗、乾燥、リールや容器の差し替え、複製の作成などの対策をされた自治体があったと聞く。

ところが今回の公文書館取材で尋ねられたのが、マイクロフィルムの劣化ではなく、「今後マイクロフィルム化はどうなりますか？」であった。一〇年ほど前から世界的に写真メーカーはデジタル化の革新を迫られ、アナログ写真をビジネスから切り捨てる時代に入った結果、マイクロフィルムにも当然影響を及ぼした。それはマイクロフィルムカメラの製造及び保守中止案内、またフィルム材料の一部供給停止などの動きに現れた。これら一連の動きに対する将来的な質問が取材先の公文書館から聞かれたわけである。

デジタル・マイクロ・アーカイブ時代へ

そこで一般撮影方式のマイクロフィルム化よりTiff形式のデジタル画像からマイクロフィルム生成の技術革新を紹介せねばならない。平成二一年、世界標準規格（ISO）会議で長期保存の記録媒体をマイクロフィルムとする決議がされた。それはデジタル・マイクロ・アーカイブの規格としてISO 一一五〇六（COM/COLD）である。具体的にいえば、デジタル技術の革新は、主流となった電子画像情報が長期保存を目的にマイクロフィルムに変換することが可能にもなったことである。まさに電子画像情報が持つ証拠価値を損なうことなく、完全性、アクセス性、利便性、信頼性を確保して長期に保存することが可能になった。

そもそも「電子画像情報をバックアップすること」とは、同じ磁気記録媒体や装置に移し換えるのでなく、OS、ソフトウエア、アプリケーションに依存せず、プラットフォームから切り離し、異なる媒体に置き換えることである。同じ記録媒体に別の機器で置き換えるだけではバックアップとはいえない。

この考えにより一世紀以上の長期保存確保のためのリファレンスアーカイブとしてマイクロフィルムの採用を認めたもので、すでにアメリカ国内においてデジタル画像から直接マイクロフィルムに記録される事例が多くみられ、日本国内でも採用が年々増えていると聞く。

コダックアラリスジャパン の楢林幸一氏は「デジタル・マイクロ・アーカイブシステムはマイクロフィルムへの記録プロセスは変わっても媒体と処理プロセスは変わりません。五〇〇年以上の期待寿命がある材料、処理プロセス、検査、保存環境等はすべてISO/JIS規格で定められています。逆にいうとISO/JIS規格に準拠しないマイクロフィルムは市場では受け入れられないことになります」と語り、マイクロフィルムの記録媒体の信頼性を強調している。

その後、この規格は世界標準から日本標準となり、平成二七年三月にJIS Z 六〇一八となった。その規格概要の中で適用範囲を「保存データの長期完全性、アクセスのしやすさ、使いやすさ、読みやすさと信頼性、真正性を確実にして、電子データの証拠価値を保護することを目的とする。なお、長期の定義は一世紀以上継続している期間であるものとする」とし、保存媒体として、改ざんが困難で五〇〇年以上の期待寿命を維持できる薬液処理の銀・ゼラチン白黒マイクロフィルムを媒体として選択すると定めている。

そして対象は白黒画像として表現される電子データとし、その他の動画・音声、三次元画像、グレーまたはカラー画像、X線画像、熱現像方式のマイクロフィルムはこの規格に該当しない。あくまでも「薬液処理の銀・ゼラチン白黒マイクロフィルム」にこだわる理由は、その処理方法がISO/JIS世界規格だからである。

楢林氏はJIS Z 六〇一八誕生の背景について「一九八〇年代以降、コンピュータ技術はPCでイメージ情報を扱えるネットワーク時代へと進化し、電子文書は爆発的に増加しました。電子文書の作成、保存、再処理、配布は非常に簡単で誰でも実行できる反面、非改ざん性、長期保存性の確保に関しては問題を抱えています。そこで非改ざん性と長期保存性というマイクロフィルムの特徴を生かして電子文書を直接マイクロフィルムに記録するCOM（**Computer Output Microfilm**）技術をベースにした新しいハイブリッド・ソリューションが世界で広く採用され、ベストプラクティスになっています。JIS Z 六〇一八はこのような市場環境から生まれた規格です。残念ながらこのことを知らない方が多く、PRが不足していますね」と語っている。この規格では三年以上保存するデータのアーカイブにはマイクロフィルム（一六ミリ、三五ミリロールフィルム、マイクロフィッシュ等）を利用される組織の必要性に応じて選択することを推奨している。

デジタル・マイクロ・アーカイブ・レコーダーとは

そこで前述の「今後マイクロフィルム化はどうなるか」の答えは、このJIS Z 六〇一八に基づく長期保存の仕組みと開発された機器の利用を考えざるを得ない。デジタルデータの長期保存規格に端を発したマイクロフィルムの再認識であるが、現在の一般撮影方式からデジタル・マイクロ・アーカイブ・レコーダーを利用してマイクロフィルムを生成する機器がある。世界市場には複数のメーカーが開発したマイクロ・アーカイブ・レコーダーが普及し、日本国内でもイメージ情報サービス会社を中心に稼働していると聞くが、未だ知名度は低い。

しかし、調べて見ると平成の大合併に際し、これまでのデジタル画像を三五ミリのマイクロフィルムにした東北地方のある自治体を知った。これは他の市に吸収合併されるので、自らの手でデジタル化された歴史資料の喪失と長期保存を懸念した予防策としてマイクロ・アーカイブズを採用したという。

ところが、未だに現用のマイクロフィルム化の仕様にこだわり、技術が大きく変化してことに気が付かないガラパゴス化が見られる。現在のマイクロフィルム専用カメラが故障し、代替部品もなくなってから考えるのか、今から新技術を検討するのか悩ましいが、先が明らかに見えていることは間違いない。

あるメーカーのアーカイブライターをカタログから紹介すると、紙文書からスキャンしたＴｉｆｆ画像について一分間に約四〇〇画像を一六ミリマイクロフィルムに書込みが可能で、一ロールフィルム二一五フィート（約六五メートル）に縮小率二四分の一の場合、イメージのサイズによって異なるが約七二〇〇コマが収められる。一時間で設定条件にもよるが一六ミリで約二万コマのマイクロフィルムが生成できることになる。一般撮影と比べると驚異のスピードだ。

そうなるとデジタル化だけ公文書館内で作業し、マイクロフィルム化を外注する時代がやって来る。元のデータに電子署名、タイムスタンプが付与されていれば証拠性は確実にマイクロフィルムに引き継がれる。

その他、海外製品（ゼッチェル社製ＯＰ七〇〇）の国内販売を扱っているマイクロテック の山際祥一氏によると、「最大二三六メガピクセル（二〇四八〇×一一五二〇）でマイクロフィルムに書き込むことができ、解像力に表すと一九二〇本／ミリ相当になります。また、モニターを使っているので露光時間を調整することによって、どのメーカーのマイクロフィルムも撮影が可能です。この機器の場合、韓国政府、トルコ政府、スイスの発電所など海外事例も多く、国内では光学機器メーカーが利用しています。是非この機器を試して下さい」と話してくれた。

この機器のフィルムに書き込む技術について質問したところ、「デジタルカメラでオリジナルのＣＣＤの画素数よりも高画素数で画像を撮影する『画素ずらし』と呼ばれる技術を応用して、約一四・七五メガピクセルのモニターを画像の表示位置を一ピクセル分ずらしながらフィルムに縦横四回ずつ撮影することで最大で約二三六メガピクセル（一四・七五メガピクセル×四×四）の画像をフィルム上に記録することができます。この独自の技術で高解像度を実現しています」と説明いただいた。そして、今後本格的に日本市場への販売の意気込みをも語ってくれた。

またコダック製マイクロ・アーカイブ・レコーダーも多くの海外事例が多くある。たとえばシンガポール国立公文書館、南アフリカ共和国不動産局（土地登記事務所）、スウェーデン国立公文書館、ニューハンプシャー州メリマック郡不動産登記所、スイス郵便、アイルランド新聞などで採用され、主にデジタルデータのバックアップと長期保存を目的としているという。

一方、国立公文書館の歴史公文書等の保存方法を検討してきた有識者会議がまとめた「歴史公文書等保存方法検討報告書」（平成二三年三月）において、ＩＳＯ一一五〇六の登場を「電子データの長期保存を図る方法を標準化したものとして注目される」とし、さらに「一旦スキャナ等によりデジタルデータを作成した上で、そのデータをマイクロフィルム及びデジタル媒体の二種類の媒体で保存することも有力な選択肢である」と報告されている。

それから六年が経過したが、残念ながらこの取組みの話は聞かれない。当該館内でマイクロフィルム化事業は今でも従来通りの作業で継続していると聞くが、まずは国立公文書館が全国に先駆けて採用することを期待している。

デジタル保存におけるマイクロフィルムの役割

少し古くなるが、英国のデジタル・キュレーション・センター（ＤＣＣ）は平成二三年に出版した『デジタル・アーカイブにおけるマイクロフィルムの役割』の中で、「デジタル・アーカイブとは、メディア障害や技術の変化によって情報が損失する危険を防止し、アクセス可能な形で生き残れるように管理することであり、それはリスク管理スキームのなかで実行される。マイクロフィルムは大量のテキスト、画像、データを数百年もの間保存できる安全性と信頼性が保証された実績のある情報キャリアである。これをデジタル・リスク・マネジメントの対象にすることはメリットがあり、デジタル・アーカイブ戦略の中で使用することを考えるべきである」と述べ情報保存の高信頼性を強調している。

技術がここまで進化したのだから、後は公文書館が手軽に利用できるサービスを提供する仕組みを構築することがイメージ情報サービス業界に求められる。その意味でも政府による公文書館への記録文化の保存支援策や交付金・補助金制度などを今後の課題として取り上げて欲しい。

参考文献

ふるさと府中歴史館

『いま、市民の図書館は何をすべきか』, 前川先生記念論集刊行会 編, 出版ニュース社, 2001年4月

「府中市ふるさと文化財課」
https://www.city.fuchu.tokyo.jp/gyosei/soshiki/bunkasports/furusatobunkazai.html

芳賀町総合情報館

「DJI国際資料研究所」http://www.djichiiyoko.com/

群馬県立文書館

『写真集・コンウォール・リー女史物語』, 中村茂 監修, コンウォール・リー女史顕彰会, 2007年10月

『草津「喜びの谷」の物語』, 中村茂 著, 教文館, 2007年10月

「群馬県立文書館の今後の方針と取組」
http://www.archives.pref.gunma.jp/top/top-20141101cyucyouki.pdf

神奈川県立公文書館

『大江天也伝記』, 雑賀博愛 著, 大空社, 1987年9月

「開国と神奈川―国際交流事始め―」展資料, 神奈川県立公文書館, 2003年11月

『ペリーは、なぜ日本に来たか』, 曽村保信 著, 新潮社, 1987年4月

『マリア・ルス事件』, 武田八洲満 著, 有隣堂, 1981年5月

『マリア・ルス号事件関係資料集』, 石橋正子 編著, 2008年11月

『マリア・ルーズ号事件』, 海島隆 著, 国土社, 1977年11月

「武蔵国橘樹郡神奈川宿本陣石井家文書」
http://www.klnet.pref.kanagawa.jp/digital_archives/ishiike.htm

「横浜居留地の清国人の様相と社会的地位」, 佐々木恵子, 神奈川大学大学院言語と文化論集, 2003年12月(10), 213-237頁

『横浜市史稿』, 横浜市役所 編纂, 臨川書店, 1986年

常陸大宮市文書館

「開館記念シンポジウム」資料, 常陸大宮市教育委員会, 2014年10月

「戦後の「事後」を考える」, 長志珠絵, 人文学報, 2013年3月(104), 137-166頁

『忠霊塔図案』, アサヒグラフ 編, 大日本忠霊顕彰会, 1940年3月

『満州楽土に消ゆ』, 神奈川新聞社編集局報道部 編, 神奈川新聞社, 2005年8月

「水戸市ホームページ」http://www.city.mito.lg.jp/

沖縄県公文書館

「沖縄県公文書館所蔵琉球政府文書のマイクロ化」, 仲本和彦, 月刊IM, 2003年8月
宜野湾市ホームページ「地質と水脈」
http://www.city.ginowan.okinawa.jp/pageRedirect.php?url=/2556/2581/2655/28703/28710/28720.html
「米国統治時代の“歴史”を再構築する」, 吉嶺昭, 月刊IM, 2002年3月
『ペリー日本遠征日記』, 金井圓 訳, 雄松堂出版, 1985年10月

千葉県文書館

「ICA」http://www.ica.org/
「The Three Model Villages of Japan」
(文書 番号942−8)(千葉県文書館保管「東金市・山武市寄託」許可番号27−4)
「旧源村役場文書目録 第1集」, 千葉県文書館編, 千葉県文書館, 1998年３月
「源村諸規程条例」
(文書番号939−1)(千葉県文書館保管「東金市・山武 市寄託」許可番号27−4)
「視察員名簿」
(文書番号932−12)(千葉県文書館保管「東金市・山武市寄 託」許可番号27−4)
「市町村合併資料集」http://www.soumu.go.jp/gapei/gapei2.html
「事務報告綴」
(文書番号923−14)(千葉県 文書館保管「東金市・山武市寄託」許可番号27−4)
「太政官達39号 68号」, 国立国会図書館
「中国の立憲改革と日本の地方自治模範村」, 黄東蘭, 千葉県文書館, 1999年３月(4), 137-166頁
「町村制下町村役場における文書管理制度の構築」, 関根豊, 千葉史学, 2011年12月(59), 13-35頁
「明治期の模範村、源村の成立とその背景」
http://www.jiu.ac.jp/japan/hontai/kiyo/01_02.pdf
「明治の “模範村” 源村のあゆみ」展資料, 千葉県文書館, 1990年11月
「役場日誌」(文書番号940−2)(千葉県文書館保管「東金市・山武市寄託」 許可番号27−4)
「山武町史 通史編』, 山武町史編さん委員会 編, 山武町, 1984年3月

神戸市文書館

「大阪市中央公会堂」http://osaka-chuokokaido.jp/about/history.html
『公会堂と民衆の近代』, 新藤浩伸 著, 東京大学出版会, 2014年12月
「神戸市文書館と神戸大学大学院人文学研究科地域連携センターの取組みについて」,
木原正剛, アーカイブズ, 2014年10月(54), 28-32頁
『新修神戸市史 行政編Ⅱ』, 新修神戸市史編集委員会 編, 神戸市, 2002年3月
「都市の記憶 市政館・日比谷公会堂」
http://www.sanko-e.co.jp/read/memory/hibiya-kokaido
『横浜市史資料室紀要 第五号』, 横浜市ふるさと歴史財団近現代歴史資料課市史資料室担当 編,
横浜市史資料室, 2015年3月

松本市文書館

「市ケ谷台史料」, 溝部竜, 防衛研究所戦史部年報, 1998年3月(1), 82-88頁
『長野県の歴史散歩』, 長野県の歴史散歩編集委員会 編, 山川出版社, 2006年11月
『松本市史』, 松本市編, 松本市, 1997年9月

藤沢市文書館

『GHQ焚書図書開封』, 西尾幹二 著, 徳間書店, 2008年6月
『神奈川県町村合併誌』, 神奈川県 編, 神奈川県, 1959年3月
「広報ふじさわ」, 藤沢市, 1955年3月
「国税庁」http://www.nta.go.jp/ntc/sozei/shiryou/library/19/02.htm
「シャウプ勧告の再考」, 神川 和久, 税大ジャーナル, 2008年10月(9), 91-110頁
『藤沢市史 第六巻 通史編』, 藤沢市史編さん委員会 編, 藤沢市, 1977年3月
「平成27年度収蔵資料」展資料「合併60年 藤沢北部の発展」, 藤沢市文書館, 2015年11月
「大和市域の町村合併」http://www.city.yamato.lg.jp/web/content/000002019.pdf
『大和市史 第三巻 通史編』, 大和市 編, 大和市, 1986年7月

栃木県立文書館

『栃木県の歴史』, 阿部昭他 著, 山川出版社, 1998年2月

三重県総合博物館

「第42回全国歴史資料保存利用機関連絡協議会全国大会」資料, 2016年11月
「博物館と文書管理主管課の連携による公文書・地域史料の保存と活用」,
田村光規, 須崎幸夫, 全史料協 会報, 2016年3月(99), 32-34頁
「三重県総合博物館」資料
「三重県総合博物館の開館と取組み」, 藤谷彰, アーカイブズ, 2014年10月(54), 33-37頁
『明治の日本と三重』, 藤谷彰 著, 三重県総合博物館, 2016年
「歴史の情報蔵」
http://www.bunka.pref.mie.lg.jp/rekishi/kenshi/asp/shijyo/detail.asp?record=561

公文書管理から見えた自治体とファイリング

『光源を求めて』, 大城立裕著, 沖縄タイムス, 1997年8月
「地方自治情報管理概要」http://www.soumu.go.jp/denshijiti/pdf/120327_1.pdf
『ファイリング＆情報共有 なるほどガイド』, くろがねファイリング研究所 編, 日刊工業新聞, 2004年6月
『ファイリングシステム』, 三沢仁 著, 日本事務能率協会, 2013年6月

「ファイリングシステム研究連絡会」資料, 1988年1月
「文書提出命令及び当事者照会制度改正に関する民事訴訟法改正要綱中間試案」
http://www.nichibenren.or.jp/library/ja/opinion/report/data/2012/opinion_120216_4.pdf

デジタルデータの長期保存

「アルメディオ」http://www.almedio.co.jp/
「長期保存用光ディスクを用いたアーカイブズガイドライン」
http://www.jiima.or.jp/pdf/Opticaldisk_acive_guideline201310.pdf
「デジタル化データのマイグレーション」, 平安名道江, 月刊IM, 2016年2月号, 4-8頁
「電子化文書長期保存のためのBlu-ray Disc TM検査基準及び取扱いに関するガイドライン」
http://www.jiima.or.jp/pdf/7_JIIMA_guideline.pdf
「東北大学アーカイブズ プロジジェクト」http://shinrokuden.irides.tohoku.ac.jp/

公文書の長期保存、マイクロフィルムを考える

「コダックアラリスジャパン」https://www.kodakalaris.co.jp/
「デジタルアーカイブを保証する実証済みの技術」, 楢林幸一, IM ハンドブック, 2017年版
「デジタル-マイクロ・アーカイブによる保存ガイドライン」, JIIMA マイクロアーカイブ委員会, 月刊IM, 2010年12月号, 28-35頁
「マイクロテック」https://microteknet.com/
「マイクロフィルム保存の手引」http://www.jiima.or.jp/micro/pdf/Microfilm_hozon.pdf

取材日一覧

ふるさと府中歴史館	2014年11月13日
芳賀町総合情報館	2014年12月4日
久喜市公文書館	2014年12月18日
八潮市立資料館	2015年2月24日
群馬県立文書館	2015年3月25日
神奈川県立公文書館	2015年5月1日
川崎市公文書館	2015年5月12日
常陸大宮市文書館	2015年6月2日
沖縄県公文書館	2015年7月2日
寒川文書館	2015年9月2日
磐田市歴史文書館	2015年10月7日
千葉県文書館	2015年11月11日
名古屋市市政資料館	2015年12月18日
神戸市文書館	2015年12月18日
埼玉県立文書館	2016年2月23日
松本市文書館	2016年5月27日
藤沢市文書館	2016年5月17日
栃木県立文書館	2016年9月29日
三重県総合博物館	2016年11月11日
福岡共同公文書館	2016年11月24日

公文書館一覧

（2017年1月現在）

全国公文書館等

北海道立文書館
青森県公文書センター
宮城県公文書館
秋田県公文書館
山形県公文書センター
福島県歴史資料館
茨城県立歴史館
栃木県立文書館
群馬県立文書館
埼玉県立文書館
千葉県文書館
東京都公文書館
神奈川県立公文書館
新潟県立文書館
富山県公文書館
福井県文書館
長野県立歴史館
岐阜県歴史資料館
愛知県公文書館
三重県総合博物館
滋賀県県政史料室
京都府立京都学・歴彩館
大阪府公文書館
兵庫県公館県政資料館
奈良県立図書情報館
和歌山県立文書館
鳥取県立公文書館
島根県公文書センター
岡山県立記録資料館
広島県立文書館
山口県文書館
徳島県立文書館
香川県立文書館
福岡共同公文書館
佐賀県公文書館
大分県公文書館
沖縄県公文書館

市区町

常陸大宮市文書館
小山市文書館
芳賀町総合情報館
中之条町歴史と
民俗の博物館「ミュゼ」
久喜市公文書館
八潮市立資料館
板橋区公文書館
武蔵野ふるさと歴史館
ふるさと府中歴史館
藤沢市文書館
寒川文書館
上越市公文書センター
富山市公文書館
長野市公文書館
松本市文書館
小布施町文書館
高山市公文書館
磐田市歴史文書館
守山市公文書館
尼崎市立地域研究史料館
高松市公文書館
三豊市文書館
西予市城川文書館
太宰府市公文書館
天草市立天草アーカイブズ
北谷町公文書館

政令市

札幌市公文書館
川崎市公文書館
相模原市立公文書館
名古屋市市政資料館
大阪市公文書館
神戸市文書館
広島市公文書館
北九州市立文書館
福岡市総合図書館

あとがき

公文書館の取材に約二年を費やした。公文書館の普及を願い、一冊の本で各地の公文書館開館の経緯から現状や課題、またそれぞれの公文書館の特色や歴史的公文書の保存と公開に努力されている様子を紹介できればと思って書き始めた。

取材中のインタビューから、または館内見学から教えていただいた史実に興味をもつ場合もあった。たとえば、千葉県文書館で初めて聞いた明治期の模範となった源村が印象に残り、ここで貴重な歴史の保存に尽力された方々を紹介したかった。

神奈川県立公文書館では以前展示会で見た「マリア・ルーズ号事件」が記憶に残り、横濱毎日新聞まで活字を追いかけた。結局、ひるむことなく国際裁判に挑戦した神奈川県権令、大江卓を中心に紹介することになった。時折足を運ぶ上州・草津から、思いもかけずにハンセン病と群馬県立文書館が結びついた。そこで群馬県が患者に対する扱いを著す公文書を見ることができた。藤沢市文書館では町村合併に関する史実から、昭和の大合併はＧＨＱの敗戦国への政策の一環であるシャウプ勧告を基に全国的に展開されたことを知った、などと枚挙にいとまがない。

「公文書館がなぜないのですか」と聞くと、「歴史資料館がありますから」と返答される自治体もある。確かに各地の歴史資料館には地域の歴史が詰まり、絶好の学習地であるが、当該自治体の文書管理規程を改定し、公文書館機能を追加する発想は多くはない。だから博物館や総合図書館における公文書館機能、また県自治振興会を利用して開館した福岡共同公文書館の事例は、公文書館設置を検討している自治体の参考になるだろう。

改めて感じることは、公文書館の未設置の理由を行政組織の縦割りの弊害だけで片付けるのではなく、新たに組織や部門の業務分掌を改革しないと実現できないことも取材から見えた。それには首長の熱意と指導力が必要だ。

結局、街や住民の歴史が保存されていれば、地域の将来が語れ、グランドデザインもできる。そのためには、まずは公文書館の機能だけでも必要だ。そう考えたら、住民の生活の歴史に根ざした公文書館がもっと多く設置されるのはそんな遠い日でもない気がする。この拙書『公文書館紀行』が公文書館の普及に少しでもお役に立てれば幸いである。

最後に取材に協力をいただいた公文書館の方々、ＪＩＩＭＡ事務局の伝法谷ひふみ氏や丸善プラネットの野辺真実氏、監修をお願いした大学後輩の茂谷知己氏に厚く御礼を申し上げる。

長井 勉（ながい　つとむ）

1948年横浜市出身.
浅野高校、早稲田大学商学部卒.
情報処理会社設立、役員を経て、現在会長職.
公益社団法人日本文書情報マネジメント協会（JIIMA）役員を経て、
現在広報委員.
「誌面辛口批評」（神奈川新聞社2002年1月～12月）、
「特定秘密保護法と文書管理」（JIIMA月刊IM2014年6月号）、
「公文書管理法5年目の見直しについて～研究集会を聴講して」
（JIIMA月刊IM 2015年10月号）、
「公文書館シリーズ」（JIIMA月刊IM 2015年2月号～ 掲載中）、
「日本ラグビー、その歴史と文化を追う」
（マイク・ガルブレイス共著訳　日経回廊7　2016年6月）

公文書館紀行
公文書館を取材して見えてきた現状と課題

二〇一七年四月二〇日　発　行
二〇一七年八月一〇日　第二刷発行

著作者　長井　勉
© NAGAI, Tsutomu, 2017
発行所　丸善プラネット株式会社
〒一〇一-〇〇五一
東京都千代田区神田神保町二-一七
電話〇三-三五一二-八五一六
http://planet.maruzen.co.jp/

発売所　丸善出版株式会社
〒一〇一-〇〇五一
東京都千代田区神田神保町二-一七
電話〇三-三五一二-三二五六
http://pub.maruzen.co.jp/

印刷・製本　三美印刷株式会社

ISBN 978-4-86345-326-5 C3000